图书在版编目（CIP）数据

熵控网络：信息论经济学/夏树涛等著．—北京：经济科学出版社，2015.3
ISBN 978-7-5141-5545-7

Ⅰ.①熵… Ⅱ.①夏… Ⅲ.①熵（信息论）-信息经济学 Ⅳ.①F062.5

中国版本图书馆 CIP 数据核字（2015）第 045999 号

责任编辑：段　钢　卢元孝
责任校对：隗立娜
责任印制：邱　天

熵 控 网 络
——信息论经济学

夏树涛　鲍际刚　解　宏　著
刘鑫吉　王　朝　江敬文

经济科学出版社出版、发行　新华书店经销
社址：北京市海淀区阜成路甲 28 号　邮编：100142
总编部电话：010 - 88191217　发行部电话：010 - 88191522
网址：www.esp.com.cn
电子邮件：esp@esp.com.cn
天猫网店：经济科学出版社旗舰店
网址：http://jjkxcbs.tmall.com
北京万友印刷有限公司印装
710×1000　16 开　16.5 印张　300000 字
2015 年 5 月第 1 版　2015 年 5 月第 1 次印刷
ISBN 978 - 7 - 5141 - 5545 - 7　定价：45.00 元
(图书出现印装问题，本社负责调换。电话：010 - 88191502)
(版权所有　侵权必究　举报电话：010 - 88191586
电子邮箱：dbts@esp.com.cn)

"道"即是"空","空"即是"道",皆为无差异;"色"即是"名","名"即是"色",皆为有差异。执着与妄想皆因差异有"相",无我无物才是真"相"。熵控网络帮助我们悟"空"知"道",感知真相。

鲍陈刚
2014年12月于深圳

自序

当前市场主流的思潮是自下而上地寻找股票，或从单一的中国宏观经济视角和世界宏观经济视角出发去分析问题。这样便难免受到眼前的各种条件所束缚，局限于现实而找不到出路。从这样的思路去看，市场上充斥着过分炒作和高估的小盘股，同时，又满眼是面临未来增速台阶式下滑的大股票。而中国经济方面，产能过剩、GDP增速重心下移、人口红利消失、地方政府债务及企业债坏账、环保欠账以及创新乏力，任何一条都足够致命，足够摧毁牛市的预言。无论怎样看，前景都是阴郁的。

但是，让我们站在全球整体的视野下，中国在经济增速、市场、人口、政治方面都是最重要的国家之一。从发展的眼光来看，人民币国际化不可逆转，中国经济发展不可逆转，全球资本增配人民币资产，内资和外资增配人民币金融资产，也是大势所趋！在这种趋势下，牛市雄起，充满期待！

一、正确的战略思维化解经济危局

与市场不同，从网络、整体、开放和发展观的角度可以去重新审视中国的问题。

我们历经5年思考网络化的影响，开创性地提出了"熵控网络"的概念。熵控网络的节点和边呈幂率分布，我们需要布局网络中关键的节点和边，帮助零散的节点能够便利地连接进入网络。熵控网络中节点接入增加形成的回路是指数级增长的，正反馈迭代加速创新，带来了巨大的外部经济性，例如都江堰、京杭大运河等基建设施形成的经典熵控网络，以及互联网和移动互联网形成的高速熵控网络。

改革开放以来，积极融入全球网络对中国经济带来巨大的正面影响，1992年发展特区经济以及2001年加入WTO，都刺激经济发生一轮高速增长（见图1）。

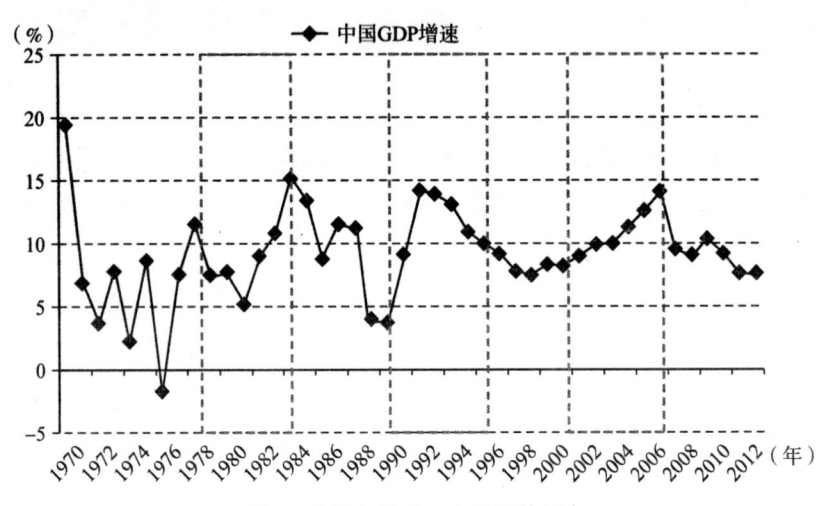

图1 中国经济的三个重要转折点

资料来源：Wind。

在过去，我们主要通过商品输出重构全球贸易网络分配体系，习李政府将通过新一轮的全面深化改革，实行更深度网络化，转型服务输出、技术输出和资本输出。

在全球贸易一体化遇到障碍的情况下，通过建立区域性贸易合作协议继续前行，开放上海自贸区以及和多国建立自贸区协议，进一步推进贸易全球化。提出"一路一带"战略。在亚太经合组织会议上倡议建立全球高铁网络和亚太基础设施互联互通，组建亚洲基础设施投资银行提供资本支持，充分利用当前大宗商品价格低位以及中国产能充足的有利时机，通过网络化建设带来的巨大外部性使整体受益。

除了物理网络的建设，借鉴美国利用"马歇尔计划"实现美元国际化的经验，中国应把握当前的历史机遇，利用"中国版的马歇尔计划"推动人民币国际化，完成货币网络的建设。美元中心的全球货币网络存在天然的脆弱性，也是全球经济波动的根源之一，未来全球应建立稳定的混合货币体系。

美国复苏基础不稳，欧日经济深陷泥潭，新兴经济缺乏积累，落后国家难以底部跃迁，唯有形成整体的全球网络，利用整体向上的力量才能解决各自的问题。中国在这个历史时刻对全球网络化有真知灼见的认识，利用整体发展的思想带动中国发展，解决中国面临的问题。针锋相对的冷战思维已经不合时宜，开放、合作、融合的思维是未来的方向。

二、市场的发展空间决定资金势能

2013年全球GDP约75万亿美元，其中，中国经济总量约9.3万亿美元，占比达12.5%。全球GDP实际增速仅为3.3%，而中国的经济增速仍高达7.7%，中国经济增长对全球经济至关重要。从贸易总额占全球份额来看，2013年中国贸易份额已经占全球比例的11%，首次超过美国，成为全球贸易占比最大的国家（见图2）。

图2 中美GDP占全球比例

资料来源：Wind。

MSCI指数作为全球基金最主要的指数供应商，超过3.7万亿美元的资产跟踪MSCI指数进行配置，其全球指数权重的分配对各国股票市场资金进出影响巨大。目前，A股尚未纳入MSCI指数，代表中国资产的H股和B股的配置权重在全球指数占比中仅2%。按MSCI预计，如果将A股纳入指数，占比将提高至4%。

尽管MSCI指数比例提升，但人民币资产的配置比例依然和中国的经济地位存在巨大的反差。中国人口约占全球19%，拥有全球最广袤的市场，存在着巨大的潜在消费能力。中国经济总量占全球比例达到12.5%，实际增速维持在7%以上，是全球经济增长的火车头。中国的贸易总额占全球11%，是全球贸易总量最大的国家，是贸易网络中最重要的节点，几乎所有国家都对"中国制造"的高性价比有所依赖。跟MSCI的全球指数配置美国资产比重高达47%相比，中国显得微不足道（见图3）。

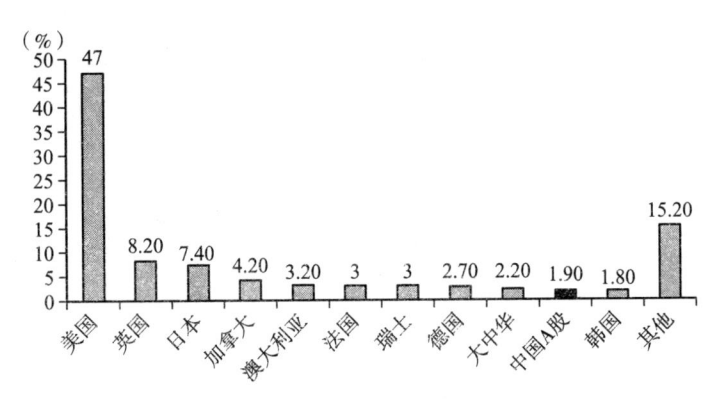

图3 MSCI全球指数各国权重

资料来源：Wind。

房地产周期结束，居民金融资产的配置比例会逐步上升。美国在20世纪80年代后期，婴儿潮后的刚需逐渐减弱，以及2006年房地产泡沫破裂后，房地产资产在美国居民资产的配置中逐步降低，人们开始增配债券、股票等金融资产，比例从60%提升至70%。日本房地产市场崩溃后，居民的金融资产比例也是趋于上升的，金融资产占比从45%提升至55%。2000年以来，中国金融资产占比表现为逐步上升趋势，尽管房价上涨推升了非金融资产价值，但金融资产的配置也在增加，占比从20%提升至30%。尽管配置金融资产的比例也在上升，但中国居民金融资产的配置明显低于发达国家，而且结构也不尽合理，存款配置的占比达到15%，占金融资产配置比例的一半。劳动力人口跨越拐点向下，房地产需求周期性衰退，将迎来金融资产的繁荣期（见图4、图5、图6）。

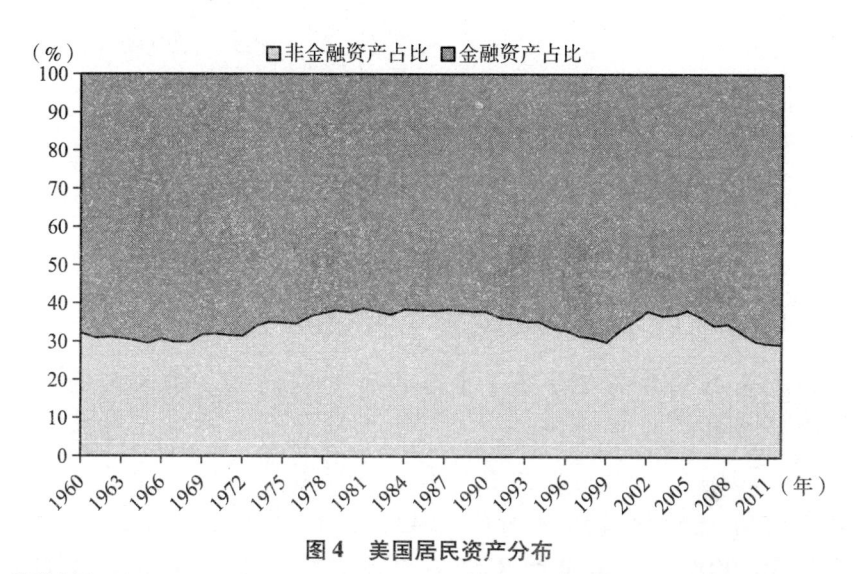

图4　美国居民资产分布

资料来源：Wind。

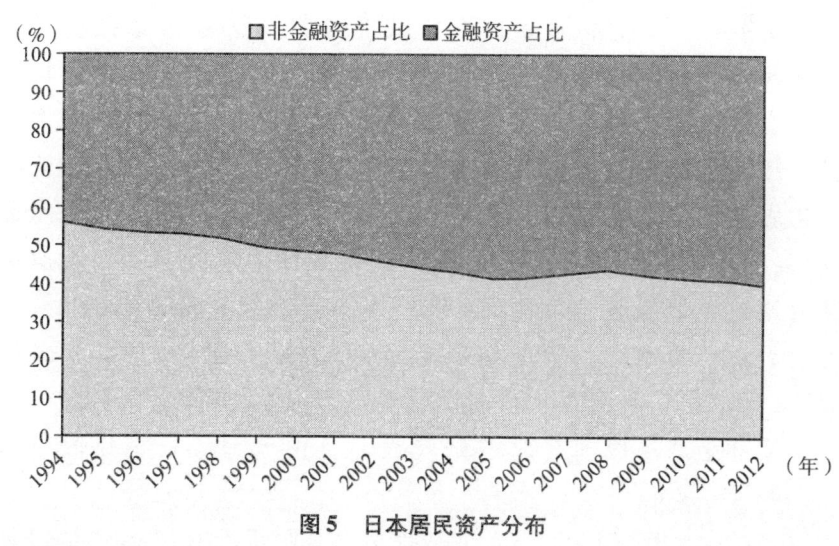

图5　日本居民资产分布

资料来源：Wind。

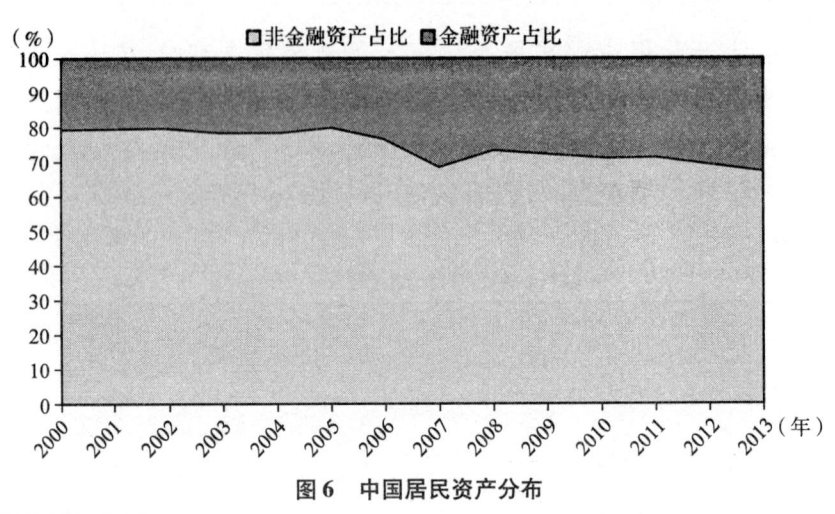

图6 中国居民资产分布

资料来源：Wind。

美元全球货币中心暴露了全球经济的脆弱性，美联储的一举一动都牵动着每个国家的神经。人民币的地位和全球货币结构也显然不匹配。2014年人民币成为全球第七大结算货币，但全球人民币结算额也仅占全球货币结算额的1.43%，远远低于美元的42.51%、欧元的30.99%，与英镑的8.55%以及日元的2.35%相比也有较大距离。从储备货币的比例来看，美元占比高达60%以上，而人民币比例不足1%。人民币国际化不是以挤占美元结算和储备份额为目的，分散布局的混合方式应为未来的方向，各国结算和储备货币结构应该重新根据全球经济、贸易格局、资产证券化比例等条件重新分配，形成全球稳定、发展的货币体系。

在成熟的全球金融中心，资本证券化率更高，美国的资产证券化率[①]高达120%，而中国不到50%，而且由于制度原因，A股实际的自由流通市值仅占总市值的1/3，具备充分流动性的证券化资产比例远低于海外的水平。中国如果维持6%的经济增长，M2维持10%的增速，到2020年经济规模将超过90万亿元，M2规模超过210万亿元。实际上，A股国有股占比较大，自由流通市值占比较低，为

---

① 数据来自世界银行，证券化率是指一国各类证券总市值与该国国内生产总值的比率（股市总市值与GDP总量的比值），实际计算中证券总市值通常用股票总市值来代表。

满足市场配置需求，证券化率需要达到更高水平。保守估计证券化率提升至100%，股票市值将达到90万亿元，是当前30万亿元市值的3倍（见图7）！

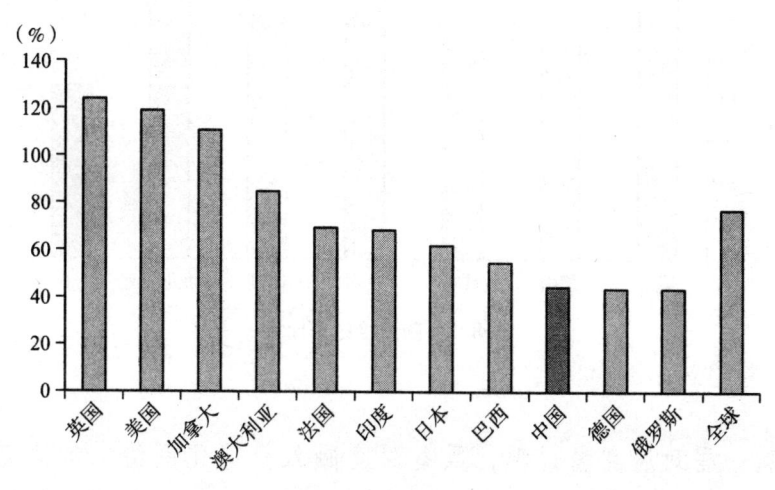

图7 证券化率比较

资料来源：Wind；世界银行。

中国的融资结构过分依赖间接融资，直接融资①比例低于发达国家水平，未来存在较大的提升空间。间接融资比例过高推升银行系统的风险，暴露金融系统的脆弱性，人民币国际化和提升证券化率，可化解融资结构失衡风险（见图8）。

三、中国具备最强大基本面因素组合

强大高效和稳定廉洁的政府、勤劳智慧的人民、深厚的资本积累基础、庞大的消费市场、匹配全球需求的制造业总量以及高速增长的经济，这些因素构成了中国最强大的基本面，世界各国都不可忽视中国的崛起。

---

① 直接融资数据来自世界银行。衡量直接融资有增量法和存量法两种方法，按中国人民银行披露的社会融资总额测算的中国直接融资和间接融资比例采用的是增量法，世界银行采用存量法。

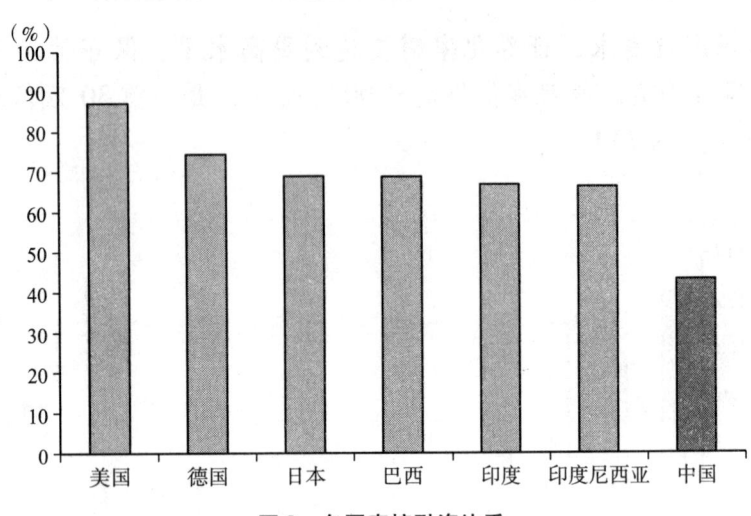

图 8　各国直接融资比重

资料来源：Wind；世界银行。

新一届政府高瞻远瞩，具备深度融入全球化网络、加速完善全球化网络的战略思维。全面改革的决心通过政策指令的不断落实充分体现，反腐运动的力度及持续性展示了政府不折不扣的执行力。

尽管推行全面经济改革、构建全球网络和人民币国际化战略存在风险，但我们的战略思路是正确的，综合实力具备条件，高效强大的政府具备执行力，未来充满希望！

原来的"路径依赖"已经改变，A股市场又一次站在历史的转折点上！

四、顺势而为的股市变革

圈钱是投资者对证券市场的多年的诟病。上市公司质量差，造假上市收益和惩罚完全不相容。基础制度缺乏市场化，发行和退市的行政化色彩浓厚。市场充斥内部交易和坐庄操作股价，监管仍需加强。投资者结构不合理，散户化的市场充满投机氛围。

站在当前的重大转折点上，新一轮的证券市场改革应顺势而为。

基础制度市场化改革是前提。股市结构中以投资品占比为主，不能充分反映产业升级的趋势，中小板和创业板的结构性牛市是市

自序

场自发的调整，但行政化的发行制度限制了投资标的的供给，导致估值泡沫严重。发行和退市制度市场化，让股市发挥其应有的投融资功能，让资金流到更合适的领域。

监管加强和提升作恶成本。避免"劣币驱逐良币"的市场化副作用，继续引入新技术手段提升监管能力。

引入外部投资者和长期价值投资者。决策权上移提供了改革的契机，多部门联合推进。概念在一定程度上能引领经济发展方向，但过度的市场炒作会带来泡沫风险，引入价值投资者对于提升市场稳定性有至关重要的作用，让市场既能够高效服务经济和指导经济，又能防控过度泡沫风险。

未来市场的广度和深度会有很大的改变，稳定和效率都会得到提升。因为有大量内外部机构投资的进入，整个市场的投资者结构更趋向于合理，小市值、高估值、炒概念、内幕交易、坐庄操纵价格等都会淹没在合理、合法的价值投资大潮中。

作者于 2015 年 2 月

目 录

开篇 人类之路 ··· 1
   战争与和平 ··· 2
   财富与分布 ··· 4
   网络与文明 ··· 5
   大结局——分裂与归一 ··· 9

第 1 章 分散布局 ·· 14
   1.1 分散布局的意义 ·· 15
   1.2 分散布局与经济学 ··· 31
   1.3 分散布局与物理学 ··· 34
   1.4 分散布局在历史上成功的例子 ····································· 36
   1.5 当今人类社会中的分散布局结构的例子 ························· 43
   1.6 展望极有前景的分散式布局 ······································· 62

第 2 章 网络 ··· 70
   2.1 网络与网络化 ··· 70
   2.2 熵控网络 ··· 73
   2.3 为什么要网络化 ·· 100
   2.4 信息互联网 ·· 123
   2.5 智能与超生命体 ·· 128
   2.6 本章总结 ··· 137
   2.7 本章附录 ··· 137

第 3 章 归信息化 139
3.1 归信息化 139
3.2 归信息化的价值观 140
3.3 人类社会进步依赖信息化 144
3.4 归信息化在网络中的功能 151
3.5 归信息化的发展趋势 155
3.6 颠覆性冲击 165
3.7 本章总结 188

第 4 章 经济问题的熵控分析 189
4.1 商品价值与价格 189
4.2 互联网时代的价值与价格 197
4.3 分工网络与经济增长 210
4.4 政治制度选择 215
4.5 就业困境 215
4.6 房地产约束 216

终篇 熵控网络 218
两块基石：熵和稀疏性 219
网络、幂律与熵控网络 220
节点的分工协作与网络的分层 224
总量—分布、合熵与熵控网络 226
万物互联、智能网络与超生命体 229
高附加值商品的价值评估——熵控网络理论的一个简单应用 233
结论和展望 238

附录 牛市确立！我们还能走多远 240
参考文献 244
致谢 246
作者简介 247

开篇　人类之路

永远不要小看一滴滴的雨水，和风细雨好过疾风暴雨，可以"随风潜入夜，润物细无声"；永远不要忽略一点点摇曳的火种，星星之火可以成燎原之势；永远不要低估了丝绸之路，那可是人类穿越浩瀚沙漠、翻越千山万水建立起来最伟大的古代交通网；永远不要嘲笑大脑中一点点的梦想，正是哥伦布的梦想才开启了东西方文明交融的大航海时代；永远不要轻视谷歌简约式的搜索引擎，那可是开启了信息时代的人工智能。一个充满梦想与激情的种子，自会生根发芽，自会"野火烧不尽，春风吹又生"，自会重塑一个崭新的世界。

人类对事物的描述基本上包含两个方面：总量和分布。任何开放性系统的发展变化具有两个截然相反的特点：分形和分岔。所谓分形，是指超越尺度的自相似，虽然有大小之分，但是内部结构和外观具有明显的遗传特征，分形会形成总量的分布问题；所谓分岔，就是结构发生与原来不一样的突变，比如形成新物种、产生新行业、形成新理论，这是创新之源，分岔会形成不同种类的分布问题。总量和分布这两个再通俗不过的词语恰恰揭示了系统发展变化特征：普遍性与特殊性的结合。

生活经验中，我们往往只注意了大小形状颜色等直观特点，感官更占据主导地位，对暴雨、火灾印象深刻，对细雨、星火往往熟视无睹。但是雨有大雨、中雨、小雨、细雨，火有大火、中火、小火、星星之火，这既是度量上的差异，不也是分布的问题吗？分布的问题恰恰就是我们通常忽略或者忽视的问题。但是只要给定时间，分布能改变一切。遗传过程中总会有些许变异，你感觉不到，但是千百万年累积下来，就形成了新物种了。这个问题枭雄刘备说得透彻："勿以善小而不为，勿以恶小而为之。"

当系统中出现了变异，就有了捣乱分子，随着数量的增加，系统中原有的特性就发生了变化，系统内部变得不稳定，最终会形成新的系统特性或者干脆形成了新的系统。当中国电信、中国移动和中国联通这三个巨鳄在死磕的时候，腾讯微信却出来打劫了；当工农中建四大行在躺着数钱的时候，不料阿里的余额宝使他们惊出了一身冷汗。经济系统中任何创新随着时间的积累都会发挥颠覆性作用，形成创造性毁灭，整个经济网络因此而在曲折中前进。当系统中每一个分子都处于自己认为合理的状态，系统就处于平衡状态，分布也就合理了，也就是进入了最大熵状态。对于人类社会，财富均等只是一个理想状态，阿罗不可能定理告诉我们这种状态是不可能实现的。

过去的一切都将云消雾散，这世界唯一永恒不变的是改变。

按照互联网时代时髦的语句描述就是：流量改变历史，分布决定命运。

考虑到系统的整体与其包含的个体数量关系，我们用均值描述总量（规模或流量），用熵来刻画分布，就形成了熵控网络理论的分析框架——均值+熵。

我们可以按照这个思路尝试分析人类大历史。

战争与和平

战争是矛盾斗争表现的最终解决方式，不仅仅人类，蚂蚁、黑猩猩等动物都有战争行为。战争伴随着暴力与掠夺，是对既有秩序的破坏与摧毁。自然主义战争学者认为，战争的根源在于自然环境和人类动物本性，如汉匈大战；宗教战争论者认为战争是上帝对人类的惩罚，如十字军东征；种族主义认为战争源于民族优劣之间的差别，如二战时期法西斯对犹太人的屠戮。地缘政治学者认为战争是为了争夺生存空间和自然资源，如日本军国主义和德国法西斯发动的二战；马尔萨斯的人口论则认为人口过剩和饥饿是战争的根源，如李自成和洪秀全起义；历史唯物主义则认为战争是私有制下经济发展不平衡的必然产物，如苏联卫国战争和中国的土地革命。

战争中没有完胜的一方，战争对于哪一方都是灾难。战争的代价极其残酷，据统计，朝鲜战争3 400亿美元，越南战争7 200亿美元，波斯湾战争1 020亿美元，第四次阿以战争210亿美元，阿富汗战争1 160亿美元，两伊战争1 500亿美元。第一次世界大战，有30多个国家和地区、15亿人口卷入战乱，战场上双方伤亡人数达3 000多万。第二次世界大战，有61个国家和地区、20多亿人口被卷入其中，参战兵力超过1亿人，大约9 000万士兵和平民伤亡，3 000多万人流离失所。[①] 从中国历史上战争的死亡人数看，战国时代1 000万，安史之乱1 300万，清军入关2 500万，太平天国2 000万，蒙古

---

① 参见《百度——战争》。

西征3 000万~6 000万，抗日战争2 000万。①

　　从人类历史看，人类社会经历了绵延不断的战争，其基础诱因往往来源于掠夺，为生存而战，最典型的就是人类历史上民族大迁徙导致的战争。而在财富分布失衡的阶级社会，战争则是解决利益集团矛盾的最终斗争形式，为利益而战，中国历代农民起义就是典型代表。

　　从财富分布的角度如何理解战争？如果总供给不能满足总需求，尤其寒冷干旱的气候来临，游牧民族就面临严峻的生存危机，因为干枯的草原难以提供他们肉食，这时游牧民族大举入侵农业文明地区实施大规模劫掠就不可避免。农业文明可以依靠粮食储备制度度过危机，其积累的财富就成为游牧民族打劫的目标。面对游牧民族马队持续强悍的冲击，富裕的农业帝国难以长期抵抗。对于一个帝国内部而言，如果财富分布失衡，当被剥削压榨的阶级难以活命的时候，揭竿而起就不可避免，无论是中国历史上秦末的陈胜吴广起义、汉末的黄巾起义还是唐末的黄巢起义、明末的李自成起义，都和均贫富有关。

　　对话能够代替对抗吗？

　　如果能够通过谈判用和平的方式解决争端，代价往往是最小的。匈奴横扫欧洲的时候，东西罗马帝国被迫向匈奴上贡，448年东罗马向匈奴求和，年贡2 100磅黄金。1004年北宋通过与辽国签订"澶渊之盟"，宋每年给辽绢20万匹、银10万两。1141年南宋与金"绍兴和议"，宋割地并每年上供白银25万两、绢25万匹。两宋的寿命比较长和善于用钱赎买和平不无关系。所谓战争红利只不过是披上美丽外衣的掠夺而已。近代中国历史第一个不平等罢战条约当属1842年与英国签订的《南京条约》，赔款2 100万两白银，割地并开放口岸。1895年甲午战争战败签订《马关条约》，赔款2亿两白银并割地。1900年的《辛丑条约》赔款高达4.5亿两白银。根据1919年的《凡尔赛和约》，德国在一战失败后的战争赔款高达10万吨黄金，相当于现在的3 890亿美元，2010年10月德国用了92年时间终于偿清了赔款。

　　国家之间签订和约最为常见，因为对话的前提是维持战败一方既有的统治地位，战胜一方获得持续性的赔偿，劫掠财富的手段是通过分期付款，将一次性财富掠夺分布到未来时段。阶级之间的战争则是你死我活，难以通过和谈解决，战争的破坏性也最大。

　　大国攻击小国，可以获得战争红利，但也消耗财富。持续性的战争则有可能拖垮一个富裕的大国，如宋夏大战80余年，北宋虽然获胜了，但也疲惫不

---

① 参见《维基百科——战争》。

堪，随后被金一击毙命。美苏冷战生生将苏联拖垮了。欧洲历史上的千年黑暗时期，和持续的战争密不可分。

战争是毁灭财富的最快手段，没有赢家。而和平是人类交往最为持久且互利的交流手段，也是文明得以昌盛的基础。

财富与分布

按照恩格斯的说法，人类社会的进步源于人类对财富的贪婪，统治权就是财富的分配权力。财富才是矛盾斗争的焦点。

在一国内部，财富如何在君王、贵族和农民之间分配，本身就是一个政治问题。分封制之所以不可长久，就在于诸侯有军权、治权和财权，做大之后就想着如何上位。中央集权制下，皇帝决定一切，也自然决定了财富分配。但是当皇帝横征暴敛的时候，如果伤及农民太重则农民起义就成为必然。如果伤及贵族太重或者贵族财权过大，都会导致贵族革皇帝老儿的命。

在中央与地方关系上，财富如何在中央与地方之间分配又是一个致命的问题。搜刮的财富如果过度向地方倾斜，地方容易形成尾大不掉之势，最终可能酿成灾难，比如唐朝的安史之乱。如果财富过度向中央倾斜，虽然通过财源这根缰绳勒住了地方，保证大厦不倾，但是也诞生了冗兵冗官问题，腐败低效，最后大厦抽心一烂如两宋。中央与地方政府之间财富分布的矛盾一直是中国历史上的顽疾，很难解决。

中国历史上强盛王朝的制度背景基本上都是均田制，这是不争的事实。财富分配最大限度地向广大臣民倾斜，不仅经济迅速增长，人口也稳定增长，国家经济政治军事实力都大增。对于农民而言，保卫国家就是保卫自己的土地财产，军队斗志当然高昂。荷兰在与西班牙争夺海上霸权的时候，先后成立了世界上第一家股份公司和第一家商业银行，而且全民皆为股东，最终打败了西班牙。均田制和荷兰全民股份制虽然是东西方完全不同的思维方式的产物，但在财富分布方面的想法却如出一辙。

曹操在总结一生管理军队国家的经验时候，说了一句名言："财散人聚，财聚人散。"

西方契约民主和私人财产不可侵犯的思想，最终将国王贪婪的黑手带上了镣铐。1215年英国贵族迫使国王签署《大宪章》控制了征税权。此后在欧洲的君主就远不如中国帝王舒服了，要征税得贵族议会批准才行，逼得国王们总是四处向贵族借钱，财富源源不断流向了贵族腰包。欧洲的历史经过了贡赋国家—领地国家—赋税国家—财政国家的转变过程，财政体系的历史变迁实质上是贵族与君主争夺税收决定权的斗争产物，这已经成为理解欧洲变迁的主线索。所谓宪政就是限制王权的政治，实质上是财富在君主、贵族和平民之间的分布问题。当王权被关进了笼子，却诞生了两个阶级的暴力革命。锁链被打碎了，革命风暴也吹走了一切，但是代价太过残酷，只剩下一只海燕在暴风雨中飞翔。当暴风雨平静之后人类不仅没有看见彩虹，面临的还是财富分布问题。一切都不过是神话，奇葩而已。

网络与文明

文明泛指一种先进的社会和文化发展状态，人们通过分工合作形成人群集聚。城市的出现、文字的产生、国家制度的建立是文明出现的判断标准。由于各文明要素在时间和地理上的分布并不均匀，人类历史上产生了各具特色的众多文明。

文明的最初起源更多地受制于地理和气候因素，两河文明、黄河文明、长江文明、尼罗河文明、恒河文明、爱琴文明，世界上最古老的文明无一例外地都诞生在大河流域或海滨，早期人类逐水而居的特点非常明显。这种选择除了可以获得生存的食物、水源之外，也便于人类利用纵横的河网进行相互沟通，人们在沟通中形成了语言交流和易物交易，在无意之中部落之间的关联网络就搭建成了。这个最原始的交流和交易的网络，起到了一个重要的作用——不同文明之间的交流和融合。

城邦的出现使这种最原始的人类网络中诞生了一个个超级节点，城市成为君主或者诸侯及其臣民大量积聚的地方，网络中社会分工、贸易交流获得大发展，网络的连接、传递和积聚功能进一步提高，文明程度也会加速。人类最早的主动性社会分工应当发生在中国，春秋时期齐国宰相管仲主持了"四民分业"，将都城临淄臣民划分为士、农、工、商，社会分工和贸易都获得大发展，帮助齐国实现了霸权。如果我们用城市数量和规模来衡量文明进步的程度，中国古代文明发达程度要远高于任何一个文明。秦统一中国确立中央集权制后，历代都城及各重要的政治经济中心的人口数量都迅速增长。汉朝的长安人口已达到四五十万，唐朝的长安不低于 80 万，宋朝的开封、杭州至少有 150 万。美国学者在《三千年来都市的成长》中认为，一直到 1825 年以前，世界最大的城市都在中国，而且城镇在帝国内星罗棋布。以宋代为例，北宋有行政官署1 350个，人口过万的城镇大约150座。而欧洲一直到14、15世纪只有巴黎、科隆和伦敦的人口超过5万。

中国人为何愿意涌向城市？根本原因在于城乡经济竞争。历代农业的利润水平都不如工商贸易。司马迁在《史记》中说："夫用贫求富，农不如工，工不如商。"到了盛唐时期商人已经遍布全国，"客行野田间，比屋皆闭户。借问屋中人，尽去做商贾。"① 到了宋代商业更是发达，只不过以官商为主，完全主宰了当时的国际贸易。事实上，自春秋战国以来，国鄙制的消失、分封制的解体，城乡人口流动相对比较自由，人口向城市集聚就成为必然。反观欧洲，西欧封建城市之所以规模小、人口少，原因在于封建庄园制经济的自给程度较高，限制了城市经济的扩张，更重要的是中世纪欧洲庄园制度下的农奴没有自由迁徙的权力，国家通过法律将农民牢牢地束缚在土地上，而且城市具有排他性和封闭性，城市市民资格的取得受到严格限制。这些特点决定了东西方城市规模的巨大差异。

中央集权制的确立，不仅打破了旧制度对人口流动的制约，使全国形成一个统一的大市场，中央政府更是从全国角度进行战略规划，比如秦国先后修了郑国渠、都江堰、灵渠，后来隋朝开凿大运河，水运网络遍布全国，对于提高农业、军事和国家管理效率发挥了重要作用。而且秦统一中国后，嬴政盘整华夏的一个重要举措就是建直道和驰道，以咸阳为中心辐射帝国，总计8条。直道1条，从咸阳北到九原郡（今包头市），主要用于快速增兵北方边境，防御匈奴。驰道7条，从首都咸阳辐射四方，东方道、西方道、滨海道、武关道、上郡道、秦栈道、临晋道。华夏大地上水陆交错的战略网络框架，不仅是汉唐盛世的重要基础，对于中国统一、经济发展和文明传播融合发挥了巨大作用（见图1）。

欧洲早期的不幸，根源在于中国作为一个大一统帝国的强大实力。中国自秦汉开始对游牧民族的入侵实施大反击，中间虽有反复，但是到隋唐基本解决了边患问题。匈奴、柔然和突厥族被迫向西大迁徙。一系列的连锁反应是，这三股来自东方的洪流对西方造成了严重威胁，驱动蛮族进入罗马领地，最终被迫迁移变成了主动入侵，给罗马帝国致命一击。

长达800余年的民族大迁徙、大动荡，在狭小的欧洲地区进行了残酷的厮杀，无数的文明被毁灭，罗马帝国在经历长期浩劫之后轰然坍塌，欧洲不断分

---

① 姚合：《庄居野行》，《全唐诗》卷四九八。

裂为众多国家，再无统一（见图2）。

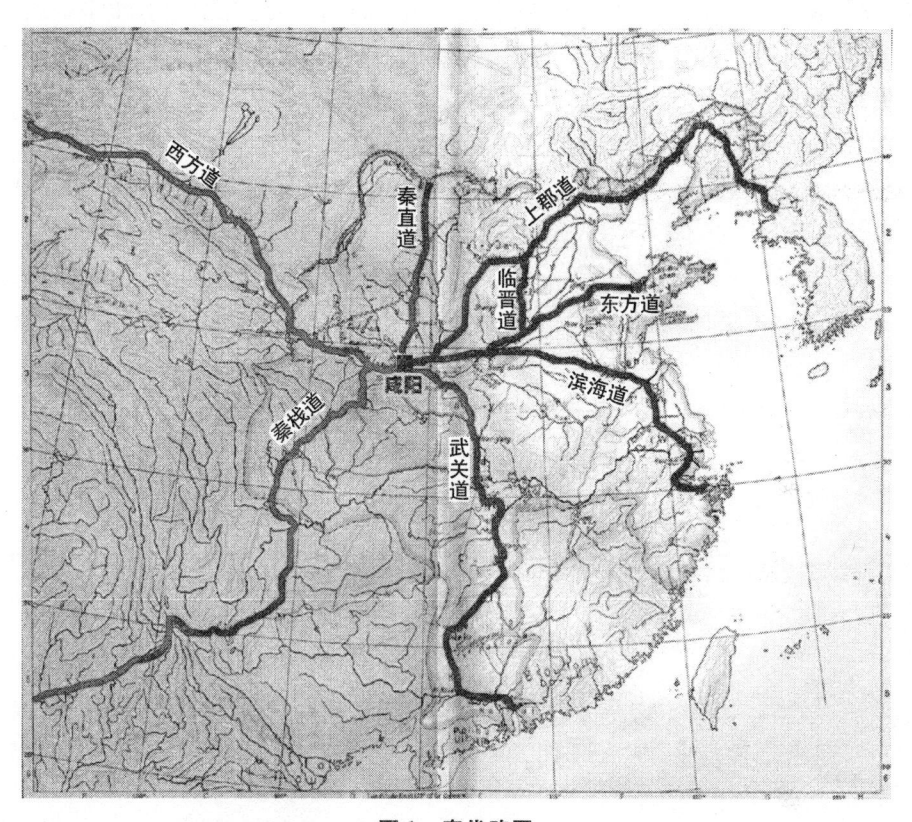

图 1　秦代路网

资料来源：百度图片。

| 前600年
波斯帝国 | 前336年亚历
山大帝国 | 前102年
恺撒大帝 | | 395年罗马分
裂，再无统一 | | 1453年
文艺复兴 |

| 前650年
齐国变法 | 前360年秦国
变法崛起 | 前140年
汉武大帝 | 8年王莽
新政 | 591年隋朝
统一中国 | 618年
大唐帝国 | 1271年元朝
统一中国 |

图 2　东西方国家治理路径差异

罗马的衰落还有制度上的原因。罗马帝国沿着地中海沿岸而建，地域虽然庞大，但是管理成问题。3世纪后，罗马出了一个糊涂的皇帝，引入了四帝共

· 7 ·

治制，将罗马帝国分为两部分，东西各设一个皇帝和副皇帝，自此治权分裂，军阀混战。野心勃勃的君士坦丁大帝岂肯放过良机？324年自封为整个帝国唯一皇帝，并给予基督教合法地位，试图利用宗教在意识形态上辅助管理帝国（见图3）。

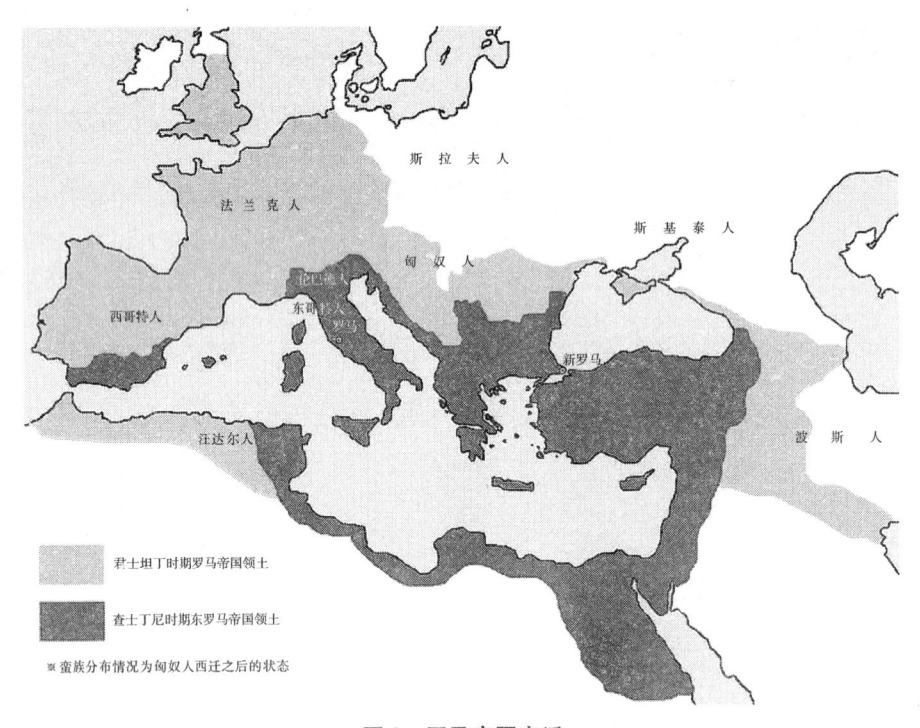

图3　罗马帝国变迁

资料来源：百度图片。

由此，东西方文明出现了根本性差异。在国家管理方面，东方的大一统治式下君王为上，而欧洲则延续了城邦文明中的契约民主制度。中国历史上国家治理以防乱臣为首，而西方以防君权为主。一个大一统君为中心，一个立宪君为轻。在思维方式上，东方更注重整体，西方更注重细分。意识形态上，东方强调君权至上强调君臣父子，实质是承认差异和秩序，天子即是神在尘世的化身，独尊儒家和科举制限制了科学发展。而西方分散的诸国和契约民主则催生了自由思想和科学发展，王权反受制于神权。自1453年文艺复兴开始，东西方文明分岔走向不同的道路，只不过是东西方文明差异的持续放大而已。

大结局——分裂与归一

尽管早期人类文明众多，分散在世界的各个角落，但是环境和战争改变了文明的自然分布状态。强势文明不断融合甚至毁灭弱势文明，强势文明由此不断发展壮大。

丝绸之路的伟大在于将东西方文明连接在一起，促进了沿路文明的交流与融合。当奥斯曼帝国横亘在中亚实施重税和打劫的时候，人类渴望交流的欲望并没有泯灭。海上丝绸之路不仅将中国与中亚文明重新连接起来，而且成本更低，文明交流与贸易规模空前。

欧洲开启的大航海时代，虽然是贸易暴利的驱使，但是却彻底打通了东西方的交流。欧洲、亚洲、美洲都成为人类交流网络中的超级节点。文明最终冲破了地理的阻隔，开始了大交流、大碰撞、大融合和大繁荣时期。

文艺复兴点燃了科技之光，结束了欧洲中世纪神权笼罩的黑暗时期。科技使文明插上了翅膀，人类交流的网络不断扩大，文明在不断扩大的网络中不断繁荣。

今天，人类前仆后继所铺就的网络已经令这个蓝色星球的每一个角落都联系在一起，航运、空运、铁路、公路，你可以选择任何一种工具到达你心中的梦想之地。

今天，即使你足不出户，你还可以利用互联网，浏览观光你想去的任何一个地方，阅读你想翻阅的任何书籍，查阅你想知道的任何知识。不同民族、不同地区、不同语言都可以通过互联网消除交流的隔阂，分裂的文明正在加快融合与归一的步伐。

一滴水可以折射出太阳的光辉，一片落叶可以预知秋天的来临。网络化社会中任何一个细小的扰动都可能产生巨大变革的蝴蝶效应。人类一路走来，总是在战争与和平之间轮回不止，总是主张发展第一而忽略分配的合理性，总是在公平与效率孰先孰后的排序中争论不休。一句话，总是重视事物的总量而轻视个体的分布。

在很多时候分布对事物发展趋势具有决定意义。速决战与持久战、城市巷战与农村包围城市、火力发电与分布式光伏发电、分封制与均田制、一股独大制与股份制。尽管系统有不同，但不都是典型的分布合理性的问题？

事物分布的不均等、存在差异是某一时期的客观存在，甚至差异是改变的根源。水向低处流，存在落差；电向低压流存在压差；资本流向由利差决定；纳税人的迁移由税差决定；财富分布的差异决定了社会阶层的区划。"等贵贱、均贫富"，2000年前中国历史对人类的警示竟然也是分布问题，财富分布不均导致人类社会的大动荡。

我们能够兼顾吗？我们能够融合吗？我们能够缩小差异吗？

宏观经济学研究的本质问题是需求管理，即承认经济波动的客观存在。斯密主张自由竞争效率优先，但是结果却出现了"斯密困境"；凯恩斯主张相机抉择，但是却出现了滞胀怪病；弗里德曼梦想依靠货币解决一切，次贷危机却证明了这是痴人说梦；福利经济学的实践结果竟然成为欧盟的包袱。经国济世的经济学为何开不出永久生效的药方？

单纯地强调自由的结果是集中和垄断，单纯地以投资拉动为主的结果是低效，单纯地以玩货币为主的结果是货币或者债务危机，单纯地强调福利为主的结果是社会国家负担沉重。这些政策主张可以在某一时段发挥作用，但是随后又带来新的更难解决的难题，美国20世纪30年代爆发的大萧条、20世纪70年代的滞胀危机、1997年爆发的亚洲金融危机、2007年爆发的全球次贷危机、2009年爆发的欧债危机，其中都可以折射出上述各种政策主张的不足。

经济系统本身已经是一个复杂的网络，当经济运行本身出现了问题，无论是放任自流还是相机决策抑或是玩货币和高福利，都脱离了网络系统的整体复杂性，只不过是片面和局部的药方。

中医治病一个很重要的出发点是根据人体的经络分布运用阴阳辩证方法进行诊断，往往很多疑难杂症可以迎刃而解。解决网络化的现代经济必须从网络角度出发才能开出有效的药方。

描述事物的完整性需要总量和分布，对应的经济问题则是效率和公平。效率是刺激经济增长的动力，公平则是社会稳定的基础，二者相互作用，你割裂的了吗？

首先，将经济盘子做大追求增长的效率问题。从网络化角度看有两个战略选择需要做：一是通过加大公路、航运和铁路等基本建设完善物联网的搭建。这实际上是在搭建经济网络的边与回路，使得市场规模得以扩大、经济运行的整体成本大幅度降低，其重要意义，改革开放初期一句民间俗语说的透彻：要想富，先修路。公路、铁路、航运、海运、电信，经济物联网络中这些不同的边，经过多年的基本建设已经形成纵横交错的网络，以高铁为代表的物联网络大升级都将对经济振兴发挥重要基础作用。二是信息科技互联网的发展。互联网的快速普及将与经济物联网形成良性互补，在消除经济发展不平衡、实现改革开放成果全民共享方面发挥至关重要的作用。企业创新的根本动力在于生存，开拓市场空间和杀成本是科技创新最强大的撒手锏。互联网对传统行业的改造正是通过开拓市场空间和杀成本入手的。这两个战略是中国彻底改变经济发展模式的必由之路，物联网和互联网的结合将彻底打通中国经济网络，但是这需要很多钱，钱从哪里来？问题的关键不在于钱，中国改革开放30年积累了巨大财富，关键在于要有一个核心，只要能够指出明确的道路，资本市场、企业家精神都会在建网大业中施展拳脚。我们不仅要在中国建四横四纵的高铁网络，还要将中国物美价廉的高铁技术输出到南亚和欧洲，不仅有利于中国发展，也将有利于高铁沿线的所有国家。这才是一个真正有助于人民币国际化的合作共赢战略。

其次，财富的公平分配问题。虽然改革开放30年里中国取得了巨大成就，但是让全民享受改革开放的成就还需要在分配方面做大量工作。正是由于存在组织内和区域间的财富分布失衡，才导致了中国基尼系数的急剧攀升。根据北京大学中国社会科学调查中心发布的《中国民生发展报告2014》，2012年我国家庭净财产的基尼系数达到0.73，顶端1%的家庭占有全国1/3以上的财产，底端25%的家庭拥有的财产总量仅在1%左右。中国的财富分布失衡问题已经远超国际警戒线，已经成为社会不稳定的重要因素。历史上的强盛朝代几乎都建立在财富的合理分布基础上，民众利益与国家利益实现了高度统一，比如秦汉废除分封制、隋唐均田制，固国不依山河之险在民心。过去我们用星星之火可以燎原的革命激情播撒理想的种子，今天也应该怀有让所有中国人都摆脱贫苦实现富裕的中国梦。

马克思曾说，资本从诞生的那一刻开始就流淌着血腥和肮脏，资本的属性决定了资本必然集中。当我们还在畅想21世纪人类大同的时候，资本像一个不听话的孩子依然故我，皮凯蒂的《21世纪资本论》揭开了资本集中与财富分布失衡的加剧趋势，而菲尔普斯的《大繁荣》却证明了科技与民众的结合才是20世纪人类大繁荣的根本动力。

第三个问题是大国的金融之道。大国的钱从哪里来？政府应该选择征税还是发国债？按照陈志武的说法，二者的选择需要考虑到投资回报率[①]。

（1）如果国家投资项目的回报率高于国债的利率水平，这个时候发债对于国家来说更有利。比如西班牙资助的大航海，如果按照投资回报率计算，简直就相当于非常成功的风投项目。如果国家投资项目回报率低于国债利率水

---

① 陈志武：《治国的金融之道》，中国经济网，2007年7月25日。

平，比如养官、腐败、豪华办公楼，这种几乎等于零回报的发债只能加剧政府亏空、负重难行。所以精兵简政永远正确。按照财务学的标准衡量公式就是：EBIT≥R。

（2）如果公债利息水平低于民间投资回报率（R），这个时候应该选择发债而不是重税掠夺。因为随着纳税人利润不断投入，会给政府提供更多的税收（T，t 为税率），理想的税收增速大概等于 R(1-t)。这实际上构成了一个正反馈机制，结果存续期内的税收累积额要远大于政府减税规模。只要政府不要杀鸡取卵，民间财富和政府税收都会出现利滚利的放大效应。这是一个真正的分散布局，多方共赢的最佳策略。

政府借债，只不过是未来税收的贴现，当战争红利逐渐丧失、税源开始枯竭的时候，这个时候债务违约风险就来临了，欧洲历史上很多王国的债务都是靠王朝更迭才得以废掉。在偿债风险爆发之前，政府债务还是一个稳赚不赔的生意。当一个大国依靠债务崛起的时候，其财富也通过债务利息的形式源源不断地流到了贵族和银行家手中。中国古代的集权制下就根本不存在向贵族借钱一说。汉武帝打匈奴缺钱的时候采取的是靠专卖取得收入，或者干脆对金主们征收财产税（算缗令），原因是权力没有制约，这是公债在中国历史上没有出现的根本原因。1500 年之后欧洲各国虽然因为王权受制于贵族不能随意征税而被迫选择了发债筹集财政资金，但是地理大发现后国际贸易的回报率远远高于当时 5%~7% 的利率水平。因此债务规模的不断扩大实际上是国家实力与财富总额不断增强的过程。2013 年美国的债务都要走到悬崖了也没有什么可怕，因为财富都分布在国民手中，创富的持续性还在。反观中国古代，多数皇帝都恨不得将所有财富搜刮到自己手中，民间创造财富的积极性被彻底扼杀了，国家也就难以持久强大。

大国崛起离不开债务，关键看你如何使用。

网络结构在向复杂化演化的过程中，最终会形成致密网络结构，比如生物界的蜂王猴王、行业中的老大和领袖企业。一个具有强大生命力的政府一定是代表了广大人民群众的利益，其存在的基础也是财富合理分布的问题。公元 204 年曹操在《收田租令》的开篇即强调："有国家者，不患寡而患不均。"公平征税、限制豪强是曹操统一北方的政治基础。一个土地革命，实现耕者有其田，中国共产党就将中国大多数人民群众争取过来。一个高效的政府一定是精兵简政的政府，一个高效的政府一定是取之有度的政府。建立在这个基础上的政府才能获得广大民众的支持，建立在这个基础上的法制与民主才更有效率。这恰恰就是社会结构的网络化与分散布局问题。社会问题源自经济分配问题，这是一个法制与民主问题，也是一个合作共赢的分散布局问题。绝对的民主和自由，已经被阿罗证明不存在，意味着无政府主义和混乱。一个混乱低效的社会能够稳定发展吗？

今天我们要走的路，不仅要实现中华民族的伟大复兴，还要使这个古老的国度更富强更和谐。实现这个伟大的梦想，就要调动全民族的积极性和创造性，就需要一个强有力的政府带领民众，走出一条科学、民主、法制的发展之路。一个强有力的政府在放松管制、破除利益集团方面将更有效率，一个经过改革开放30年积累了巨大财富的政府更有能力进行搭建经济网络的基础工程，一个敢于喊出将权力关在笼子里的政府会给资本留出巨大空间，一个税负已经不低的时期更有空间实施减税让利于民。中国已经走在正确的道路上，中国梦应该更美好。"它是站在海岸遥望海中已经看得见桅杆尖头了的一只航船，它是立于高山之巅远看东方已见光芒四射喷薄欲出的一轮朝日，它是躁动于母腹中的快要成熟了的一个婴儿。"

普罗众生还是要回归到消除差异。这就要求将自己融入世界这个大开放系统中，未来是一个万物互联的时代，古代的丝绸之路可以升华成今天的高铁洪流，今天的互联网已经不仅快速传递信息，也极大地降低了商业成本。对话更多地代替对抗，技术和信息的扩散在互联网时代已经开始颠覆一个又一个领域。未来的世界，作为个体和物理的你，自由与人权定义在法律的框架中，你生活在这个平的互联网世界，人类共同问题才是你的价值观。正如500年前科技灭了神权一样，未来世界的发展取决于科技文明与民众的结合程度。

人类的大历史可以说是构建交流网络的历史，物理形态的交流网络与现在的互联网只是不同时期形式上差别，本质上都构造了一个万物互联的开放系统。总量与分布的命题恰恰可以分析和描述这个大系统。自此，公平与效率、对抗与对话、集中与分权等类似二元对立的大命题都可以融合在这个平台基础上，进行自然科学与社会科学的讨论。

认识和理解这个大开放系统的价值了吗？人类未来的世界，它是分散的、互联的、归信息化的，置身其中，如同阳光普照世界每一个角落一样，一切都很自然和谐。

给自己一点时间，读一下本书，也许会茅塞顿开。

第1章 分散布局

分散布局是指系统在空间、时间、能量、物质、信息甚至抽象维度上的分布式发展、演进直至终局的稳态。分散布局是在复杂系统中针对某些目标在一定约束条件下的最优化解。有时在整个复杂系统中达到一个我们期望的目标，或让其实现一个宏大的功能，是非常困难的。系统越复杂、系统中个体越多，系统分化或者个体利益选择就存在多样性，最优解越难找到，以至于必须在一些现实约束下才有可能找到最优解。

我们的目标选择是不同的。有时要求复杂系统越稳定越好，不要出现崩塌现象，减少黑天鹅事件对整个系统的毁灭性破坏。有时要求复杂系统运行的效率高，得到期望的结果有经济节约的效应。目标函数可以有很多，但分散布局是针对很多个目标函数有普适意义的最优实现途径之一，有时分散布局甚至是系统稳定、运行效率最高、运行过程最经济这三个目标函数的最优解。在人类漫长的历史长河中，分散布局的威力没有被充分认识清楚，甚至是被忽视了。分散式布局强调协同、合作的价值观取向，即"人人为我，我为人人"。在有约束条件下针对复杂系统求解目标函数最优解的问题中，分散式布局解的核心理念是从全局利益最大化入手，求得的解恰好也实现了个体利益最大化。值得指出的是，分散布局解恰恰是满足系统在约束条件下的最大熵解。正如在本书其他章节中详细描述过的自然界中的普适原理——最大熵原理，最大熵状态体现出了一种均匀、平等和稳定的状态。在自然条件下，自然界的各种系统都将自发地朝着最大熵方向演变，因此最大熵状态是自然界最可能出现的状态。

由于最大熵原理是从全局宏观的角度寻求系统全局最优解的最具有普适性的基本原理，它所揭开的也正是系统中自发演进过程中所体现出的最大概率的稳定解和最优解。所以，正是基于分散布局解是系统的解空间中的最大熵解，分散布局就是自然系统和人类社会系统中在一般约束条件下的全局最优解，亦即最稳定、最有效率和最经济节约的解。

第1章 分散布局

1.1 分散布局的意义

分散布局作为最大熵解具有最稳定、最有效率和最经济节约的极优异属性。了解分散布局系统的众多优异属性，有助于我们深刻理解自然系统和人类社会系统中的复杂现象及其解决思路。

1.1.1 分散布局的首要意义是降低系统的复杂度

分散求解使得一个复杂的任务从根本不可能解决到可以实现解决。正如笛卡儿的研究方法论："首先要把复杂的问题分解为细小的问题，直到可以圆满解决的程度为止，然后再从简单的细小问题出发，逐步上升到对复杂对象的认识。"所以把复杂的大系统分解成为多个简单小系统可以使得求解整个复杂系统从不可能变为可能。比如，一个复杂网络中有 N 个节点，那么这个网络的复杂度是 N^2，而如果把 N 个节点分解成为 M 组，每组有 $\frac{N}{M}$ 个节点，那么每组的复杂度为 $\frac{N^2}{M^2}$，而同样是 N 个节点，在分为 M 组之后，网络的复杂度为 $M \times \frac{N^2}{M^2} = \frac{N^2}{M}$，比分组之前的复杂度大大降低。

远古时代人类从个体进化到了群体，出现了最原始的分工，有的负责狩猎，有的负责采摘。在狩猎的原始人中还有专门负责发现猎物、设计陷阱、围追堵截等。在狩猎不足的时候可以有果子吃，在狩猎的时候捕获猎物的成功率大大提高。有了这些分工才使得原始人在恶劣的自然环境中生存下来。如果只是原始人作为个体而不是群体，恐怕不但不能有效地狩猎甚至很快就被野生动物吃掉或饿死。因为有了分工，就有了专业化，所以才说从个体到群体的进化是最高等级的进化，然后才有了复杂度，人与人之间才会形成基于分工和共享的联系，才会形成网络化的人类社会，分工和共享促使出现组合爆炸式的网络，节点越来越多，网络就越来越大，网络中的边就越来越多，就有机会形成越来越多的正反馈回路。一旦形成了正反馈回路，就会在多次迭代中不断强化，最后形成了路径依赖，才使得人类社会稳定的演进下去。可以说，群居的原始人的原始分工所构成的原始的分散布局，恰恰是构成人类社会演化的基础。

现实生活里有很多分散布局的生动例子，使不可能转变成可能。比如，深圳有个油画村叫大芬村，里面很多民间画家艺人，曾经有个欧洲商人接到一个大订单，客户要求在1个月之内临摹100幅名画，欧洲商人很发愁，在欧洲画家的薪酬水平很高，而且速度很慢，不可能在这么短的时间内完成。后来中国有个商人知道之后把订单转接到中国来，找了几十个大芬村的民间画家，先由一个技术最好的画家画出名画的轮廓，然后把这幅画分为数个小区域，每个画家负责固定区域的临摹，整体上是流水线作业，一个人画完一个区域传给下一个画其他区域。就这样，100幅名画的复杂任务就被分解为多个简单任务，只画小小的一个区域的难度比一整幅画的难度大大降低，不需要专业画家而只需要一个很普通的画家都可以快速完成。就这样，在1个月之内中国商人如约交货，欧洲商人大为惊叹。

火箭上天与分散布局发射卫星是个非常难的工程问题，为了使卫星脱离地球引力然后围绕地球旋转，火箭必须助推卫星达到每秒7.9公里的第一宇宙速度。而当年的火箭技术最领先的德国科学家研发的V-2火箭的速度只有4倍音速，要实现第一宇宙速度还要比V-2快5倍才行，而火箭的动能跟速度的平方成正比。所以为了这5倍的速度就需要25倍的动能，而动能是靠燃料的热能转换过来的。在发动机效率等约束条件不变的情况下，就需要25倍的燃料。而25倍燃料直接放进火箭里，火箭的自重就会过大，依然很难实现第一宇宙速度。俄罗斯科学家谢尔盖·帕夫洛维奇·科罗廖夫运用分散布局思想巧妙地设计了两级火箭，每级火箭都有独立发动机和燃料，每级火箭燃料用完之后自动脱落，同时下一级火箭发动机开始工作，使飞行器继续加速前进。这样在一级火箭工作结束后可以抛掉不需要的质量，从而获得更好的加速性能，逐步达到第一宇宙速度。多级火箭的另一个好处是可以通过调整每一级火箭的推力和工作时间调整轨道，既可以把质量小的物体，比如卫星，发射得又高又远，还可以把质量大的物体，比如核弹头，送到相对近一点的目的地。全世界最早的多级火箭和技术最多的火箭（N1火箭，一共有四级），都是科罗廖夫设计的。正是多级火箭技术的突破，使得苏联在1957年10月4日成功发射了世界上第一颗人造地球卫星史波尼克一号（Sputnik-1），并顺利送入预定轨道，标志着人类从此进入利用航天器探索外层空间的新时代。为了纪念这一天，1999年联合国大会将10月4~10日定为"世界空间周"。正是有了多级火箭，把每一个简单子任务叠加起来完成了一个不可能完成的复杂任务（见图1-1、图1-2）。

第1章 分散布局

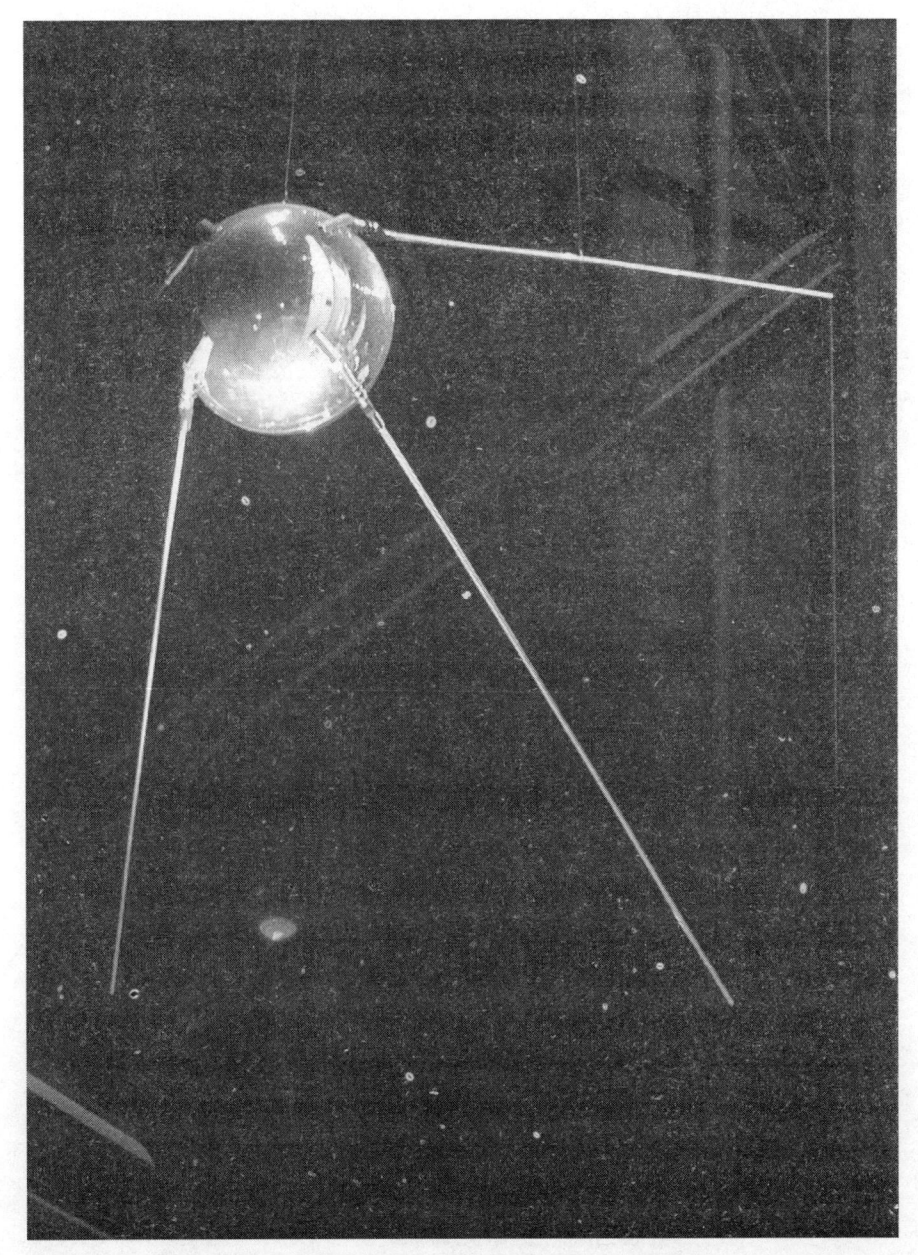

图1-1 第一颗人造地球卫星史波尼克一号（Sputnik-1）
资料来源：百度图片。

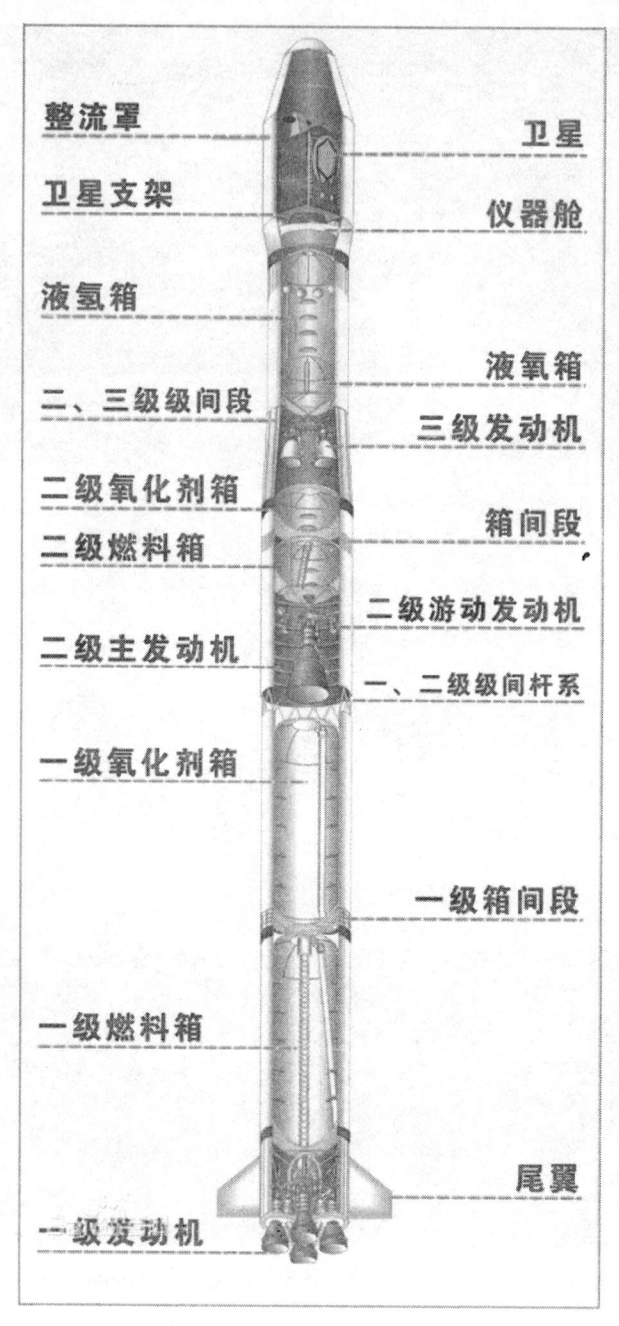

图 1-2 现代分级火箭的构造

资料来源：新华社。

第1章 分散布局

如果没有牛顿发明的微积分，万有引力定律就不会完美的用数学形式表达出来。

万有引力定律的数学形式非常紧凑优美，$F = G\dfrac{M_1 M_2}{R^2}$。

虽然布里阿德在1645年提出了引力平方比关系的思想，而且到了1684年1月，哈雷、雷恩、胡克和牛顿都能够证明圆轨道上的引力平方反比关系，都已经知道椭圆轨道上遵守引力平方反比关系，但是最后只有牛顿根据开普勒第三定律和数学上的极限概念或微积分概念，用几何法证明了这个难题，而这正是因为牛顿掌握了微积分的威力。微积分的原始思想是用来计算之前的传统数学方法计算不了的曲线的长度或曲线下的面积。微积分的基本思想是，"分割—近似—求和—取极限"，具体而言，先把曲线分解成 N 个小段，分的越细越密则每个小段就越接近于直线，然后把这些直接的长度加起来，再通过取极限 $N\to\infty$，就把 N 段直线无穷逼近于曲线了。通过把复杂的曲线长度的问题分散成为多个直线长度的问题，把复杂问题转化为多个简单问题，使得本来不能直接解决的问题得以完美解决。这也是分散布局思想在数学上的一个重要例子。

1.1.2 分散布局的效率高

分散布局还可以大大提升系统的运行效率。

古代中国的有一个看似简单但伟大的发明——垄耕

垄耕种植就是将庄稼成排的种植在垄上，垄与垄之间保持一定的间距，垄的土地比垄之间的沟略高，粮食分散种植在垄上的分布式种植技术。这是除了灌溉之外农业高产量的唯一种植方法。首先，可以保证每株庄稼独立成长，互不干扰，而且农民给庄稼除草和间苗在沟里走，不会踩伤庄稼；其次便于庄稼之间通风，不会腐烂；更重要的是便于灌溉。水田四周是一尺高的田埂，田埂外有水沟，当天气干旱时，农民将田埂挖开一个小口，田埂外水沟里的水就会流进田里，迅速流遍垄之间的沟，不需要给每株庄稼浇水，节约了大量劳力。当下雨时，田里的水保持在庄稼两边相对低洼的沟里，庄稼的根不会被泡烂。更重要的是，垄和沟在两季种植之间是互换的，每季庄稼收获完毕，将田重新耕一遍，这时垄变成沟，沟变成了垄。这样田地虽然四季种庄稼，但具体到每一垄土地，实际上是轮流休耕，可以保证土地肥力。根据李约瑟在《中国科学技术史》中描述，在公元前6世纪中国人发明了垄耕技术。而欧洲人在17世纪才发明这个技术，整整落后了中国两千多年。18世纪以前的欧洲农民都将种子直接均匀洒到耕耘过的土地上。庄稼长得杂乱无章，而且会互相干扰。根据《史记》记载，在战国时期的秦国，一亩地收获240斤粮食，而欧洲当年的农民亩产最多60斤，去掉种子只有40斤。由此可见，中国农民把粮食分散种植在垄上的分布式种植技术的产出效率远远高过没有分布式的普通种植技术。

谷歌云计算的核心算法 MapReduce

把一个大任务拆分成小的子任务，并且完成子任务的计算，这个过程叫作Map，将中间结果合并成最终结果，这个过程叫Reduce。这个算法的原理就是分治算法（divide-and-conquer），分治算法是计算机科学中最漂亮的工具之一。基本原理是：将一个复杂的问题分成若干个简单的子问题来解决，然后将对子问题的结果进行合并，得到原有问题的解。有的数学问题用计算机来解决也需要非常大量的计算力和计算时间，但用这个算法就可以通过10倍的机器数量将计算时间缩短到十分之一。具体而言，规模的数据集操作通过Map Reduce分发给网络上的每个节点实现可靠性；每个节点会周期性返回它所完成的工作和最新的状态。如果一个节点保持沉默超过一个预设的时间间隔，主节点（类同 Google File System 中的主服务器）记录下这个节点状态为死亡，并把分配给这个节点的数据发到别的节点。每个操作使用命名文件的原子操作以确保不会发生并行线程间的冲突；当文件被改名的时候，系统可能会把他们复制到任务名以外的另一个名字上去（避免副作用）。化简操作工作方式与之类似，但是由于化简操作的可并行性相对较差，主节点会尽量把化简操作只分配在一个节点上，或者离需要操作的数据尽可能近的节点上。这个特性可以满足Google的需求，因为他们有足够的带宽，他们的内部网络没有那么多的机器。

印度Java程序员谢卡尔·左拉提（Shekhar Gulati）在自己的博客发表了"怎样向妻子解释MapReduce"一文。用丈夫和妻子对话的形式，通过做辣椒酱的类比来解释MapReduce的概念，非常通俗地阐述了MapReduce的概念。

我：你是如何准备洋葱辣椒酱的？假设你想用薄荷、洋葱、番茄、辣椒、大蒜弄一瓶混合辣椒酱。你会怎么做呢？

妻子：我会取薄荷叶一撮，洋葱一个，番茄一个，辣椒一根，大蒜一根，切碎后加入适量的盐和水，再放入混合研磨机里研磨，这样你就可以得到一瓶混合辣椒酱了。

第 1 章 分散布局

我：没错，让我们把 MapReduce 的概念应用到食谱上。Map 和 Reduce 其实是两种操作，我来给你详细讲解下。Map（映射）：把洋葱、番茄、辣椒和大蒜切碎，是各自作用在这些物体上的一个 Map 操作。所以你给 Map 一个洋葱，Map 就会把洋葱切碎。同样的，你把辣椒、大蒜和番茄一一地拿给 Map，你也会得到各种碎块。所以，当你在切像洋葱这样的蔬菜时，你执行就是一个 Map 操作。Map 操作适用于每一种蔬菜，它会相应地生产出一种或多种碎块，在我们的例子中生产的是蔬菜块。在 Map 操作中可能会出现有个洋葱坏掉了的情况，你只要把坏洋葱丢了就行了。所以，如果出现坏洋葱了，Map 操作就会过滤掉坏洋葱而不会生产出任何的坏洋葱块。Reduce（化简）：在这一阶段，你将各种蔬菜碎都放入研磨机里进行研磨，你就可以得到一瓶辣椒酱了。这意味要制成一瓶辣椒酱，你得研磨所有的原料。因此，研磨机通常将 map 操作的蔬菜碎聚集在了一起。

妻子：所以，这就是 MapReduce？

我：你可以说是，也可以说不是。其实这只是 MapReduce 的一部分，MapReduce 的强大在于分布式计算。

妻子：分布式计算？那是什么？请给我解释下吧。

我：没问题。假设你参加了一个辣椒酱比赛并且你的食谱赢得了最佳辣椒酱奖。得奖之后，辣椒酱食谱大受欢迎，于是你想要开始出售自制品牌的辣椒酱。假设你每天需要生产 10 000 瓶辣椒酱，你会怎么办呢？

妻子：我会找一个能为我大量提供原料的供应商。

我：是的，就是那样的。那你能否独自完成制作呢？也就是说，独自将原料都切碎？仅仅一部研磨机又是否能满足需要？而且现在，我们还需要供应不同种类的辣椒酱，像洋葱辣椒酱、青椒辣椒酱、番茄辣椒酱等等。

妻子：当然不能了，我会雇佣更多的工人来切蔬菜。我还需要更多的研磨机，这样我就可以更快地生产辣椒酱了。

我：没错，所以现在你就不得不分配工作了，你将需要几个人一起切蔬菜。每个人都要处理满满一袋的蔬菜，而每一个人都相当于在执行一个简单的 Map 操作。每一个人都将不断地从袋子里拿出蔬菜来，并且每次只对一种蔬菜进行处理，也就是将它们切碎，直到袋子空了为止。这样，当所有的工人都切完以后，工作台（每个人工作的地方）上就有了洋葱块、番茄块和蒜蓉等等。

妻子：但是我怎么会制造出不同种类的番茄酱呢？

我：现在你会看到 MapReduce 遗漏的阶段——搅拌阶段。MapReduce 将所有输出的蔬菜碎都搅拌在了一起，这些蔬菜碎都是在以 key 为基础的 map 操作下产生的。搅拌将自动完成，你可以假设 key 是一种原料的名字，就像洋葱一样。所以全部的洋葱 keys 都会搅拌在一起，并转移到研磨洋葱的研磨器里。这样，你就能得到洋葱辣椒酱了。同样地，所有的番茄也会被转移到标记着番茄的研磨器里，并制造出番茄辣椒酱。

这样，对一个复杂任务，MapReduce 通过将其细分成小简单任务再组合起来的方式高效解决了。

动态规划和 GPS 导航最优路径问题全球导航的关键算法是计算机科学图论中的动态规划（dynamic programming）的算法。在图论中，一个抽象的图包括一些节点和连接它们的弧。如果再考虑每条弧的长度，或者说权重，那么这个图就是加权图（weighted graph）。比如说中国公路网就是一个很好的"加权图"的例子：每个城市是一个节点，每一条公路是一条弧。图中弧的权重对应于地图上的距离，或者是行车时间、过路费金额等。图论中很常见的一个问题是要找一个图中给定两个点之间的最短的路径（shortest path）。比如，想找到从北京到深圳的最短行车路线或者最快行车路线。当然，最直接的笨办法是把所有可能的路线看一遍，然后找到最优的。这种办法只有在节点数是个位数的图中还行得通，当图的节点数（城市数目）有几十个的时候，计算的复杂程度就已经让人甚至计算机难以接受了，因为所有可能路径的个数随着节点数的增长而呈指数（或者说几何级数）增长，这也就是说，每增加一个城市，复杂度要大一倍。显然导航系统不会用这种笨办法——任何导航仪或者导航软件都能在几秒钟内就找到最佳行车路线。所有的导航系统采用的都是动态规划的办法，动态规划的原理其实很简单——全局最优解一定是局部最优解。以上面的问题为例，当我们要找从北京到深圳的最短路线时，先不妨倒过来想这个问题：假如已经找到了所要的最短路线（称为路线一），如果它经过武汉，那么从北京到武汉的这条子路线（比如是北京→石家庄→郑州→武汉，暂定为子路线一），必然也是所有从北京到武汉的路线中最短的。否则，可以假定还存在从北京到武汉更短的路线（比如北京→天津→济南→武汉，暂定为子路线二），那么只要用这第二条子路线代替第一条，就可以找到一条从北京到深圳全程更短的路线（称为路线二），这就和原始假设路线一是北京到深圳最短的路线相矛盾。其矛盾的根源在于，假设的子路线二或者不存在，或者比子路线一还来得长。

在实际实现这个算法时，我们又正过来解决这个问题，也就是说，要想找到从北京到深圳的最短路线，先要找到从北京到武汉的最短路线。其中有一个

"漏洞",就是在还没有找到全程最短路线前,不能肯定它一定经过武汉。不过没有关系,只要在图上横切一刀,这一刀要保证将任何从北京到深圳的路线一分为二,那么从北京到深圳的最短路径必须经过这一条线上的某个城市(乌鲁木齐、西宁、兰州、西安、郑州、济南、武汉)。我们可以先找到从北京出发到这条线上所有城市的最短路径,最后得到的全程最短路线一定包括这些局部最短路线中的一条,这样,就可以将一个"寻找全程最短路线"的问题,分解成一个个寻找局部最短路线的小问题。只要将这条横切线从北京向深圳推移,直到深圳为止,我们的全程最短路线就找到。这便是动态规划的原理。采用动态规划可以大大降低最短路径的计算复杂度。在上面的例子中,每加入一条横切线,线上平均有 10 个城市,从北京到深圳最多经过 15 个城市,那么采用动态规划的计算量是 $10 \times 10 \times 15$,而采用穷举路径的笨办法是 10 的 15 次方,前后差了万亿倍。

根据全局最优解一定是局部最优解的原则,通过把复杂任务分解成多个简单子任务,再通过寻找子任务的最优解叠加起来实现全局最优。这种分散布局思想大大降低了一个计算量很大的问题的计算复杂度。

CDMA 技术是一种提高信号传输效率的分散布局

CDMA 技术把很多细分的频带合在一起,多路信息同时传输从而提高带宽利用率的思想还是分散布局的思想。把信息分布在多个频带上从而大大提高传输效率。

在 CDMA 以前,移动通信使用过两种技术:频分多址(FDMA)和时分多址(TDMA)技术。

频分多址顾名思义,是对频率进行切分,每一路通信使用一个不同的频率,对讲机采用的就是这个原理。由于相邻的频率会互相干扰,因此每个信道要有足够的带宽。如果用户数量增加,总带宽就必须增加。我们知道空中的带宽资源是有限的,因此要么必须限制通信人数,要么降低通话质量。

时分多址是将同一频带按时间分成很多份。每个人的(语音)通信数据在压缩后只占用这个频带传输的 1/N 时间,这样同一个频带可以被多个人同时使用。第二代移动通信的标准都是基于 TDMA 的。

扩频传输对频带的利用率比固定频率传输更高,因此,如果把很多细分的频带合在一起,多路信息同时传输,那么应该可以提高带宽的利用率。这样就可以增加用户的数量,或者当用户数量不变时,提高每个用户的传输速度。

美国的两个主要无线运营商 AT&T 和 Verizon,前者的基站密度不比后者低，信号强度也不比后者差，但是通话质量和数据传输速度却明显不如后者，原因就是 AT&T 网络总的来讲是继承过去 TDMA 的，而 Verizon 则完全是基于 CDMA 的（见图 1-3）。

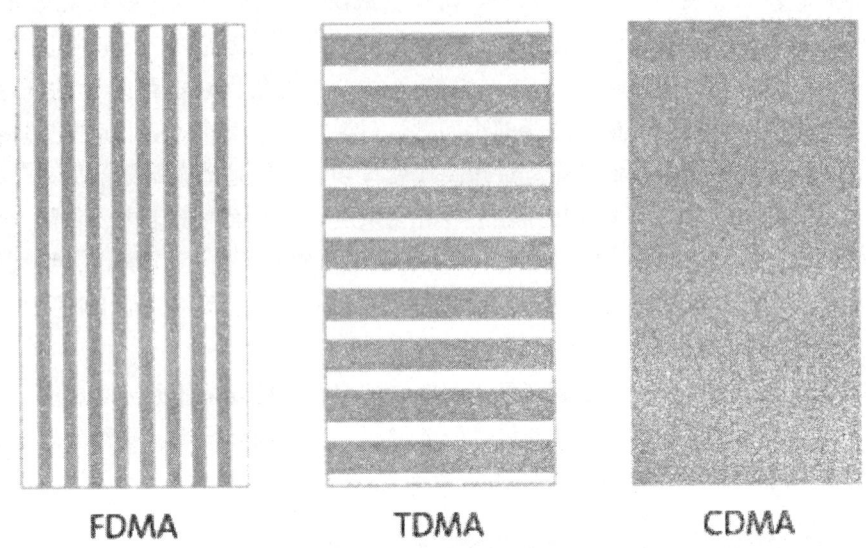

FDMA   **TDMA**   **CDMA**

图 1-3 频分多址（FDMA）、时分多址（TDMA）和码分多址（CDMA）对频带和时间的利用率

注：图中深色的部分为可利用部分，边界无色的部分为不可利用部分。

CDMA 的美妙之处还包括一个发送者占用了很多频带，那么有多个发送者同时发射不会互相打架。是因为每个发送者有自己不同的密码，接收者在接到不同信号时，通过密码过滤掉自己无法解码的信号，留下和自己密码对应的信号即可。由于这种方法是根据不同的密码区分发送的，因此成为码分多址。

CDMA 技术把很多细分的频带合在一起，多路信息同时传输从而提高带宽的利用率的思想还是分散布局的思想。把信息分布在多个频带上从而大大提高传输效率。

将 CDMA 技术用于移动通信的是高通公司。从 1985 年到 1995 年，高通公司制定和完善了 CDMA 的通信标准 CDMA1，并于 2000 年发布了世界上第一个主导行业的 3G 通信标准 CDMA2000，后来又和欧洲、日本的通信公司一同制定了世界上第二个 3G 标准 WCDMA。2007 年，维特比作为数学家和计算机科学家，被授予美国科技界最高成就奖——国家科学奖。

第1章 分散布局

互联网电商正是消费行为的分散布局

当互联网用户在淘宝等网上购物时，则买卖的场所从集市、商场、超市等传统的集中交易场所解脱出来，从物理的存在的交易场所改到了互联网上。淘宝或国外的 Ebay 这种 C2C 的买卖模式更是典型的分散式布局，目标函数是减少对交易场所的物理限制，实现跨地区甚至全球化交易；跨越集中交易的时间限制，永远不打烊，而且没有时差约束；减少交易成本；商品种类越丰富越好，商品价格越便宜越好；存在有公信力的第三方监督和调节交易纠纷；有良好的购物体验；有让人踏实放心的售后服务。

而实际上 C2C 网购交易模式不仅实现了目标函数的最优化，卖家还节省了在商场较高的租金、渠道费用和隐性费用；网上各种小众甚至是定制化的产品能够充分满足消费者的个性化需求，非常好地解决了消费需求的长尾效应；每年上万亿元交易量的淘宝作为第三方担保人的公信力不言而喻，有交易纠纷时基本可以得到公平公正的解决；通过 3D 展示和虚拟试用等手段，网络购物的购物体验已经逐步接近实体店购物，不下架的商品还能更好地满足消费者 windows shopping 的心理，刺激更多的消费。

上述 C2C 网购分散布局的交易系统，作为商品交易模式的一个可行解，确实能够使上述目标函数得到最优解。当然这个最优解可能不唯一，只是解空间中的一个状态矢量，但在当前的社会发展历程和科学技术等约束条件的限制下，很可能是唯一的最优解。

1.1.3 分散布局稳定性强

分散布局的强稳定性体现在高鲁棒性，抗打击能力强。面对外界的随机打击之后仍然可以存活而不至于形成毁灭性结果。

如果上帝是万能的，为何也要为生命的生产设计成采用男女之间繁衍后代的这种分散布局的生产方式？而不是工厂化的集中式生产？

考虑到上帝既然创世，就是个数学家。如果按照一个模子复制生产，虽然这种病毒式的复制分裂繁殖效率高，是 2 的 N 次幂繁殖速度。但是这种结构不稳定，都是自体复制，DNA 跟母体一模一样，在自然环境中遇到刚好匹配的克星容易全军覆没。而现在是分散式布局的生产方式，类似于迭代多项式分布模型，(A+B) 的 N 次幂，新的后代反复迭代入 A 和 B。这种生产的效率也很高，而每次后代中都有类似 AB 这样的交叉项，同时融合了 A 和 B 的 DNA，每次融合一次就分散一次DNA的缺陷片段，不容易被单一克星消灭全族。同时，每次融合又把优良的DNA片段广泛传播。

分布式繁衍人类的优势在于：分散风险；广泛扩散优势性状。这种分布式繁衍人类的方式可能是我们人类得以延续到现在的一个重要原因，虽然不是唯一的原因。

不是分散布局的幂律分布有个性质：当一个复杂系统处于HOT状态时，该系统将满足幂律。许多子系统连结成的复杂系统，不管是自然演化还是人为设计的，当该系统可以有效地容忍某些不确定因素时具鲁棒性，将对其他未被考虑到的不确定因素变得更敏感。鲁棒性和敏感度具有相互递换的效果。这里的不确定因素包含系统内部的不确定因素以及外在环境的干扰。以生态系统为例，如果它可以容忍气温、湿度、养分等巨幅变化，那么这生态系统却可能无法容忍一些意料之外的小干扰，如基因突变、外来族群迁入或新的病毒，这些干扰可能会造成生态环境的巨大改变。这也是幂律分布不如分散布局稳定的一个重要原因。

财富分布状态成为王朝更迭的最直接力量，财富分布均匀的朝代稳定度高

中国历史上的经济改革主线主要包括土地分配、专卖收入、税收这三块内容，其核心都是要解决国家财政不足的问题，实质是财富在中央政府（地方政府）、世族和农民这三方主要利益集团之间的如何平衡利益分配问题。这个问题如何解决也贯穿了中国朝代的变迁始终。自秦统一中国后中央集权政府是历代统治者追求的国家管理模式，就统一政府而言，都经历了从统一强大到灭亡的过程，尽管有地理环境变化的各管因素，但是财富分布状态的改变成为王朝更迭的最直接力量。

汉代由于采用分封诸侯建立统一战线最终战胜了强大的对手项羽，诸侯势力强大，导致权力和财富高度集中在少数诸侯手中，财富分布高度不均衡，这是社会潜在不稳定因素。汉武帝时期，采纳了贾谊"众建诸侯而少其力"的策略，实行"推恩令"，"藩国始分，而子弟毕侯"，析分各诸侯国给子孙，没有采取激烈的手段就削弱了诸侯势力，这是分户析产的巨大威力。

即便汉武帝彻底解除了诸侯的隐患，代之以吏制，但是官吏制度中世袭的弊端也开始显现，一方面贤才不能进入决策领导层，一方面世袭造成了国家管理权力在固定利益集团中流转，形成了世族门阀。世族门阀到西汉后期通过土地兼并严重削弱了中央政府的财政，财富和国家权力向世族门阀高度集中，本质上西汉时期的世族门阀已经和夏商周时期的诸侯没有差别。王莽新政试图改

第1章 分散布局

变世族门阀兼并的社会痼疾，但是世族门阀利用赤眉绿林起义将其斩首。刘秀东汉政权则是依靠世族门阀的支持才得以恢复汉室，虽然刘秀在历史上被称为开明雄主，仍然没有能力解决世族门阀对东汉政权的掌控，而世族门阀利用中央政府授权组建军队剿灭黄巾起义的机会最终肢解了东汉，世族门阀的诸侯本性得以淋漓尽致的发挥。

曹操从根本上看到世族门阀对统一政权的威胁，采取了一系列手段进行改造，主要是屯田制。而司马家族夺取了曹魏政权后，很快就废掉了屯田制，西晋采取了分封制，虽然国家经济快速发展，但是统一了区区15年之后利益纷争就导致了"八王之乱"，游牧民族乘虚而下进入黄河流域，开启了中华民族历史上的近300年的大分裂时代。但是这一时期北魏孝文帝均田制改革和关陇集团的锐意进取探索，对后世中国国家管理模式的改进发挥了重要作用。真正对世族门阀实施阉割的是隋文帝。隋朝建立统一国家后，隋文帝采取了均田减税和科举制度，一方面降低税负恢复经济，同时通过科举制度斩断世族门阀对中央政权的控制，国家快速强大。隋末农民起义虽然瓦解了隋朝统治，获得政权的又恰恰是与杨坚同出于关陇集团的李氏家族，一直到李世民时期继续通过科举制才真正清除了世族门阀这个隐患（见表1-1）。

朝代更迭的实质性矛盾是财富在中央政府（地方政府）、贵族和农民之间的分布问题，多数情况下这种分布状态的改变取决于各方在决定财富分布中的力量。三方利益集团中最弱的一方农民，由于抵抗风险的能力弱而遭受打击最为严重，最容易成为反对财富分布格局的先锋。一旦农民力量被门阀世族利用，二者联手就有可能推翻旧王朝建立新王朝，如西汉、东汉、唐、明；一旦农民力量和王权力量联手，门阀世族必然被削弱，很可能建立强大国家，如秦、唐。

财富分布状态取决于国家权力受限制的程度，中央集权管理体制的形成意味着皇帝拥有最高权力，至少在形式上对国家财富具有绝对的分配控制权力。自公元前221年秦国统一中国实行郡县制开始，各朝代基本上权力分配管理的构架都在这一模式基础上不断演进，直至形成中央集权制度的基本框架——三省六部制（见图1-4）。虽然这一制度奠定了大唐帝国的盛世辉煌，但是三省六部制确是由隋文帝创立、经隋炀帝精简改革而成，唐朝统治者的开明之处在于继承了这一古代国家管理的大智慧。此后的各朝代管理模式虽有形式或者称谓的改变，其集权与分权的思想精髓却一直延续下来，以至于深刻影响了现代国家管理构架。这一制度框架有利于国家的超长期稳定，但是王权的制约力量被限制了。

表 1-1　　　　　　　隋朝官员级别、数量与职田的估算

品铁	数量	职田（顷/人）	职田规模（顷）	永业田（顷/人）	永业田（顷）	公廨田
一品	31	5	155	100	3 100	
从一品	56	5	280	75	4 200	
二品	12	4.5	54	50	600	
从二品	8	4.5	36	30	240	
三品	83	4	332			
从三品	238	4	952			
四品	115	3.5	402.5			
从四品	159	3.5	556.5			
五品	166	3	498			
从五品	292	3	876			
六品	366	2.5	915			
从六品	1 801	2.5	4 502.5			
七品	1 247	2	2 494			
从七品	1 346	2	2 692			
八品	788	1.5	1 182			
从八品	1 398	1.5	2 097			
九品	1 906	1	1 906			
从九品	23 074	1	23 074			
合计	33 086		43 004		8 140	25 500

说明：（1）官员数量根据《文献通考·职官考》、《隋书·百官志》统计数据；（2）职田、永业田标准参阅《隋书》、《文献通考》相关记述；（3）公廨田数据无，参照唐。根据《隋书》，隋朝官员12 576人，唐开元末年官员总数18 805人，职田370万亩，公廨田255万亩。隋朝文帝时间公廨田数据难以查找，但至少不低于唐朝。

过冷的水充分体现了高度分散布局的水分子的稳定性

过冷现象是水在标准大气压下即使到了0℃也不结冰，继续降温到零度以下才会结冰的现象。具体降到多少度则由水的初始状态决定。

这一现象和晶体结晶过程有关。水要结冰需要先在水中任意一个区域内形成至少一个小冰"核"（nucleus），在这个核的基础上才能开始正式结晶（水分子包围这个核开始结晶成冰）。如果没有这个核，就好像结冰这个过程的开

关没有被打开，水只好继续降温。

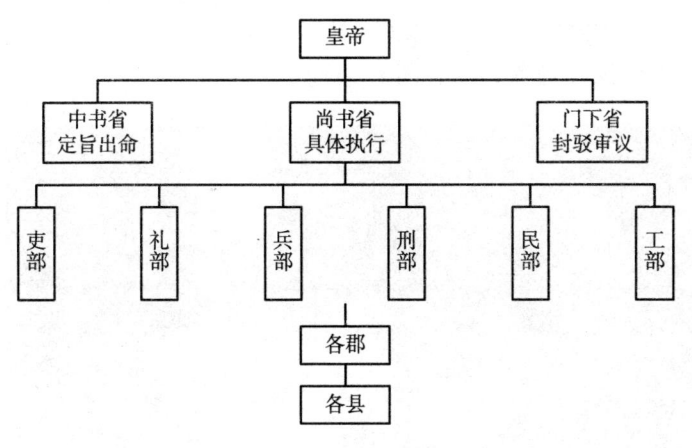

图 1-4 三省六部制

　　为什么一定需要这个核呢，举一个类比的例子，一根针立在一个绝对平滑的平面上，它会向哪个方向倒呢？答案是，如果外界没有给它一个影响，它就永远不会倒。因为它周围是绝对对称的环境，任何方向都是平等的。如果它倒了，那个它倒下的方向就过分的特殊了，在一个绝对对称的环境中是不可能存在一个特殊方向的。如果它真的倒了，只能证明一定存在一个外界提供的影响，造成了对称性被破坏了。居里夫人的丈夫皮埃尔·居里提出过一个原理，如果在一次观测的结果中存在不对称，那在初始条件中一定包括了不对称性。

　　为什么结晶的启动一定需要先产生至少一个核？因为如果是很纯的水中每个分子周围都是对称的，每个水分子都是平等的，那该从哪个分子周围先结晶呢？由于没有一些特殊分子的存在，这个微观的核就暂时不能出现，导致宏观的结晶过程不能被触发。所以，有实验证明，如果是纯水，会在零下 42°才结冰。可是一般水没有很纯的，就是说，有"杂质"。这个杂质是广义意义上的杂质，比如二氧化碳分子就算杂质。由于杂质的存在，造成了本来对称的环境中出现了不对称因素，于是这些杂质就可以充当核的作用。有了这些核的存在，水分子会围绕在核周围开始结晶。由于水的初始状态不容易控制为绝对一致，所以在实验中可以观测到，从零度到零下 42°范围内的任意温度水都可以结晶。

　　如果没有上面所说的"杂质"怎么办？还有一个办法可以促成核的形成——对水的小扰动。纯水之所以很难结晶就是因为一个核的形成需要一些产生核的表面能量，当核太小时，核形成过程所释放出来的能量不足形成该特定核的表面，导致结晶过程不能被触发。而当一个核的半径达到临界半径时，形成一定体积的核所释放出来的能量就足以造成一个越来越大的表面，从而使核变得足够大一直到触发结晶。而水的对流运动这种扰动，可以为核的形成提供其所需的表面能量（见图1-5、图1-6）。

图1-5 一瓶过冷的水在倒入盘子里的瞬间就开始结冰

资料来源：https://www.youtube.com/。

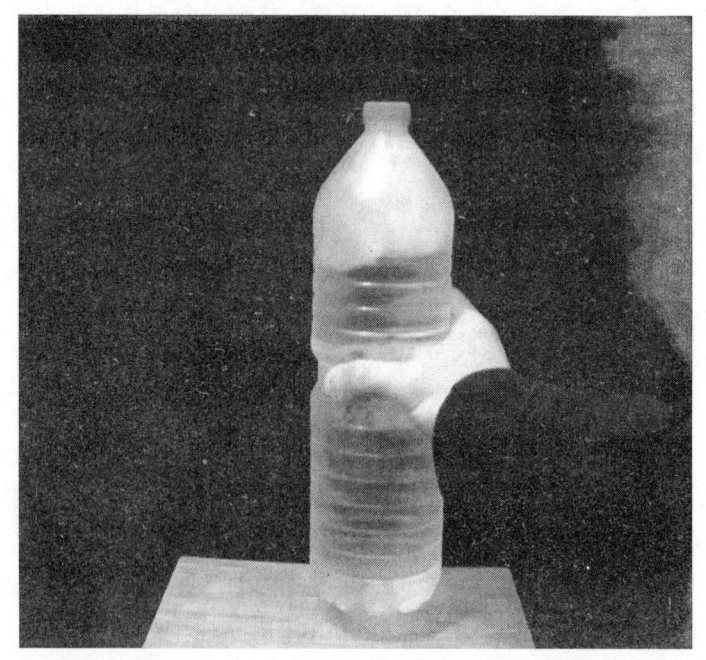

图1-6 晃动一下过冷的水之后水就开始由上向下迅速结冰

资料来源：https://www.youtube.com/。

1.2　分散布局与经济学

1.2.1　分工就是分散布局

在杨小凯的经济学理论中，认为分工理论对于发展经济学的贡献最大，分工降低了个体的学习成本，促进个体学习能力提升。而个体的学习能力有上限，只学一部分更容易提高效率，专业化程度容易提升。它不但从静态上说明分工提高社会的生产能力，而且从动态上解释经济起飞。从信息理论看，分工是一种信息不对称，在分工社会中，专门从事某一生产的人，只管钻研自己有关的生产技术，而不必去过问别的知识。由于人的精力有限，他可以不问其他而专门创造并积累自己的生产知识。当社会内每一个人都如此做的时候，整个社会所掌握的生产技术可以成亿倍地扩大。比较一下孔子时代社会所掌握的生产技术和今天人们所掌握的生产技术就明白此说非虚。诸子百家传诸后世的哲理证明那时的人不比今人更笨，但生产水平却不可比拟，从根本上说，这全是分工造成的。

有了分工才有了社会群体的复杂性，专业化导致社会结构更加复杂，最后形成了网络化。分工越细，节点越多，网络就越来越大，网络中的边则越来越多，节点之间随机链接，形成正反馈回路的概率提升，最后在正反馈路径中不断迭代，不断强化，最终形成正反馈路径依赖。

杨小凯还指出，积累的资金既可用于购置设备改进生产技术，也可用于支付交易费用，试探新的制度安排。当社会进入到一种制度，其中分工利益的增量大于交易费用的增量时，分工有正反馈作用，于是发生经济起飞。这种解释显然超越了传统微观经济学的范围，它强调了现存的制度不是外在且事先给定的，而是节约交易费用扩大分工利益的发展过程中形成的。

企业理论和经济发展理论在以分工为主导线索的思考下得到了统一。企业成长和经济发展是同步发生的，然而在传统的发展经济学中这二者似乎并不相关。刘易斯的剩余劳力理论，库兹涅茨和钱纳里的结构变化理论是传统发展经济学的主要理论。但从分工理论来看，分工是企业成长和经济发展的根源。交易效率同时制约着企业成长和分工发展。自由化政策提高交易效率，保护私有财产的法律减少交易风险交易费用。二者共同的作用造成了以企业林立为特征的富裕社会。从杨和勃兰德（Borlomd）的理论来观察，人均收入增长、贸易依存度增长、市场扩大、内生比较利益的增加、专业贸易部门的扩大和其他结构变化都是分工内生演进的不同侧面。

关于企业理论方面，杨小凯将科斯与张五常的产权理论变成数学模型，在模型中证明了仅在劳动分工的条件下才可能出现企业，而且必定是劳动力的买卖比起管理技术的买卖交易费用低才会出现企业。企业主花钱买生产劳动，这就出现了企业组织；而不是一线工人组织起来买企业主的劳动，这成为合作社组织。其原因是企业主的劳动从数量质量上更难界定，其交易费用更高的缘故。因此企业制度可以把一些交易效率极低的生产活动纳入分工系统，避免对这些活动的直接定价和买卖。企业主的剩余权就是他的服务的间接定价。这样看来，企业主的剩余权不是剥削而是其劳动报酬。

本书提出的致密网络观点认为，企业内部形成致密网络后，其内部交易费用最低。由于任意两点之间都互联，导致效率的提升大于交易费用的增加。如此周而复始，导致企业的这种生产组织形式形成了正反馈路径，小企业就发展壮大成为大企业。

分工和规模经济会发生冲突，因为分工越细会导致规模缩小。要兼得二者之利，最主要的方法是扩大市场，这就是现代国际贸易迅速扩大的原因。这也就是把两个网络用一条边链接起来，新网络中回路的数量呈几何级数的速度增长，增加了正反馈回路的数量和生成概率。

正如人类历史中繁荣的文明往往都诞生在大河之畔，一个本质的原因是大河是网络中的一个重要的边，这条边联通了几个不同地域的不同族群，使得多个地区的文化、商业的交流变得快捷方便，这就是网络中重要的边会形成重要的回路的意义。这也是我们在下面会讲到的分散布局的经济学外部性。而杨小凯在经济学上的分工理论论证了国际贸易由于扩大了产品市场，可使分工进一步细分，从而使生产率和产品种类同时增加。

分工理论又被用作宏观经济研究。杨与勃兰德建立一个模型，证明货币出现是分工演进的一个结果，证明在生产资料生产的分工发展到一定程度时，没有商品货币高级分工就不可能实现，证明了纸币用作商品货币大大提高交易效率，促进了分工和生产率，他还证明了商业循环和失业有积极的生产力意义，因为商业循环是分工的产物，二者互为依存，耐用品生产和非耐用品生产如果存在分工，则为了避免供应不足就会发生萧条。

熵控理论中也可以解释货币的意义。首先货币的出现把 M 和 N 种商品的物物交易的复杂度从 $M \times N$ 降低，M 和 N 种商品都先用一个价值有公允的、法定的、标准化的商品货币来衡量，然后 M 和 N 种商品的交易复杂度就被化简为 M + N 的问题，商品货币的出现就大大简化了商品交易的过程。

1.2.2 分散布局的经济学外部性

网络中边的自由度是节点数 N 的平方，而网络中回路数是边的数量的平方，回路数是组合爆炸，大致有 2^N 个集合，是指数级的。这个结论给我们一个重要启示：可以先建一个网络，开始的时候免费，有了指数级的回路数量，后续的随机链接就有可能形成更多正反馈回路，这是萌生正反馈路径依赖的基础。比如一个网络有 A 条回路，另一个有 B 条回路，两个网络用一条边连接起来，就有了 A×B 条回路，回路的组合是组合爆炸，形成了指数级的回路，相当于进入了更高的维度。提供维度的熵越大，网络中出现跃迁或创新的概率越大。网络的外部性没有穷举所有创新，更多创新还需要随机组合和继承。

比如中国加入 WTO 之后，出口加强，低廉的劳动力成本和低估的人民币汇率使得全球商品价格系统性的被拉低了，使得西方发达国家出现了十多年的系统性的低通胀，甚至是通缩。中国加入 WTO 只是增加了一条边，而全球贸易网络中出现了大量回路。

利用分散布局的思想，通过在网络内部建立更多回路就有可能实现巨大的经济学外部性。比如打通经济不发达地区与发达地区的网络连接，就相当于在整个国家的网络中增加了大量回路，网络中的边和正反馈的增加就有可能促使经济活力爆发，互补与创新都会自动产生。再比如高铁战略的实施极大增加了经济网络中边的重要性，发达地区和边缘地区的人民都受益，提升了两个地区的经济发展，缩减了贫富差距，这是熵控理论中均值的提升，这也增加了国家作为网络整体的熵，也即促进了共同富裕或者共同享受改革开放的成果。

如果将中国整体看成一个大网络，我们当下就走在正确的道路上，通过增加网络中的边来实现更多正反馈回路，打通新丝绸之路和海上丝绸之路，近期利益就是增加两个网络中均值的部分——各国经济利益互惠，远期利益就是随着网络之间的文化、商业、信息的互相交流，改变整个网络分布，增加了网络中的熵。

从经济网络构建的角度看，无论是美国次贷危机还是欧洲债务危机的救赎都采取了发货币的办法，虽然短期可以止血，但是经济难言真正的复苏，尤其欧洲仍在通缩的泥潭中很难自拔。欧洲央行的极宽松货币政策很难成为拯救欧洲经济的稻草，货币政策必须有财政政策去配合。这时欧洲最好的选择应该是用积极的财政政策进行基础设施建设，用宽松的货币政策创造出的低利率环境，用低利息成本去增加网络中重要的边，同样是为了未来形成网络中正反馈回路，进而实现经济复苏重新回到有机增长的轨迹上，这是提高网络中的均值的部分；欧洲边缘国家和核心国家之间的经济差异缩减后，欧盟这个大网络中经济总量自然增加即熵值增加。

外部性不仅仅局限在产业本身，还催生了其他产业的发展，在全局上新增加了最优解。比如汽车企业和航空企业在产业初期有合成谬误，导致大量企业不赚钱最后被兼并重组，但是使得社会交通物流效率提升，社会的整体价值提升了。

BAT 收购小网络，之后形成更大的网。创新是网络化的必然产物，虽然任何涨落都是随机的，但是大规模的网络则意味着创新的涌现。

创新是网络化的产物。而创新，涌现的微观机制来自于世界的随机性，数十亿的大脑神经细胞元是随机性的根源，神经元之间的信号传递是通过电位变化实现的，而电位变化是电信号。电信号是由电场驱动的，电场是光速传播，所以，在数十亿的神经元上进行的以十的八次方级别的运算，任何涨落都会以随机的形式出现，哪怕一年一次的灵感引导出的创新也是概率几乎为零的事件，但由于细胞元基数大，运算速度块，概率事件就被放大成现实了。

很多无意义的涨落被忽略，而真正的灵感会以小概率事件呈现在世人面前。这意味着网络化需要极其巨大的大样本数量、大数据网络结构，需要个体差异化，需要随机涨落。随机涨落需要大脑的自由度极高，数十亿级别的脑细胞的分散布局结构就是创新的基础和必要条件。

1.3 分散布局与物理学

物理学中充满了分散布局的思想，一个困难的问题在进入高维时空可以更容易甚至更一般性地解决。

爱因斯坦的广义相对论就是把引力作为四维时空中的几何现象来描述。Kaluza-Klein 理论则通过五维时空把引力场和电磁场统一起来。而超弦理论用 11 维时空把引力、电磁力、强相互作用力和弱相互作用力这四种基本相互作用力都统一起来（见图 1-7）。

第1章 分散布局

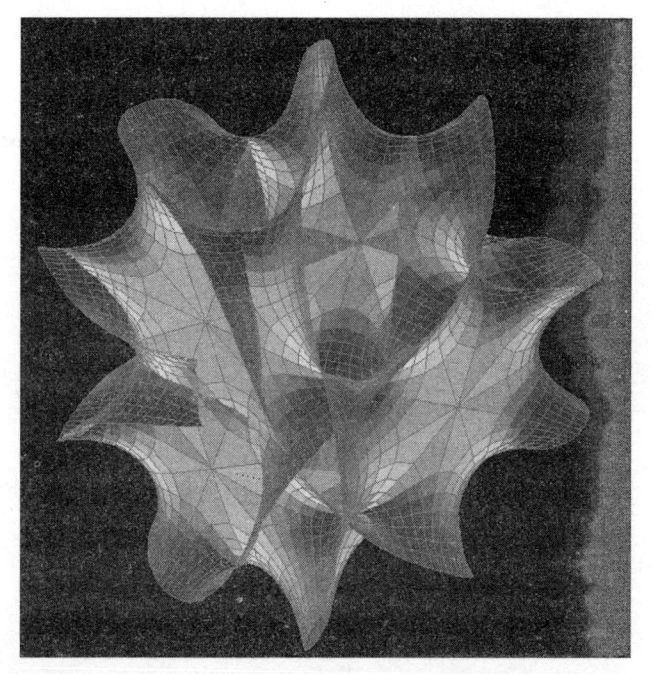

图1-7 11维的卡拉比—丘成桐空间

资料来源：百度图片。

在这里还有个例子也能用我们的熵控理论中的均值加熵的公式解释。就是2013年诺贝尔物理学奖的赋予基本粒子以质量的希格斯机制。

当弱电相互作用在极高的能量下，比如在宇宙诞生的最初一瞬间，或者粒子加速器的对撞当中是统一的一种相互作用，这时的系统具有整体的弱电对称性，是个$SU(2) \times U(1)$的规范对称性。回忆一下我们之前讲过的过冷水在零度不结冰的例子，水分子在周围高度对称的环境中具有高稳定度。在这里也类似，在弱电相互作用具有规范对称性的时候，也具有高稳定度，这时系统的熵很大，然而粒子没有质量，即没有均值的部分。Higgs机制是在$SU(2) \times U(1)$规范对称性被破坏成$U(1)$时，系统的稳定性就被破坏，弱电力分裂成电磁力和弱核力，被称为弱电自发对称性破缺。对称性被破坏系统的稳定性下降，意味着熵减，同时，有W和Z玻色子获得了质量，这就是均值的项。熵的部分减少同时均值的部分出现，就解释了对称性破缺带来了基本粒子质量的起源（见图1-8）。

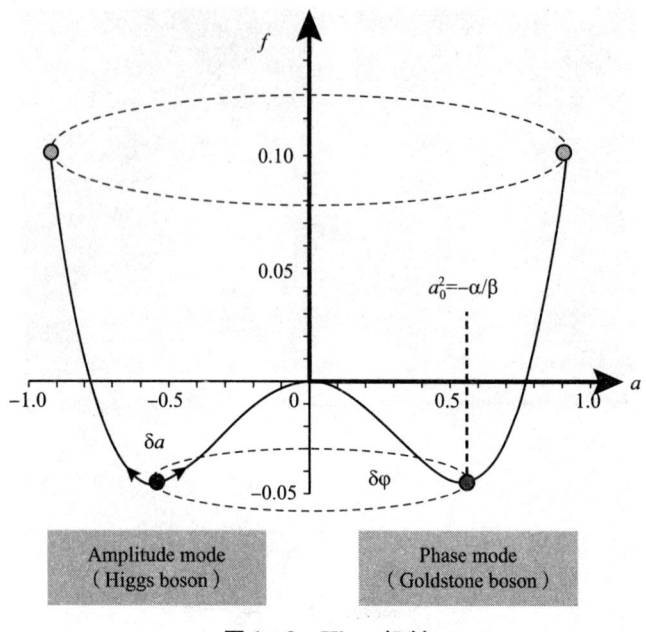

图 1-8 Higgs 机制

1.4　分散布局在历史上成功的例子

在人类的历史长河里，曾经自发或被动形成分散式布局结构的例子不胜枚举。值得注意的是，分散式布局解为这些案例形成提供了一个竞争性解释，而不是唯一性解释。或者说，分散式布局是这些案例曾经成功的一个必要条件而不是充分且必要条件。

1.4.1　小农经济模式

原始的人类社会是以血缘关系结成的母系氏族、父系氏族，随着生产的发展尤其是种植业生产的发展，原始社会末期个体家庭开始成为社会的主要经济单位。这个与集体生产相对抗、最终从氏族中分离出来并且瓦解了氏族的个体家庭就是小农。小农经济历经人类原始社会后期、奴隶制社会、封建社会、资本主义和社会主义初级阶段。人类脱离蒙昧、野蛮，进入文明以来，还没有哪一种生产方式能有小农经济这样经久不衰的生命力，这足以证明小农经济模式的稳定性是极高的。

第1章 分散布局

中国的小农经济有以下这些特点：

（1）生产经营单位规模小。以个体家庭为单位，在极为狭小、分散的小块土地上从事农业生产和经营，人均耕地总体在下降，当今中国农民家庭更趋小化，人均耕地更少，不足2亩。

（2）生产工具是人力、畜力、手工工具，工艺和操作都很简单。

（3）生产是自然分工。所谓自然分工，就是根据家庭成员的性别、年龄，天气晴雨、昼夜和四季等自然情况，来安排生产。"男力稼穑，女勤纺织"这种直观、简单的自然分工，能够充分调动家庭男女老少的劳动力，因时制宜、充分利用一年春夏秋冬、昼夜和晴雨时间为劳动时间，以尽可能的劳动投入生产出最必需的生产、生活基本产品。

（4）再生能力强。小农经济生产能力低下，遇有天灾人祸很容易破产。但其规模小、生产工具简单易备、工艺技术传统易掌握、生产是自给自足和简单再生产，这样的生产条件很容易具备。小农只要有一小块土地，就能依靠自家劳动力开始恢复生产。

（5）经济管理是家庭管理与生产经营合二为一。

小农经济是以家庭为单位，实行自然分工，自给自足，沿用传统、简单工具工艺，一般是简单再生产，家庭管理必然与生产经营合二为一。凝练出的中国人两大美德，生产方面勤劳，生活方面节俭。经营管理成本都极低。

这些特点是小农经济经久不衰、适应能力强的根本所在，而其实质又恰恰是生产和消费的分散式布局。农民既是生产者也是消费者，生产的过程分散到全国广袤的土地，而消费的过程也是分散在各个家庭内部。农民既是生产的经营者也是消费的管理者，自身利益所得跟自己的劳动付出相关，自我激励型的生产效率最高。而且生产工具都是手工工具，劳动技术很简单，农民被迫地绑定到自己的土地上，土地作为农民最重要的生产要素，只要土地供给还在，哪怕遇到天灾人祸，农民都可以很容易地重新制作简单生产工具，恢复之前的生产和消费过程。

这个社会问题的目标函数是人类社会系统的稳定，政治关系的稳定，生产和消费供求关系的稳定。而约束条件则是土地资源有限，而人口充分供应；交通不方便，运输农产品或手工制作产品困难；生产力有限，可以用来进行交换的富余产品有限，基本上全被家庭内部消化。在这些约束条件下，目标函数的最优解就是生产和消费分散式布局的小农经济，在当时的经济系统中的各种生产和消费要素之间的自组织、自发配置得到的最优解。

然而，小农经济虽然稳定，但是2100年来发展极为缓慢，这并不说明分散式布局的经济组织模式不好，而是在时代背景的约束条件下，这个解已经是最优解。发展缓慢的本质原因是生产力落后，生产工具落后导致了产成品的稀缺，只够家庭内部消费，没有可供交易的剩余产品，而且交通不便也利于交易家庭剩余产成品。

1.4.2 文字、文明与家庭教育

在人类文明发展史上，一些古老的文明消亡了，中国的汉字、埃及的圣书字、苏米尔的楔形字为三大古文字，只有中国的汉字经历数百次战争、多次朝代更替、无数次外族入侵之后仍然保留了下来，唯有中国文明延绵5 000多年。汉字是中华文化的根，是维系中华文明传存与发展的重要因素，是承载文明的载体。汉字几经演变，甲骨文、金文、大篆、小篆、隶书、草、楷书至仿宋体、宋体字，过程本身就体现了追求简约明朗、整齐统一的程式化的总体趋向。汉字的记录和阅读难度逐渐降低，有助于普罗大众都掌握汉字。而书写技术和阅读理解能力掌握在哪些人手里，对于文明能否传承下去是至关重要的。中国人历史上一直注重家庭教育，同时统治阶级鼓励民间的学校——私家学塾自由发展。代表中国传统文化的四书五经等经典著作在私塾教育中的广泛传播，其实是文明的传承过程分散式布局在民间无数个家庭小单位里了。相对于其他古文字只被巫师、僧侣或贵族等少数人掌握，汉字被分散式的传授给大多数平民，文化经典著作分布式储存在千家万户中，对于外族入侵、异族文明冲击或天灾人祸等冲击有着天然的抵抗力，有更高的稳定性。

回顾一下世界上古文字的构造，早期象形文字符号很多，书写复杂烦琐，只能为少数人所掌握。从文字记载的内容看，有的刻写在神庙墙壁、墓室、棺廓和石碑上（如埃及的圣书字），有的与占卜有关（如中国商代甲骨文），有的是记载储存在寺庙中的粮食（如苏美尔的楔形文字）等，最早的文字创造者可能是僧侣祭司或巫师阶层。从文字的演变过程来看，可以推导出文字演变的两个基本特征，即文字的构造由复杂到简单，掌握文字书写技术的人从少数上层社会走向广大平民百姓文字的传播与普及，推动了人类文明的进步和发展。

公元前4000年，两河流域的苏美尔人创造了图画文字，起初是一种刻在石头上的图画符号。后来这种图画文字经过发展，改用削尖的小木棍或芦干等在柔软的泥板上压写，笔画成楔形，故称为楔形文字或钉头字（见图1-9）。泥板晒干或烘干后就成了可以保存的泥板文书。楔形文字最初掌握在神庙的书

第1章 分散布局

记员手中，用来记录契约、合同书、财产清单、公文、法律条文等，不久就被商人所采用，作为记账的主要手段，在社会上普遍流行开来。随着贸易的往来，楔形文字很快传播到周边国家，为古代西亚各民族广泛采用。古代西亚各民族尽管语言不同，但他们都采用楔形文字书写本民族的语言。为了适合本民族的语言特点和实用需要，他们对楔形文字都做了相应的修改。巴比伦人首先简化了苏美尔人的楔形文字，用640个基本字符组成全部词语。到亚述人时期，只用了570个基本字符。楔形文字传到波斯人时已接近字母文字了，只有41个楔形符号。希腊的亚历山大灭亡波斯帝国（前331年）后，楔形文字和泥板压写方法不再有人应用了。

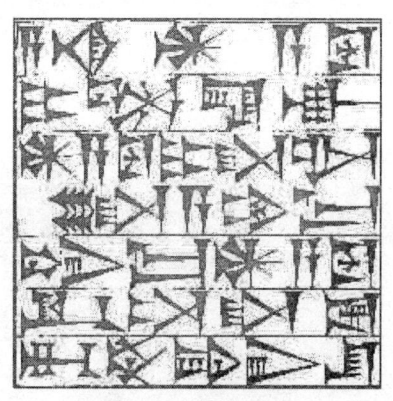

图1-9 楔形文字

资料来源：百度图片。

公元前4000年，古代埃及人创造了圣书字（见图1-10）。埃及文字的书写最初是碑铭体，大约公元前3000年，产生了祭司体（又称僧侣体），到公元前700年左右，又出现了人民体（又称世俗体），原来的碑铭体主要成为一种装饰文字了。碑铭体主要刻写在金字塔和神庙石壁上，以及绘写在石器和陶器等器物上，祭司体和人民体书写在纸草上。古埃及人把文字叫作"神文"，希腊人把碑铭体称为"神圣铭刻文字"（hieroglyhika），又译"圣书字"，其狭义指碑铭字体，广义包括3种字体，是埃及字的总称。

公元前后，玛雅人创造了象形文字，目前所发现的最早的玛雅文献属于328年。据统计，玛雅文字有字符800多个，分为意符、音符和定符三种，由复杂的图形和符号组成，约有词汇3万多个。如同中国的甲骨文和苏美尔的楔形文字，玛雅文每个字尽可能写成一个相对独立的方块，多数方块表示一个单音节词（见图1-11）。

图1-10 古埃及文字

资料来源：百度图片。

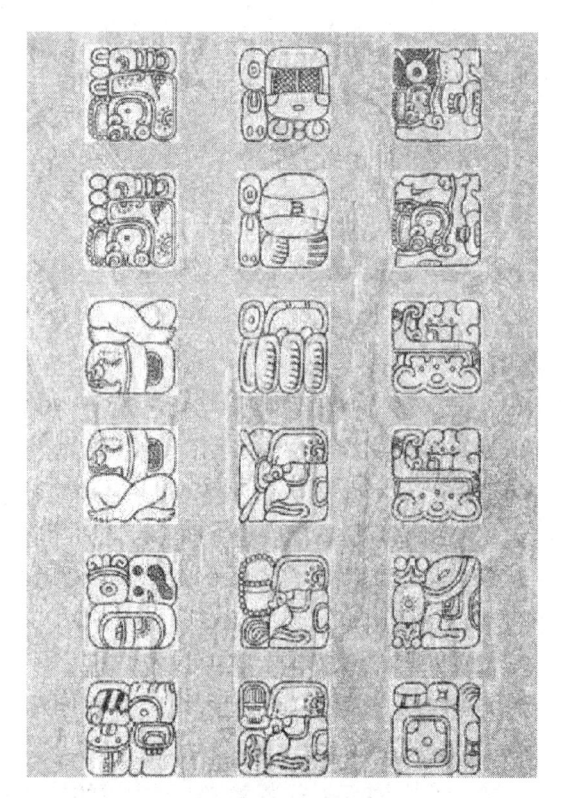

图1-11 玛雅文字

资料来源：百度图片。

第1章 分散布局

玛雅文字大多刻写在石柱上，或木头、玉石和贝壳上。此外，玛雅人还发明了笔和纸，笔是用毛发制成的，纸是用当地的一种无花果树皮制作而成的。玛雅人先将树皮捣成纸浆，然后渗入胶液，这种有胶的纸浆压平晒干后就成了硬纸板，最后，玛雅人在硬纸板上涂抹一层又细又白的石灰，把灰面擦拭得平滑而光亮，一张即可以写字又可以作画的纸就制成了。把几十页甚至成百页这些的硬纸折叠成册，就是玛雅人奇特的书。玛雅人的书籍有历法、礼仪活动、神话故事、历史事件和预言等，甚至还可能有叙事诗和剧本等文学作品。玛雅人没有发明印刷术，每一页、每一本，都是由专门的人员——神庙的祭司去书写，由于象形文字的艰深和纸张的昂贵，因此书籍特别珍贵，只有祭司阶层、国王和贵族才能拥有。文字的书写技术始终掌握在神庙祭司手中，从未扩散到社会的其他阶层，而且自文字产生之后，书写形式几乎没有什么变化。

16世纪以后，西班牙人入侵中美洲，殖民主义者把他们看不懂的玛雅书籍视作"魔鬼的谎言与迷信"，他们烧毁书籍，屠杀祭司，到17世纪，玛雅文就成了无人认识的文字。现在，古代玛雅文献仅存三部残缺不全的写本，分别藏于西班牙、法国和德国的图书馆。

古代中国的甲骨文是一种成熟的文字，大约有4 500个单字，目前已认识其中的三分之一。它基本词汇、基本语法、基本字形结构跟后来的汉字是一致的。同其他的象形文字一样，甲骨文掌握在巫师、祭司或僧侣手中，所记载的内容涉及征战、祭祀、狩猎、天文、地理、方志甚至疾病、生育等方面。甲骨文经历了金文、大篆、小篆、隶书、楷书等阶段的演变，发展成为今天的简化汉字。

甲骨文是汉字的源头，公元前221年，秦始皇建立了中国历史上第一个统一的中央集权制的封建国家，将前各诸侯国的异笔繁杂的字体全部废除，改省大篆，设计了一种新的书体，并加以在全国推行，这就是小篆。到了汉代，小篆又逐渐简化演变成为隶书，史称隶变。这种变化不仅仅是因为小篆繁杂难写，有变革的要求，其中最主要的本质原因是与中国人书写的工具毛笔的发明和普及应用有着密切的关系。是毛笔的书写形式把篆书的图画性进行了方正平直化的变革，使图画性质的汉字转向抽象化，并初步形成了构成汉字基本要素的点、横、撇、捺、竖、提、钩、折的笔画特点及方块字形的外形特征。

随着丝绸之路和茶马古道的兴起，跟周边国家的贸易往来日益频繁，郑和下西洋、鉴真和尚东渡等国际交易把中华文明带去海外。这些贸易和文化交易使得当时先进的汉字对中国国内少数民族和周边国家的文字有过巨大的影响。契丹族、女真族、壮族等少数民族以及邻国朝鲜、越南和日本等，有过直接借用汉字记录自己的语言，或借鉴汉字创造自己的文字，从而提前跨入文明时代。

此外，那时的官吏有时需要快速拟写公文，书写隶书时有些笔画相互连起来，这就产生了所谓的草隶。另一方面，汉字也在向整齐方正、简约的程式化方向变化，这就有了楷书。汉代已具备了中国书法中的真、草、隶、篆四种主要的书体了。

雕版印刷的发明是一个漫长的历史发展结果，它最初体现在古玺、封泥印、铭文印章和印记上。随着经济的发展，书籍产生和传播的需求加速了雕版印刷的发展和普及。雕版印刷是将文章反字阳刻或阴刻于特制的木版上，然后用墨、纸进行拓印，这是我国的四大发明之一，其历史可追溯于唐代或更早。早期的雕版印刷的刻写字体，常由书法家书写楷书后由刻工们直接反拓后临刻，刻工们对书法家十分敬重，所刻字体都尽可能地保存了书法家的特点。因此，有着正楷书法味道。这种字就是"仿宋体"的前身。

雕版印刷术到了两宋时期，由于当时社会安定祥和，经济发展迅速，政治开明，平民百姓亦可通过科举进入仕途，所以社会读书风气日盛，官民皆有藏书的习惯，甚至连农村中一些小康殷实的家庭也藏书千卷。雕版印刷的刻书机构更是遍布城乡，宋朝三百多年是我国雕版印刷的黄金时期，其技术也影响了周边诸国，更是启迪了欧陆。由于社会对书籍的需求的增长，刻工又必须更快、更多、更好地完成任务。因此，总结了一套快速刻字的方法，在用最少的刀功条件下，刻写出楷书的特征，这就形成了今天的宋体字。雕版刻工在摹写唐代楷书的过程中不知不觉地完成了汉字程式化的伟大任务，为现代汉字印刷字体的规范化发展铺就了一条坦途。

最后再回顾一下我国广泛传播文化经典的场所—私塾的发展历史。追根溯源，私塾是从更早的塾发展过来的。西周时期，塾只是乡学中的一种形式。《学记》追述西周的学制说："古之教者，家有塾、党有庠、术有序、国有学。"当时，学在官府，官师合一，塾的主持人是年老告归的官员，负责在地方推行教化。

先秦时期，孔子只是诸子中的一子，儒家思想没有被作为治国的工具使用。随着社会形势的变化，汉武帝采纳董仲舒的建议，实行"罢黜百家、独尊儒术"的文教政策，儒家思想被封建帝王定为一尊，变成了重要的社会统治资源。以传递儒家文化为己任的私塾从此在社会上站住了脚跟，虽历经战乱而绵延不绝。

以礼和仁的思想为基础的儒家思想可以概括为父慈子孝、兄友弟恭、夫义妇顺、长慈幼敬、君贤臣忠、庶民顺服，这一切有助解释何以大多中国人甚至其他的东方人如此注重家庭联系、勤奋教育、安分守己。而修身齐家重视家庭教育的儒家思想，对于中华文明的分散式的传播和传承有着至关重要的意义。

  隋唐时期，科举制度的出现推动了私塾的发展。当时，科举考试主要是围绕儒家经典"五经"展开的。明清科举考试的重心向"四书"倾斜，而"四书"同样属于儒家经典的范围。此外，宋明理学家注重对儿童进行伦理教育，并制订乡规民约，推行社会教化活动。宋明理学的兴起，促成了族塾义学的兴盛。历代帝王都把教育儿童看成是家长自己的责任，对蒙学只是略加提倡、引导而已。官府从不干预私塾办学，任凭私塾在民间自由发展。

  中国传统文化的传承没有中断，长期扮演强势文化的角色，兼之私塾教育的政治、经济基础在古代少有变动，多种因素决定了古代私塾办学的面貌变化不大。《三字经》、《百家姓》、《千字文》成书于不同朝代（南宋、五代、南朝），成为明清两代最常见的儿童识字用书。《论语》、《孟子》属于经典读物，这时，也变成蒙学教材的一部分。私塾历来实行个别教学，塾师根据不同人的学习基础、接受能力安排课业，体现了因材施教的原则。私塾对学生背书的要求特别高，读书是私塾学生的主要活动。清代，杭州城内著名的宗文义塾在条规中要求学生："每日读生书，朗读百遍。"

  中华文明得以传承 5 000 年，汉字的简化与普及、印刷术的创造以及分布各地的私塾发挥了基础性作用——分散式布局。

  在这个例子中，文明有生命力的、长久的传承下去，不消亡，不丢失信息，繁荣的发展是我们的目标函数。横向比较其他文明古国的兴衰史，中国是将文明分散式藏于民间，大多数的老百姓都有机会掌握，的确经住了时间、战乱、王朝更替、外族入侵等等多种冲击。中华文明不仅没有像玛雅或古埃及文明一样消失，反而焕发出更强的生命力，分散式布局的稳定结构在这个过程中起到了决定性作用。

1.5　当今人类社会中的分散布局结构的例子

  分散式布局的优势已经在历史中得到验证。步入了现代社会，人口爆炸、社会高速发展人类对能源、大气、水、土壤，森林等地球资源的掠夺已经到了地球难以承受的程度。人类文明的发展靠不断的摄取自然界的能量获取负熵的机会越来越低，获取负熵越来越难。而分散式布局在当今社会中已经开始发挥其优异的性能来提高效率。用更少的能量换取更高的运行效率和更多负熵正在成为可能。

1.5.1 维基百科——Wikipedia

维基百科是一部基于互联网的免费百科全书（见图 1-12），由 4 052 万名来自全球的志愿者编辑而成，目前已经有 420 多万篇英文百科词条，还有另外 285 种语言共计 3 774 万篇文章。活跃的编辑有 77 000 人，管理员有 4 452 人，其中英文词条最多，由 1 900 万左右使用英语的注册用户编辑而成。维基百科里的词条包罗万象，从居住在非洲大草原的雷克狮群的生活习性到理论物理里的超弦理论，从苏轼的"石压蛤蟆"字体的来历，到"美国达人"第一期选秀冠军的生平，从尼古拉特斯拉的特斯拉线圈到当红电动跑车特斯拉 Model S，从地球上最小的猴子到比太阳大 320 万倍的大犬座 VY 恒星，从人体干细胞提取技术到古埃及人木乃伊制作技术……维基百科自上线以来就受到喜欢利用互联网快捷免费得到知识的人们的喜爱，目前维基百科是规模最大且最为流行的网络工具书，平均每天能够获得超过 80 万人次的浏览纪录。根据知名的 Alexa Internet 网络流量统计，全世界总共有近 3.65 亿名民众使用维基百科，维基百科是全球浏览人数排名第六高的网站（最高纪录是排名在第五名位置），同时也是全世界最大的无广告网站，每个月便有将近 2.7 亿人次访问量。

作为对比，大英百科全书被认为是当今世界上最知名、最具权威的百科全书（见图 1-13）。大英百科全书的条目是由大约 100 名全职编辑及超过 4 000 名专家为受过教育的成年读者编写而成，被普遍认为是最有学术性的百科全书。《大英百科全书》是现存仍然发行的最古老的英语百科全书。它在 1768~1771 年间在英国爱丁堡首次面世，2009 年夏季出版的 2010 版本是最后的印刷版，2010 版共 32 卷，重达 129 磅。2012 年 3 月 13 日，大英百科全书宣布停止印刷版发行，全面转向电子化。大英百科全书 1 395 美元一套，毫无疑问已经成为一种奢侈品。主要购买者是大使馆、图书馆和研究机构，以及受过良好教育、对成套书籍有情结的上层消费者。2010 年只售出了 8 000 套，剩下的 4 000 仍储存在仓库中。销售很不成功。2013 年新出版的 DVD 版包括 117 636 篇文章，其中包括 97 618 篇大英百科全书的文章。

第1章 分散布局

WIKIPEDIA

English	Español
The Free Encyclopedia	La enciclopedia libre
4 230 000+ articles	1 010 000+ artículos

Русский	日本語
Свободная энциклопедия	フリー百科事典
1 000 000+ статей	850 000+ 記事

Deutsch	Français
Die freie Enzyklopädie	L'encyclopédie libre
1 580 000+ Artikel	1 380 000+ articles

Polski	Italiano
Wolna encyklopedia	L'enciclopedia libera
960 000+ haseł	1 030 000+ voci

Português	中文
A enciclopédia livre	自由的百科全书
780 000+ artigos	690 000+ 条目

Grand Total (of current display)				
Articles	Total	Edits	Admins	Users	Images
37 742 277	99 344 893	1 597 542 062	4 452	40 521 354	2 099 541

图 1-12 维基百科

资料来源：维基百科官网。

图 1-13 第 15 版大英百科全书（仅索引就占据了 2 本书）

资料来源：大英百科全书官网。

· 45 ·

微软也曾经出版过百科全书——Encarta，这是一部数码多媒体百科全书，部分内容集成自 ABC 百科全书中的科里尔百科全书。

与其他电子百科相比，Encarta 的优势在于大量的多媒体资料，缺点是其中部分内容不甚客观，有以美国为中心的倾向，而且内容更新的速度也比较慢。

微软从 2009 年 6 月开始停止销售 Encarta，而网站部分已在同年 10 月 31 日关闭。

用大英百科全书和微软的 Encarta 百科全书对比维基百科，维基百科已经成为以群众智慧替代专家权威的典范。这个基于互联网的百科全书现在被世界各地以上千万的人编辑着，逐渐被认同为一个基本准确而全面的信息来源，甚至许多专家和学者也接受了它。维基百科的更新速度也是最快的，编辑们定期的即时更新资料以满足 21 世纪社会迅速发展的需求。它拥有 400 万个英文条目，包括一些大英百科不屑一顾的流行文化。与维基百科相比，大英百科的竞争优势是它极具威望的信息来源、其经过精心编辑的条目和对品牌的信任。但其昂贵的价格和以 10 年以上的更新周期显然已经不适合当今社会日新月异的发展速度和人们追求免费、快捷的搜索知识的需求。

维基百科作为知识的分散式布局跟中国传统文化中的私塾有些类似。参与编写的人数极其庞大，几乎相当于全世界 71 亿人中有 3% 都曾经参与编辑，人人都是知识的创造者，人人同时又是知识的分享者和使用者，这恰恰就是知识的分散式布局。专家学者的参与使得其中学术性的词条有权威的来源保障，而且 4 000 万用户中的任何人都可以去更改其中他们认为不准确的地方，这样从大数定律的角度可以纠正词条中的个人主观偏见，不断地接近最真实的事实，这在百科全书的深度方面得到了保证。而维基百科免费的特征，使得知识分享的速度和广泛程度满足了全球网络化，信息化的需求。维基百科基于互联网，使得里面的词条的更新速度几乎就是瞬间，每当有了新进展、新发明、新发现，4 000 万用户可以几乎瞬间创立或更新知识词条，当人们用智能手机用 3G 或 4G 的移动互联网随时随地的搜索知识时，人类无障碍、无差别、及时的、平等、自由的创造并分享知识的梦想在维基百科上实现了。

分散式布局的知识产生、分享和使用模式，提高了知识的分享效率，降低了知识的获取成本，并使知识的传播更为迅速、广泛，对知识传承的稳定性也有着至关重要的作用。

1.5.2 分布式光伏发电

在欧洲，德国并不是太阳能资源十分丰富的国家。德国平均年日照时间为1 528 个小时，年平均有效利用小时数仅为800 个小时左右，实在算不上光照条件好的国家。但是，德国却是全球推广分布式光伏发电最成功的国家之一（见图1－14）。

图1－14　德国分布式光伏

资料来源：百度图片。

2004 年之前，光伏发电在德国电网中只占很小的比例。2004 年，德国政府重新修订了《可再生能源法》，开始鼓励私人安装光伏发电装置。正是这项法律的修订，使德国的分布式光伏发电逐渐成长为成熟的商业模式。截至2011 年年底，德国光伏发电总装机容量为2 470 万千瓦，分布式发电系统容量占比近80%。其中主要应用形式为屋顶光伏发电系统，单个发电系统平均容量仅为20 千瓦。

一般来说，新能源的发电成本要高于煤炭等传统能源的发电成本。因此，没有政府补贴，新能源发电的商业模式难以维系。德国政府从1990 年开始对屋顶光伏提供资金支持，对初始建设资金进行补贴。1990 年12 月，德国颁布了《上网电价法》，对光伏发电进行电价补贴。德国实施的光伏发电补贴政策十分有特点，采用的是差异性、逐年递减的固定上网电价。

太阳能能源所发电力并入公用电网后，每千瓦时电力的输出将获得政府约50欧分的回报；对那些新订立的合约，每年此承诺价格将减少5%，以鼓励太阳能生产厂商积极降低技术成本。政策的实施使德国市场规模从低于20兆瓦一跃扩张到每年130兆瓦。

一方面，差异性上网电价可保证分布式光伏发电投资者合理的投资回报率。另一方面，逐年递减上网电价有利于降低发电成本，并激励新建项目尽快投产。2004年EEG修正法案列出了可再生能源发电量占总体发电量比例的目标：至2010年达到12.5%。然而据德国联邦环境部数据显示，至2007年年底可再生能源发电量占总体发电量比例为14.2%，超过了修正案中列出的比例，提前实现目标。德国联邦能源和水资源协会（BDEW）最近公布的统计数据显示，2012年上半年，德国国内的总发电量中可再生能源所占的比例达25.1%，首次超越1/4大关（见表1-2）。

表1-2　　　　2001~2008年德国光伏发电装机容量及未来预测

年份	2003	2004	2005	2006	2007	2008	2009-2020E
累计装机容量	408	1 018	1 881	2 711	3 811	5 311	43 800
新增装机容量	150	610	863	830	1 100	1 500	38 489
年增长率（%）	88	307	41	-4	33	36	11

资料来源：BMU（德国联邦环境部）。

2009年以后，德国开始鼓励用户发电自用，对自用电量进行额外补贴，自用电量比例越大，补贴程度越高。也就是说，用户能够根据自己的用电量来自主合理确定自家光伏发电的装机容量，尽量减少余电上网，降低配电网改造费用的投入，体现全社会经济效率的原则。

2013年，德国联邦光伏产业协会又宣布，德国政府将大力推动光伏储能的发展。据德国媒体《法兰克福评论报》报道，德国政府将从4月份起向光伏储能系统提供补贴。这项耗资上百万的项目意在鼓励储能技术的发展。拥有储能系统之后，普通家庭可时常进行解耦控制，并使用自家产生的太阳能电力。自从光伏上网电价补贴大幅削减之后，储能系统变得至关重要。人们对储能系统给予了很高的期望，而它将得到市场补贴项目的支持。根据德国弗朗霍夫太阳能系统研究所数据，蓄电池储能系统并入电网之后，峰值发电量最高可削减40%。此外，电网容量也可增加66%，并且无须进一步扩张电网。

第1章 分散布局

除了德国，日本、西班牙、意大利和美国等也鼓励居民在自家屋顶安装太阳能板进行分布式太阳能发电（见图1-15）。

图1-15 日本分布式光伏

资料来源：百度图片。

在众多居民的屋顶安装分布式的光伏发电电池板，再配合自家的储能系统，期望的终极目标是，不再需要化石能源发电，不再需要庞大的发电站，不再需要占用农地和破坏自然环境的输电配电系统，真正实现居民用电的自给自足。不但是为了不再为了获得不可再生的化石能源破坏地球上宝贵的自然资源，也不仅仅是为了使我们对能源的依赖全部来源于可再生能源，更重要的意义在于能源的获取变成分布式结构，能源的消费也同时变成分布式结构了。居民可以根据自己家庭的需求来决定安装光伏发电的容量，按需发电，按需取电。如果最终用可再生资源实现能源的分布式产生和分布式消费，对环境的破坏将大幅减少，对超级节点型的大型电厂，大型输电配电系统的依赖降大大减少。超级节点式的单一电厂的故障或输电线路的故障对居民或工厂的用电影响将降到最低。分散式布局的发电和用电的优势极其突出。

1.5.3 分布式计算

目前常见的分布式计算项目通常把一个复杂的计算过程分解成若干份，每份之间独立，然后分发给世界各地上千万志愿者，这些志愿者在自己电脑上安装一个小软件，利用自己的计算机的闲置计算能力，每个人只需要完成一个相对很小的计算，再把计算结果通过互联网传输回科研项目组，在那里把这些计算好的小结果合并起来，从而实现超级计算机的计算能力，解决那些通常使用超级计算都要计算几个小时甚至几十天的极其复杂的项目。

截至2012年全球PC存量12亿台，而且每年有3亿多部新增PC，试想全部联网后是何等的"超级"并行计算机。有趣的是索尼的游戏机PS3也加入这个计划，截至2008年5月底，共有51 000多台PS3主机为该计划提供1 400万亿次浮点运算。未来智能电视也可以作为分布式计算的一个节点。目前全球有11亿台存量电视。如果有线电视网和互联网互联互通，保守的估计也有25亿部PC、智能电视和游戏机将组成一个强大的联网的并行运算机。

Folding@home是世界上现时最大的分布式计算计划，这是一个研究蛋白质折叠、误折、聚合及由此引起的相关疾病的分布式计算工程。以便能更好地了解多种疾病的起因和发展，包括阿兹海默症、牛海绵状脑病（疯牛病）、癌症和囊胞性纤维症。由斯坦福大学化学系的潘德小组（Pande group）主持，于2000年10月1日正式启动。

到目前为止，Folding@home已成功模拟5～10微秒的折叠过程，超出先前估计可模拟的时段数千倍。很多研究蛋白质结构的论文，都有引用这个计划的成果。伊利诺伊大学香槟分校在2002年10月22日发表的报告证实，该计划采用分散模拟方式，所得出的结果是准确的。

彭德实验室正利用Folding@home对一些病毒进行研究，对象包括流行性感冒病毒、人类免疫缺陷病毒（HIV）等，以查找阻止病毒进入细胞的方法。

每部参与的电脑都安装了一个在后台运行的客户端程序，在系统不忙碌的时候调用CPU运行模拟工作。现时世界上绝大部分的个人电脑，在一般的情况下都很少充分利用本身的计算能力。Folding@home就是使用这些本来都浪费了的运算潜力。Folding@Home的客户端会定时连接设于斯坦福大学的服务器去取得"工作单元"（work units），即一种存有实验数据的数据包，根据实验数据进行计算。每个工作单元计算完成后，再传回服务器。

类似的分布式计算的还有很多很多：

LHC@home模拟大型强子对撞机。

Climateprediction.net：模拟百年以来全球气象变化，并计算未来地球气象，以对付未来可能遭遇的灾变性天气。

Einstein@Home：于2005年开始的计划，通过位于美国和德国的引力波天文台收集数据，希望从这些收集来的数据当中寻找能够证实爱因斯坦的广义相对论中的引力波存在的证据。

Evolution@home 是模拟物种进化与灭亡的一个计算研究计划。它是第一个使用模拟器"在那些濒临灭绝的物种在还没有灭绝前,帮助揭露出其潜在的遗传学原因"。自 2002 年 10 月 24 日起,项目已经利用到了 16.3 年的 CPU 内核处理时间。

Distributed. net：2002 年 10 月 7 日,以破解加密术而著称的 Distributed. net 宣布,在经过全球 33.1 万名电脑高手共同参与,苦心研究了 4 年之后,他们已于 2002 年 9 月中旬破解了以研究加密算法而著称的美国 RSA 数据安全实验室开发的 64 位密匙。目前正在进行的是 72 位密匙。

climateprediction. net：预测从现在起 50 年之内的地球气候。该项目使用一种超大规模的蒙地卡罗模型（内含随着分析不断变化的温度模型,降水模型,云层模型）来预测将来气候的变化（见图 1-16）。

图 1-16　climateprediction. net 模拟热带气旋

资料来源：百度图片。

2004 年 6 月 22 日,该项目开始了它的实验的新阶段,目的是研究气候是怎样随着 CO_2 的变化而发生海湾洋流随盐度变化发生的变迁方面的减少或改变。这种气候变化在电影《后天》里完美而逼真的凸显出来。

在项目正式开始 3 个月后,就已经进行了 9 796 次完整的模拟,共计预测模拟了 88 万年,共有 44 000 个注册用户,并且网站已被译成 14 种语言。截至 2004 年 4 月 6 日,该项目在超过 2 万台计算机上运行完成了近 150 万年的模拟。

金融领域也有应用分布式计算的例子：MoneyBee（货币蜜蜂：资本的流通及信息传递）是使用人工神经网络来分析股市中的图表和指数来预测指数的

未来趋向的程序。在全球志愿者的电脑客户端运行它的神经网络,从最新的市场数据去找有用的预报信息。

互联网的一个应用:Grub 由 LookSmart 主办,"公开源代码的分布式互联网爬行者",志愿者电脑上的客户端在各个网站"爬行"查看哪个站点更新了内容,并实时更新一个主搜索索引。

grub.org 将创建和维护互联网的最全面和最新的搜索索引,并将免费为公众和商业搜索引擎提供所爬行的站点更新。

NANO@ Home:源于一个描述了使用分布式计算解决纳米技术领域问题(特别是制造现实世界中纳米尺度的实物如螺栓、螺丝、阀门、轮子、铰链等)的项目的建议,贡献志愿者的闲置计算力建造一个设计更加复杂的纳米尺度机器所需的纳米器件库。图 1-17 为这个项目的 LOGO。

图 1-17　NANO@Home 的 LOGO 标志

另一个有盈利性的分散布局是计算力市场。计算力市场将创建基于网格计算技术的计算力市场,允许顾客像存取电力那样以市场价存取计算能力。项目"致力于开发一个基于互联网的能让用户和资源提供者直接运作计算力经济体制的技术基础设施。类似德国和日本的居民利用自家屋顶光伏发电"。

1.5.4　分布式公益——众人拾柴火焰高

联合国粮食计划推出的一个公益事业,志愿者在网站上每答对一题,就为贫穷地区的人民送十粒米。问题有来自人文、学习一门外语、简单数学、化学、生物等多个科目。最简单的是给一个英语单词找同义词。答对一题,在网页下面就出现一次赞助商的广告,赞助商通过买米而不是为网站的广告位付费,以此完成慈善活动(见图 1-18)。

第 1 章 分散布局

图 1-18 联合国粮食计划公益活动图示

1.5.5 谷歌的分布式项目——润物细无声的改造我们的生活

谷歌扫描了几十万本纸质书，它是如何把图片格式的文字完成数字化，以利于复制、供人检索的？原来是谷歌实验室项目 reCAPTCHA 在帮忙，扫描后的图片被裁剪成一个个单词片段，用于网站防止机器注册时显示的验证码：人们在输入验证码的同时不知不觉就完成了图书数字化过程，谷歌在后台把这些由全世界每天几亿次输入的文字按照这些字在原书的位置组合复位，这样全世界的人们每天在输入验证码的同时就帮谷歌把人类历史上数以千万计的书籍手工的录入成电子版了。图 1-19 就是 reCAPTCHA 把程序无法识别的图片格式的文字显示成验证码的过程。

谷歌街景项目拍摄了很多街道照片，谷歌的机器人现在正在对街景图片里的门牌号码进行识别见图 1-20，以提高地图的准确度，而那些不能识别的门牌号码，就通过 reCAPTCHAs 让人类帮他们识别。

· 53 ·

图1-19　reCAPTCHA把程序无法识别的图片格式的文字显示成验证码的过程

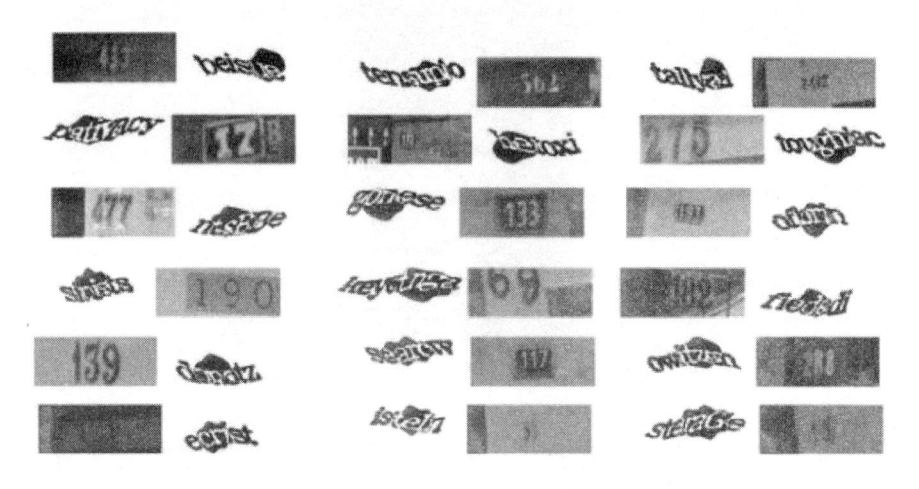

图1-20　reCAPTCHA帮助谷歌街景识别门牌号

1.5.6　分布式的分享电子档案

P2P的下载和分享电子档案——迅雷、电驴等软件，让大家利用互联网分享资源的方式让所有人都从一个固定的服务器上下载，变成把电子档分割成若干份，每个用户分别先下载到一份，然后再由用户与用户之间分布式下载自己所没有的那些文档碎片。互联网上有大量这样的网站提供P2P分享音乐、电影等资源。利用信息可编码的特性，把原始文件分拆成n个小份，每个小份都包含了全部文件的一些特征，优点在于不会因为在互联网上的原始分享源消失了，而导致其他互联网用户哪怕只差一小份没有下载到，都将下载不全整个文档。这个技术可以保证每个用户只需要下载比n个小份多那么几份，比如n+1份，就可以组合成全部的完整的文档。这大大提高了信息共享的稳定性和效率。

1.5.7 比特币

去中心化的货币。没有中央银行，货币的供给完全由一套算法来实现。电子化的货币的储存在用户自己的电脑或闪存里。供需关系决定了比特币对全世界主要经济体的货币的汇率。现在不但有很多购买商品或服务的网站接受比特币支付，也有类似沃尔玛这样的实体商场接受比特币支付。

1.5.8 分布式的制造业——3D打印

3D打印是快速成形技术的一种，它是运用粉末状金属、陶瓷、ABS树脂、塑料等可粘合材料，通过一层又一层的多层堆积式的打印方式，构造对象，"直接数字化制造"。一些高价值应用（比如髋关节或牙齿或一些飞机零部件）已经有打印而成的零部件出现。

常见的喷墨打印机和3D打印机最大的区别是维度，喷墨打印机是二维打印，在平面纸张上喷涂彩色墨水，而3D打印是制作三维物体。3D打印机依据计算机指令，通过层层堆积原材料制作产品，在人类历史上，我们的制造业是通过切割原料或通过模具成型制作新的实体物品。3D打印运作的顺序是先输入一个设计好的电子蓝图或设计文件，它们告诉3D打印机在哪里放置原材料。在设计文件的指令的引导下，先喷出固体粉末或熔融的液体材料，使其固化为一个特殊的平面薄层，第一层固化后，3D打印机打印头返回，在第一层外表面形成另一层薄层。第二层固化后，打印头在第二层的外面形成另一层薄层，如此往复，最终薄层积累成为三维物体。

3D打印的核心思想类似于数学中的微分和积分。设计文件就是用微分把想要制作的物体不断分割，分割成N层，分割的层数越多、越薄，每一层就越接近一个平面。利用微分过程将目标物体在任意高度的横截面的形状用电子形式表达出来，这就是每个我们想制造的物体的设计文件的核心。而3D打印的过程就是把微分后的一层一层的近平面的薄层积分起来成为一个三维物体。

3D打印作为一种通用型的生产制造模式，可以用一部机器来完成此前必须由专门定制化的机器生产的几乎所有产品（见图1-21、图1-22）。相当于把商品的制造工厂搬进每个家庭里，制造业也分散式布局在每家每户，从而取代了很多大型工厂。解决了原材料和工厂、工厂和消费地点之间的物理距离的问题。提供了消费者个性化需求的终极解决方案，比如可以先用光线三维扫描内耳的精确形状，然后在家用设计软件把助听器的分层图案画好，最后用家里的3D打印机打印出精确符合自己个性化需求的助听器产品。

3D打印还可以打印很多传统制造业难于加工制造的产品，比如一体成型的飞机零部件，事实上波音787上已经有32个由3D打印的部件。

图1-21 Stratasys公司制作的最大型的工业级3D打印系统
资料来源：百度图片。

图1-22 3D打印复杂机械已不是问题
资料来源：百度图片。

3D打印出来的人体关节（见图1-23、图1-24），现在科学家已经可以打印出心脏瓣膜、膀胱、甚至肾脏。解决器官培养和移植的世纪难题就在不远的将来。

第1章 分散布局

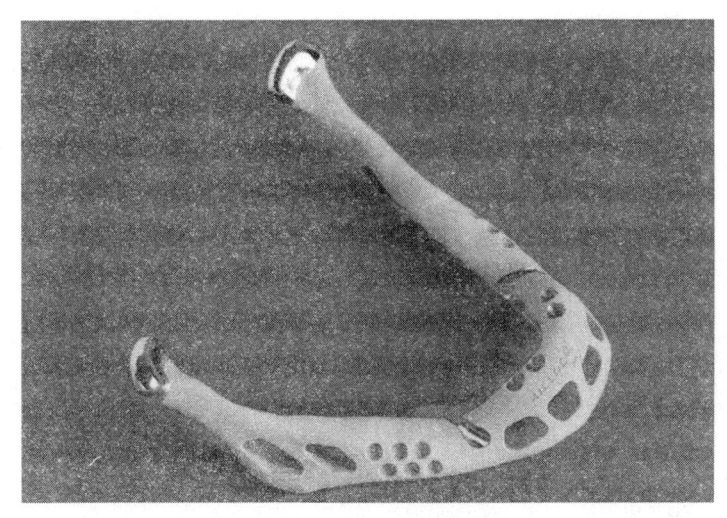

图 1-23 3D 打印关节

资料来源：百度图片。

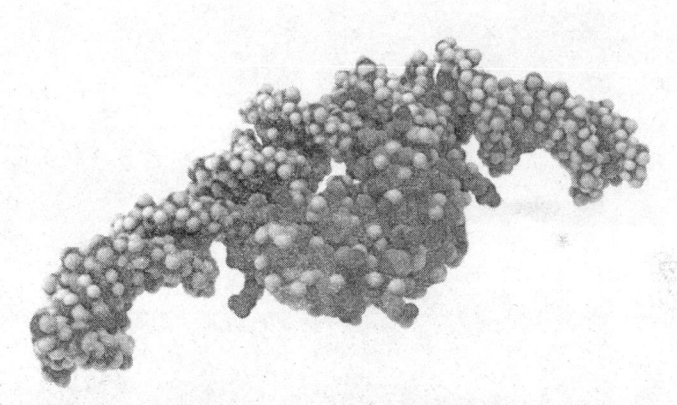

图 1-24 3D 打印复杂的化合物

资料来源：百度图片。

当然原则上，我们的日常生活用品都可以通过 3D 打印出来，以后只要把设计图纸下载下来就可以在家里打印所有日常需求品了（见图 1-25、图 1-26）。我们的购物消费模式将极大地改变。

图 1-25　3D 打印鞋子

资料来源：百度图片。

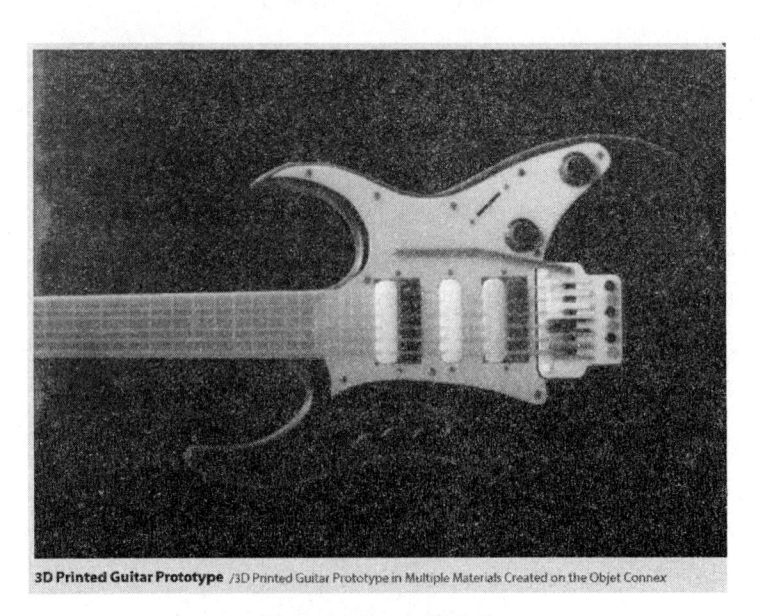

图 1-26　3D 打印吉他

资料来源：百度图片。

3D 打印有十大优势：1. 制造复杂物品不增加成本。2. 产品多样化不增加成本。3. 无须组装。4. 零时间交付。5. 设计空间无限。6. 零技能制造。7. 不占空间，便携制造。8. 减少废弃副产品。9. 材料无限组合。10. 精确的实体复制。

第1章 分散布局

优势1：制造复杂物品不增加成本。就传统制造而言，物体形状越复杂，制造成本越高。对3D打印机而言，制造形状复杂的物品成本不增加，制造一个华丽的形状复杂的物品并不比打印一个简单的方块消耗更多的时间、技能或成本。制造复杂物品而不增加成本将打破传统的定价模式，并改变我们计算制造成本的方式。

优势2：产品多样化不增加成本。一台3D打印机可以打印许多形状，它可以像工匠一样每次都做出不同形状的物品。传统的制造设备功能较少，做出的形状种类有限。3D打印省去了培训机械师或购置新设备的成本，一台3D打印机只需要不同的数字设计蓝图和一批新的原材料。

优势3：无须组装。3D打印能使部件一体化成型。传统的大规模生产建立在组装线基础上，在现代工厂，机器生产出相同的零部件，然后由机器人或工人（甚至跨洲）组装。产品组成部件越多，组装耗费的时间和成本就越多。3D打印机通过分层制造可以同时打印一扇门及上面的配套铰链，不需要组装。省略组装就缩短了供应链，节省在劳动力和运输方面的花费。供应链越短，污染也越少。

优势4：零时间交付。3D打印机可以按需打印。即时生产减少了企业的实物库存，企业可以根据客户订单使用3D打印机制造出特别的或定制的产品满足客户需求，所以新的商业模式将成为可能。如果人们所需的物品按需就近生产，零时间交付式生产能最大限度地减少长途运输的成本。

优势5：设计空间无限。传统制造技术和工匠制造的产品形状有限，制造形状的能力受制于所使用的工具。例如，传统的木制车床只能制造圆形物品，轧机只能加工用铣刀组装的部件，制模机仅能制造模铸形状。3D打印机可以突破这些局限，开辟巨大的设计空间，甚至可以制作目前可能只存在于自然界的形状。

优势6：零技能制造。传统工匠需要当几年学徒才能掌握所需要的技能。批量生产和计算机控制的制造机器降低了对技能的要求，然而传统的制造机器仍然需要熟练的专业人员进行机器调整和校准。3D打印机从设计文件里获得各种指示，做同样复杂的物品，3D打印机所需要的操作技能比注塑机少。非技能制造开辟了新的商业模式，并能在远程环境或极端情况下为人们提供新的生产方式。

优势7：不占空间、便携制造。就单位生产空间而言，与传统制造机器相比，3D打印机的制造能力更强。例如，注塑机只能制造比自身小很多的物品，与此相反，3D打印机可以制造和其打印台一样大的物品。3D打印机调试好后，打印设备可以自由移动，打印机可以制造比自身还要大的物品。较高的单位空间生产能力使得3D打印机适合家用或办公使用，因为它们所需的物理空间小。

优势8：减少废弃副产品。与传统的金属制造技术相比，3D打印机制造金属时产生较少的副产品。传统金属加工的浪费量惊人，90%的金属原材料被丢弃在工厂车间里。3D打印制造金属时浪费量减少。随着打印材料的进步，"净成形"制造可能成为更环保的加工方式。

优势9：材料无限组合。对当今的制造机器而言，将不同原材料结合成单一产品是件难事，因为传统的制造机器在切割或模具成型过程中不能轻易地将多种原材料融合在一起。随着多材料3D打印技术的发展，我们有能力将不同原材料融合在一起。以前无法混合的原料混合后将形成新的材料，这些材料色调种类繁多，具有独特的属性或功能。

优势10：精确的实体复制。数字音乐文件可以被无休止地复制，音频质量并不会下降。未来，3D打印将数字精度扩展到实体世界。扫描技术和3D打印技术将共同提高实体世界和数字世界之间形态转换的分辨率，我们可以扫描、编辑和复制实体对象，创建精确的副本或优化原件。

1.5.9 分布式舆论监督

统计显示，仅在新浪微博上经过认证的官方公安微博多达4 462个、检察院微博53个、法院微博91个。微博上纷纷爆出很多官员贪污腐败或大吃大喝的消息，分布式舆论监督的威力越来越大。

比如，2012年12月6日，罗昌平在他的微博上，实名举报时任国家发改委副主任、国家能源局局长刘铁男涉嫌伪造学历、与商人结成官商同盟等问题。

2012年4月13日，安徽省利辛县国土局干部周文彬为了举报所在单位的领导，选择了"自首式举报"，在微博上直播了自首的过程，称自己与单位领导贪污行贿。此事迅速引起网友围观，亳州市纪委介入调查。周文彬因此被网友称为"中国微博反腐实名举报第一人"。

2012年8月4日，浙江省开化县国土局副局长朱小红被免职，起因是妻子林菁微博举报其嫖娼养情人，衢州市国土局纪委对其立案调查。

2012年8月26日，原陕西省安全生产监督管理局局长、党组书记杨达才在延安交通事故现场，因面含微笑被人拍照上网，引发争议。随后网友经过搜索以往照片,指出杨达才有多块名表。随后,杨达才又被曝出拥有价值10万多元的眼镜和名贵腰带,再次引发舆论热议。2012年9月21日,陕西省研究决定:撤销杨达才陕西省第十二届纪委委员、省安监局党组书记、局长职务。2013年9月5日,杨达才因受贿罪、巨额财产来源不明罪被判处有期徒刑14年。

2012年10月9日,有网民在网帖中贴出广州市房管部门制作的《个人名下房地产登记情况查询证明》。证明显示,广州市城市管理综合执法局番禺分局政委蔡彬及其家庭成员共有21套房产,其中18套位于广州番禺区,3套位于广州南沙区,面积最大的位于番禺区沙湾镇龙岐村西环路东侧(A2厂房),达3 405.3平方米,21套房产总面积7 203.33平方米。

2012年11月下旬,互联网上开始流传有关原重庆市北碚区区委书记雷政富的不雅视频。2012年11月23日,经重庆市纪委调查核实,互联网流传有关不雅视频中的男性确为北碚区区委书记雷政富。重庆市委研究决定,免去其北碚区区委书记职务,并对其立案调查。2013年5月,重庆市纪委拟对雷政富给予开除党籍、开除公职处分,对其涉嫌犯罪问题于2013年1月依法移送司法机关,2013年6月28日,被判处有期徒刑13年。

2013年1月15日,有网友根据网上流传的周少强1月4日晚餐喝掉12瓶红酒的照片发帖,公开质疑时任国有企业珠海金融投资控股公司总经理的周少强公款吃喝。该贴在网络上引起强烈反响。2月5日,纪委核查结果称:周少强一顿晚餐酒水、菜品共计消费人民币37 517元,其中消费红酒12瓶,红酒共计23 706元,网络曝光后,周担心当晚费用过高,要求华发会馆妥善处理,并制作虚假结算单。决定停止周少强同志履行职务,晚餐消费超出标准部分,由参会者自己支付。

互联网提供了一个全球性平台,每个独立的个体的声音都能被更多人听到。微博或博客的博主拥有数万至数千万的粉丝,病毒式的传播能力已超过大型传统媒体的记者。微博上每个人都是自媒体,每个人都可以通过草根日常监督,随时把社会上不合法、不合规的语言、行为发表在微博上,再结合互联网上的著名的"人肉搜索引擎",使得腐败、违法违纪的人迅速被定位。这些分布式的监督机制有助于曝光那些之前容易被权利压制下来的腐败、违纪的传统新闻,微博等自媒体的病毒式传播,使得每个人成为确保权力在受监督状态的民间监督者。

1.5.10 复利——财富在时间上的分散布局的强大武器

先看四个算式:

$1.01^{100} = 2.7048$

$1.02^{100} = 7.2446$

$0.99^{100} = 0.3660$

$0.98^{100} = 0.1326$

这些结果估计会超出很多人的想象。第一个算式告诉我们，如果每天只赚1%，那连续赚100天之后，资产就将增长到初始值的2.7倍！第二个算式更惊人，如果每天只赚2%，那100天之后资产将增长7.2倍！如果每天只亏损1%，那连续亏损100天之后就只剩下初始资产的36.6%了；如果每天只亏2%，那连续亏100天之后，资产就只剩下初始资产的13%了！

正如《劝学》所说："不积跬步无以至千里。"不要小看一个可以稳定的每天赚小小的1%的策略，将财富积累过程稳定地分散在每天里，积累起来并拉长时间轴之后就诞生了一个伟大的结果。伟大的复利就是财富在时间上分散布局的经典案例。

1.6 展望极有前景的分散式布局

1.6.1 云制造

3D打印是云制造的催化剂。云制造是由一群小型制造企业组成的超大规模网络的分布式系统。维基百科里"云制造"的定义是："由互联网、物联网和可以上网的3D打印机之间组成的制造业聚合网，把各种制造需求、制造资源和制造能力在这个庞大的云端进行智能检测，智能匹配，从而形成强大的云端自动管理和制造能力。"

3D打印使全球众多小制造企业、物流企业和独立的、有个性化需求的消费者终于可以在制造云上链接起来了。

每个单独的制造节点都是自主的，而且是互联的。制造商可以根据项目的特别需求，构建或者重新组合一个临时的制造和物流集合。经济规模将不再决定商业模式，因为每部分的成本相同，无论是生产1个还是10万个。每家公司都具备多种技能，能在短时间内按要求制作出各种不同的产品或零件。每个制造节点都在云端共享自己的制造能力和制造资源。

云制造将通过降低市场门槛的方式推动创新。如果消费者需要定制一台满足自己多种个性化的需求的电动车,依靠制造云就可以极大地提高效率和缩短制造时间。传统的制造企业对于大规模的制造任务得心应手,因为他们拿到订单,可以先用数控机床或注塑机制造模具,然后利用模具再用工业机器人批量生产零部件。但是为了极少量的个性化的零部件制造模具并小批量生产就没有规模效应,不具有成本优势。而云制造的模式则不同,大规模云制造会根据每个个性化零部件的特征,把制造任务在云端自动寻找数千家公司,并结合这些家小公司的产能,已有订单和距离消费者的空间距离和物流方案等参数进行自动匹配,每个小公司完成自己的任务后还会用当地物流运送给专业的组装公司,组装公司把这些零部件装配完毕再把最终产品用物流运送给消费者。第二天早上当消费者醒来,会发现门外突然出现一辆有着1万多个零件的定制电动车。

使用云计算时,消费者并不需要知道计算力的具体物理位置在哪里。基于云的资源可以扩展,还能自动平衡负载。使用制造云时,同理也不必担心产能的物理位置。云将智能地在制作网络上匹配制造资源和制造能力,组织协调各公司,成功地满足消费者的生产要求。消费者构思好自己的个性化需求,准备好订单,然后在制造云的个人节点上点击"提交",剩下的制造组装并运送的任务都由制造云完成。每个云制造商可能很小,类似家庭小作坊。然而,合并后的整体效能将大于每部分之和。

从整体和局部的关系总结,云制造依然体现了分散式布局是为了实现整体效率最优化,在整体实现最优之后,每个个体都自然而然的实现了最优。毕竟,家庭小作坊如果不利于制作云,自己去寻找客户,或让客户找到自己,有需求和产能在时间上的错配效应,产能利用率不足,还有广告投入等降低经济效益的因素。而利用制作云,需求和产能之间可以在全球范围内在云端自动匹配,没有时间上的错配,因为面对的是全球化的需求,各种小众化的需求在长尾效益下都使产能得到充分利用。而且一旦加入到制作云,无须投入任何广告,经济效益更明显。

1.6.2 创客们引导的生产革命

创客是一群极度热衷于DIY创新的人们。创客喜欢根据自己的需求去创造性地制作一些产品的原型,同时希望自己创造出来的产品能唤起其他有类似需求的人的注意,志趣相投的人们在获得那些能精准满足自己需求的产品时的惊讶和满足感是创客们进行创作的原动力。显然,市场上还没有能满足所有人的所有个性化需求的全部产品,这个市场虽然小众,但如果专门去填补,其实是个有利可图的生意。

目前有一些网站就提供了创客们跟潜在的志趣相投的人交流的舞台。原理是这样的:创客有个自己的点子,设计了一种可能极为小众的,高度个性化的产品,并制作了产品原型。他可以把这个原型放到网站上,详细介绍产品的功能并解释它是针对有怎样的个性化需求的人群。然后提出自己的生产计划,比如生产100个产品,募集每个产品100美元的启动资金。相当于在网上展示一份简单的商品生产计划书,同时募集制作所需的资金。如果浏览网站的人刚好有兴趣,并有足够资金,就可以预付100美元。如果刚好有100个人有兴趣并缴了100美元的预付款,那这个项目就完成了募资,1万美元进入创客的账户,创客使用这笔启动资金去制作这个小众产品,然后分别寄送给每位投资人,从中还能赚取一定的利润。用利润还可以扩大生产规模,把产品正式地大规模地投放到市场中,由于已经预先知道自己产品有足够的需求,生产出来一定能赚取更多的利润。然而如果没有足够的人对这种小众产品有共鸣,不到100个人预付了资金。那这个商业项目就只好宣告失败。

比如,美国一个大学生在儿童时期就对颜色晶莹的、结构精细的水母在水中轻盈的漂浮状态着迷,然而专业的饲养水母的水族箱的价格都很高昂。这个大学生在一片海域发现大量的水母,并自己研制了一种制作成本低,展示效果好的自制水族箱。在网站上贴了自制的水母水族箱的图片以及水母在各种灯光下的漂浮效果。果然引起了很多网友的兴趣,并果断预付了水族箱的定金。这个大学生就靠这些订单赚到了第一桶金,他从网友们的热烈反馈得知有相同爱好或只是希望在自己办公桌上有个水母水族箱让自己显得很酷的人非常多,利用第一桶金扩大自己的生产规模,靠水母水族箱这个小众产品赚了很多钱。

这种在创客和潜在消费者之间构建一个交易平台,把上个例子中的生产和需求的错配问题完美的解决了,解决的途径就是把生产者和消费者一一对应地联系起来,在生产之前就完全掌握了是否有潜在消费者,有多少,分别是谁等关于买家的关键信息。不浪费任何一点产能,当然,前提是有足够多的人对这个产品有认同感,有兴趣接受小众和个性化的高价去为暂时拿不到的心仪产品预付货款。

作为爱生活、爱个性化、追求能满足自己小众需求的产品的消费者,时常去浏览这样的创客网站,可以解决自己个性化的需求。作为爱生活、爱创造、爱DIY的创客,也能提前获取启动资金,提前获得利润。显然,创客模式也是分散式布局获取买卖双方利益最大化的一个稳定解。

当前还有一种类似的商业模式，Shapeways 是一个类似于亚马逊的互联网交易平台，每个人都可以在这个平台上宣传自己的产品。设计师在 Shapeways 上提交自己的设计文件，消费者挑选自己中意的设计产品，然后可以委托 Shapeways 用他们的 3D 打印机来制造这些产品。Shapeways 2012 年从荷兰搬到纽约，从之前只有 6 台 3D 打印机到现在拥有 50 台打印机可以提供 25 种不同材料以供不同打印需求的小型制造企业了。

美国还有一个有意思的公司，100kGarages。在这个网站上，消费者在网站上提出项目需求，而创客们和专业制作企业在网站上投标，通过在互联网上建立联系，并签订合同，通过 paybal 等网络支付手段来转账付款。

再比如，中国有一个专卖个性化 T-shirt 的网站，用户可以提交自己钟爱的 T-shirt 设计图，并上传到网站展示区，如果有 50 个其他用户都点击了【喜欢】按钮，则网站方就可以负责生产这个设计图的 T-shirt，并生产稍微多于 50 件，以供后续的用户购买。

这三个类似的商业模式都是在生产之前就找到产品的需求方，定制化的生产模式最大程度上减少了生产量和消费量之间的错配问题。

1.6.3 分布式金融——C2C 借贷

借助互联网的平台优势，C2C 的小微借贷模式方兴未艾。在中国的"人人贷"网算是 C2C 借贷的先驱之一。平民百姓往往有短期贷款融资的需求，新生代融资需求方式已经大大改变。之前比较流行的方式是先向亲戚朋友借贷，现在的 80 后由于是独生子女，除了长辈，平辈的亲戚是比较少的，关系也不如以前几代人的亲戚间那般热络。而向陌生人借贷，一来不涉及面子问题，二来在网上找千里之外与自己生活完全没有交集的人借钱也是对购买力来源形成一种隐私保护。可以自由、自愿的商定。

另一个 C2C 借贷的优势是利率自由化。借方和贷方对借贷利率实现双向选择。

在"人人贷"上借钱的理由真是五花八门、无奇不有：有为了买最新款 iPhone 而借款的，也有信用卡额度用光而借生活费的，还有早在没有融资融券的时代借钱炒股的，这些人显然算是领先市场最早利用互联网金融加杠杆先驱者……传统的借钱用途比如买车、家电大件的反而不足为奇了。

还有 C2B 的借贷模式，比如一个小微企业有融资需求，若干个独立个人可以组合起来向该企业提供借贷。当然还可以有 B2B 和 B2C 的借贷模式。总之，这些不通过传统的银行途径、通过互联网、去中心化的借贷模式是分布式金融的一个例子。目前还不盛行，未来可能会比较有前景。

1.6.4 分布式教育

每个人都能公平、自由、平等地接受来自最好的教师、最权威的专家教育是分布式教育的最大优势。

如果世界上最好的大学里的教师授课内容可以共享到互联网上，所有人都可以坐在家里自由地选择自己感兴趣的内容去选修，这对于那些当地没有优质教育资源或足够的经济实力去最好的大学接受教育的人来说是个接受优质教育极好的机会。那些最好的教师在教室内虽然只面对数十个学生只讲授一次知识，但是却可以被全世界各地的学生在之后的任何时间，任何地点只要连上互联网就可以反复地观看学习这些教育视频。分布式教育可以使优质教育资源的利用率最大化、廉价化、自由平等化。

1.6.5 分布式工作

如果未来有成熟的3D全息投影技术，那工作活动就不必被约束在统一的办公场地了，大家可以在各自的家庭里工作，把各自的影像用全息摄像机拍摄下来，把其他同事的3D全息影像投影在自己家中，这样大家就有了在一起工作的环境氛围，工作中的交流都可以虚拟地进行。

分布式工作节省了办公空间以及集中式的办公所需的其他资源，比如水电资源等。在家分布式的办公提供了更为灵活的工作方式，更为熟悉、舒适的工作环境。

1.6.6 3D打印人体器官

今天3D打印某个人体器官仍处于构想阶段，打印活性组织对于"3D打印人造生命"只是初级阶段。把人体各部位根据复杂行排列成一个阶梯的话，无生命的假肢处于阶梯的底层，简单的活性组织是中层，如骨骼和软骨；简单组织之上就是静脉和皮肤；次顶层的是复杂而且关键的器官，比如心脏、肝脏和大脑；最顶层的是完整的生命结构——具备完整功能的人造生命形式。目前我们只处于阶梯的底层，正在探索中间层，并梦想着最终有一天可以实现最高

第1章 分散布局

层级。

其实，第一波3D打印人体部位的商用浪潮已经出现，3D打印的骨骼植入物、牙冠、隐形眼镜、助听器等无生命形式的人体部位已经存在在世界各地成千上万人的体内。比如，矫正牙齿的隐适美——一种透明的、可以个性化定制的并且是3D打印出来的一次性矫正器已经取得了巨大的商用成功。而全球3D打印的牙种植体的使用数量已经达到50万~75万个。

跟3D打印高端钛合金飞机零部件一样，3D打印的人体器官的优势在于小批量、定制化的生产方式，牙齿、助听器和矫正器的制造过程都类似：先对身体出现问题的部位景新激光扫描，再将扫描数据发到数字实验室，把扫描文件调整为3D打印机可以识别的设计文件，最后用软橡胶、陶瓷或透明塑料把这些部位打印出来。美国的Bespoke Innovations就是从事设计并3D打印定制假肢的公司。这个公司设计的3D打印出来的假肢不但可以跟使用者的身体和生活方式充分吻合，还能迎合他们的审美，打印出有时尚设计感的假肢。个性化的需求被不断强化的满足。

3D打印的钛骨骼植入物以及被植入到一些需要更换人造关键的患者体内，而更新的技术是聚合物骨骼植入物，因为聚合物具有钛和陶瓷所缺乏的特性，比如3D打印的聚合物骨骼可以注入有生物活性的促进骨生长的添加剂和活性药物成分，比如抗生素等。

2012年有个轰动全球的新闻，一个外科医疗团队把3D打印的钛合金骨骼插入到一个83岁患有口腔癌的比利时妇女的下颚。先对她的下巴进行CT扫描，Xilloc公司将CT扫描数据转换成3D打印机可识别的设计文件，通过计算机算法在下颌骨上增加了数千个不规则的凹槽和空洞，通过这种方式，她的血管、肌肉和神经可以更快地跟新下颌骨结合从而完全地融入她的身体，减少排异反应。比利时的Layer Wise公司打印出这块钛合金下颌骨，并在骨骼表面镀上了陶瓷。

哥伦比亚大学的杰里米教授先3D打印了兔子的臀骨，并在上面撒了一些干细胞再植入到兔子的体内，这些干细胞有助于兔子更快的愈合。4个月后所有的兔子都可以自如走动了。华盛顿州立大学的研究人员用磷酸钙、硅和锌粉制成了3D打印骨骼并在上面喷上了不成熟的人骨细胞，这样骨细胞在新环境下成长为成熟的细胞，最终成为有活性的成熟的骨骼组织。

而生物打印可以创造活性组织，而不是简单的类似骨骼这样的无生命的替换部位。生物打印还涉及如何通过3D打印机将活细胞植入正确的位置，制作具备一定功能的活性组织，比如，利用内部悬浮着活细胞的可打印凝胶，当活细胞被推压至打印头时，这种特殊的凝胶会对活细胞起到保护作用。一旦凝胶被打印出来并放到合适的位置，水凝胶将保持组织需要的结构，同时活细胞会分泌出来一种物质进入水凝胶，从而最终形成一个支撑母体，随着活细胞继续成长，母体会发展成软骨或其他类型的活性组织。

比如心脏组织要求高细胞密度以确保心脏有规律的跳动，如果植入人造心脏组织支架上的细胞不是紧密相连的，就将造成不规律的心跳。而3D打印的过程是有计算机的精确控制，利用特殊水凝胶的生物打印过程是极其精密的，可以确保心跳有一样的跳动规律。

美国的密苏里大学和耶鲁大学组成的研究团体在发表在《自然》的一篇文章中介绍他们的成果："把你的细胞交给我们，我们培育他们，结构一旦形成，我们就可以打印你的器官了。"

他们的3D打印机有3个打印头，其中有两个负责打印组织细胞，包括心脏和血管内皮细胞等混合物，另一个负责打印类似胶原蛋白的间隙填充物以暂时填充空间直到与其他细胞融合。

康奈尔大学利用羊的活细胞打印出了羊的人造半月板，还打印出人耳软骨。目前这些人造软骨太脆弱，还不能在我们的膝盖中支持我们的体重。

目前更有意义的挑战是打印人的心脏瓣膜，之前的机械心脏瓣膜和其他动物，比如猪的心脏瓣膜都不够理想，不能跟人的心脏共同相处很长时间，使用者必须重复进行心脏手术并植入越来越大的瓣膜。康奈尔大学的乔纳森·布彻教授正在攻关打印心脏瓣膜的技术难题。首先要解决的是类似关节软骨一样的问题，强度必须够，然后还要解决心脏瓣膜是由多种不同类型的细胞组成，他设计出来的打印头有多个喷头，每个负责打印一个类型的干细胞。最后每个打印头打印的干细胞必须非常紧密的排列在特定位置才能保证让他们发挥自己特有的作用，进而保证心跳的规律是精确跟人相同的。一旦突破这些难题，未来3D打印心脏瓣膜将极大的提示更换心脏瓣膜的患者的成活时间。

未来打印人体器官的一个解决方案是先破解胚胎中的干细胞是如何发育成为成熟的器官细胞的，如果能深入了解这个成熟分化的过程，将向未来生物打印功能健全的人体器官迈进一大步。同时，困扰着科学家还有就是我们的身体是不断变化的，随着环境、情绪和食物的变化的不断变化，它们也会喜怒无常，不断变化。无数细胞以我们不能充分理解的神秘方式升值、愈合和变化，而我们连细胞之间彼此如何传递信号还不能破解。还有一个难题是，如果干细胞是生物打印的原材料，3D打印复杂的血管系统仍是组织工程学需要攻克的难题，血管化的3D软器官的组织仍然是一项巨大的挑战，这些问题的解决将极大地刺激3D打印人体器官的进展。

1.6.7 人脑功能的分布式应用——平行空间中的并行生命

这是我最喜欢的科幻级的分散式布局的应用——大脑功能的分布式应用。如果未来的技术可以使我们潜力巨大尚未充分开发的大脑可以像电脑的硬盘一样分区，每个独立的区域都可以并行处理不同的任务，那我们的大脑就同时实现多重功能，比如娱乐和工作可以同时进行，如果再结合上述分布式工作/会议的功能，可以使人类在利用大脑想象出来的影像，一部分大脑功能在进行工作的情境，还有一部分大脑在想象跟朋友聊天喝茶的情境，3D全息投影将使我们想象出来的人物形象配合正在进行的活动投影到目的地。这样就相当于人类的多项生命活动并行不悖，极大地丰富了我们的生命内容，极大地提高了我们的生命效率。

第2章 网　　络

2.1　网络与网络化

在现实世界中广泛存在着各种类型的科学问题和系统，这些问题和系统常常可以用网络来进行等价描述。广义地来讲，网络就是指任何事物（对象）的集合，并且其中某些"事物对"之间由"连接"关联起来。在现实世界中，常见的网络大致可以分为以下四类：

（1）社会网络，如演员之间的合作关系网、人与人之间的友谊关系网、一定时期内朋友之间的相互通信关系网等；

（2）知识网络，如学术论文引用关系网、万维网网页的链接关系网等；

（3）技术网络，它们一般是由人类创造的，用来传递资源或信息，如水网、电网、（航空、铁路、公路）交通网、通信网等；

（4）生物网络，它们一般是自然界中动植物所固有的，如新陈代谢网、神经网络、食物网等。

（广义）网络（理论）的发展起源于图论（graph theory），图就是网络结构的数学模型，我们常用图来表示现实世界中的网络。一个图 G 包含了一组元素 V 以及它们之间的对应关系 E，记为 G＝(V，E)。其中，V 是顶点集合，V 中的元素称为顶点、节点或点[①]，E 是由 V 中的点组成的无序对或有序对（分别对应无向图或有向图）构成的集合，称为边集，E 中的元素就称为边，有时又称为（直接）连接[②]。在图中，一个节点的度是指与该节点相连的边的数目。路径是一个节点序列，序列中任意两个相邻节点间都有一条（有向或无向）边相连，有时路径又称为间接连接。对于图中的边，我们可以定义边的权重，这

[①] 本章中，有时也将网络中的一个子网看做是一个广义的节点，同时简称其为"节点"。

[②] 本章中，如果不加特殊说明，"连接"都指直接连接，即边。

样的图称为带权图。在不同的应用下，边的权重可以灵活地表达不同的含义。比如，在交通网络中，边的权重可以定义为乘坐某种交通工具从这条边的起点到终点所需的时间，从而可以计算网络中任意两个节点间旅行所需的最短时间。

在社交网络中，按照人与人之间沟通互动的频率，我们可将网络中的连接（即边）简单划分为强连接和弱连接。强连接最有可能的是我们的工作搭档、合作客户、家人等，生活和工作上互动的机会很多。弱连接范围更广，同学、朋友、亲戚等都有可能，就是沟通和互动的机会较少，更多的是由于个人的时间、所处的位置、精力和沟通机会造成的。这样的社交网络就可以用一个带权图来表示，边的权重可以简单地等于两个节点每次交流的平均周期。

类似地，我们可以将社交网络中强连接与弱连接的概念扩展到广义的网络中，并用边的权重来表征节点间信息、物品、数据等交换、通信的难易程度（成本/效率）。如果两个节点之间通过某条边交换、通信得比较容易（成本较低，效率较高），则称这条边为一个强连接。否则，称这条边为一个弱连接。当然，这里所说的"强"和"弱"仅仅是一个通用的、定性的、相对的描述，真正要准确地刻画连接的强弱还是依赖于具体定义的、量化的权重值。

比如，社交网络中，强连接的两个节点之间交流时，可能仅需要说出一些简单的字词片段，对方就知道说话者的意图了，交流的成本极低；弱连接的两个节点要讨论某个话题时，可能需要先寒暄几句，然后把话题的背景详细地解释清楚，最后才能进行交流，成本就比较高。交通网络中，在没有火车的时候，北京和南京之间的人或货物的运输依赖于马车等，运输时间长，运输成本也较高，人或货物在两地交流或交换也比较少，两个城市间的连接就是一个弱连接；当火车出现之后，运输时间、成本都大大降低，人或货物的交流或交换也变得频繁起来，此时，两个城市间的连接就是一个相对较强的连接。

所谓网络化，就是指将一个系统中的孤立节点通过边连接起来，形成一个网络。网络中任意两个节点之间可能有直接的边相连，也可能通过某些中间节点间接地连接在一起。图2-1展示了几种常见的简单网络拓扑，现实生活的一些网络常常是这些简单网络（或它们的子网）的混合。

(a) 全连通形　　(b) 总线形　　(c) 星形　　(d) 环形　　(e) 树形

图2-1　常见网络拓扑

· 71 ·

(a) 全连通形：任意两个节点都有一条边相连，网络的边数 m 与节点数 n 满足 $m=n(n-1)/2=O(n^2)$。完全图网络连通性最好，任意一对节点都可以一步到达，且鲁棒性较好；但是，完全图中线数过多，造价昂贵。

(b) 总线形：所有节点连接到同一条传输介质上，网络的边数 m 与节点数 n 满足 $m=n+1=O(n)$。总线形网络布线容易，扩充方便；但传输效率受限于传输介质容量，故障诊断和隔离比较困难。

(c) 星形：所有边缘节点连接到一个中心节点，网络的边数 m 与节点数 n 满足 $m=n-1=O(n)$。星形拓扑便于集中式控制，除中央节点外其他节点发送故障不扩散，易定位排除；但是星形网络的安全过度依赖于中央节点，鲁棒性较差。

(d) 环形：环形拓扑就是首尾相连的总线形拓扑，网络的边数 m 与节点数 n 满足 $m=n-1=O(n)$，优缺点与总线形类似。

(e) 树形：由总线形拓扑演变而来，由根和叶子节点组成，一个完全二叉树网络的边数 m 与节点数 n 满足 $m=n-1=O(n)$。树形网络优缺点与总线形也类似，并且网络的性能对根节点依赖严重。

在现实世界中，有一类非常重要的复杂网络——幂律网络，许多真实网络，比如万维网网页连接网络、好莱坞演员合作网、学术论文引用网络等，都已经被证实是幂律网络。在幂律网络中，度为 k 的节点占所有节点的比例（或者说度为 k 的节点出现的概率）一般服从幂律分布，即 $p(k) \sim c \cdot k^{-r}$，其中 c 为常数，$r>1$ 为幂指数。可以证明（见本章附录），幂律网络中的边数 m 与网络中的节点数 n 满足如下的关系：

$$m = \begin{cases} \text{随 } n \text{ 线性增长}, & r>2 \\ \text{随 } n\log n \text{ 增长}, & r=2 \\ \text{随 } n^{3-r} \text{ 增长}, & 1<r<2 \end{cases}$$

网络化对于系统的发展至关重要，它将系统中的节点连接起来，从而使得网络中的物质、能量、信息等资源可以交换，体现了一种平等和共享的精神；在此基础上，创新应运而生，激发了更多的科技和文化上的进步；这些进步作用于网络使得网络连接更加紧密，从而推动整个系统不断迭代式向前发展。本章首先探讨什么样的网络才是好的、健康的网络，并提出熵控网络的概念；接着，通过数学描述、网络化与人类文明的关系、网络的外部性等方面详细阐述了网络化的益处，回答了为什么要网络化的问题；最后，我们讨论了信息互联网，指出了信息互联网与传统网络的区别，并分析了信息互联网对社会和日常生活的影响。

第 2 章 网　　络

2.2　熵控网络

2.2.1　熵控网络

2.2.1.1　熵控网络的概念

网络结构决定网络功能，要使网络具有丰富、强大、高效的功能，同时促进创新和进步，网络必须具有良好的结构。那么，什么样的系统才能称为结构良好的网络呢？这里，我们提出熵控网络的概念，我们认为熵控网络就是一种结构良好的系统。

熵控网络是指满足如下三个特征的系统或网络：
（1）节点数目多，没有孤立节点[①]，且有随时间增加的趋势；
（2）节点间边的数目随节点数目 n 的增加而以（近似）$n\log n$ 的速度增加；
（3）建立新边的成本低廉，且建立新边的规则具有一定的随机性。

首先，节点的数目多且随时间增加是一个网络发展的大数据基础。

在与外界没有联系的情况下，一个具有很少节点的网络几乎不可能产生一些政治、科技、经济等方面的创新。这样，这个网络就会很容易随着自然熵增而逐渐失去活力，直至达到一种毫无生机的、停滞的稳定状态。相对应地，如果一个网络节点足够多，并且有随着时间的推移而增加的趋势，就具备了产生创新的大数据基础。这样，网络中总会存在一些节点或者子网络产生创新，这些创新会通过网络进行扩散，而网络几乎没有孤立节点则保证了网络中每一个节点都可以受益于这些创新，这些进步会不断迭代发展，从而推动整个系统不断向前发展。

目前，世界各地还存在不少原始部族，如新几内亚的门迪土著、马达加斯加的米尔凯土著、菲律宾吕宋岛的阿格塔土著等。这些原始部族人口很少，同时由于生活的地方比较偏僻，几乎与世界其他地方断绝联系。那里的人们往往

---

① 有时我们也常将没有孤立节点这个条件忽略，因为如果一个节点（或子网）是孤立的，则可以不将其计入网络而单独考虑。

· 73 ·

以狩猎、捕鱼、自然农业等简单经济形式生存，沿袭着千百年来最古老的风俗，在大自然的怀抱中过着几乎没有任何人工物质基础的自给自足的生活（见图2-2）。也就是说，这些原始部族里面的人们的生活与数千年前他们祖先的生活几乎没有任何发展。与此同时，由于受天灾、瘟疫等突发偶然因素的影响，很多原始部族的人数还在慢慢减少，这些部族正在从地球上逐渐消失。

图2-2 非洲原始部族生活

资料来源：百度图片；http://pic.szonline.net/。

　　明清两朝，由于陆上丝绸之路受气候影响（包括中国在内的亚欧大陆进入了逐渐寒冷的阶段，西域地区脊背上已不再适合当时的人类居住）几乎荒废，而中国政府又实施较为严厉的海禁政策（1371年明太祖颁布"寸板不许下海"的海禁政策，清朝则保留了明朝的海禁政策直至1840年鸦片战争英国人用枪炮打开中国国门。其间，中国政府虽曾数次短暂开放过海禁，但大多有严格的限制，如仅允许特定的人在指定的地点进行交易），偌大的中国几乎成了一个脱离了全球大网络的孤立子网。虽然中国地大物博，人口众多，但是在这400多年里，中国社会始终停留在稳定的自给自足的小农经济时代，科技、经济等都没有得到很好的发展。与此同时，这种闭关锁国政策也彻底断绝了中国人民对当时正经历天翻地覆变化的西方世界的认知，错失了吸收引进世界先进科技和文化的契机，并最终导致清朝末期中国沦为一个半封建制半殖民地国家。

　　一个良好的网络应该没有孤立节点就是说网络中的任意两个节点之间都应该有（直接的或者间接的）边相连。最理想的情况就是任意两个节点之间都有一条边连接，即全连通网络。一个具有 n 个节点的全连通网络的边的数目是

$n(n-1)/2$。但是，在物理世界里①，边的建立依赖于负熵的流入，边的数目代表整个网络的建立成本，所以边不能太多，全连通网络显然不实际。另一方面，边的数目也不能太少，比如边的数目随节点数目 n 线性增长，则网络的连通性不够好，网络中两个节点之间可能需要经过许多条边才能建立连接。同时，边过少可能造成某些关键边形成瓶颈，一旦这些关键边堵塞或者被切断，这些边所连接的子网络就会与整个网络失去连接，成为孤立的子网络。上面明清两朝中国与世界脱节的例子正是因为当时中国这个子网络与世界大网络之间的边太少的缘故，一旦陆上丝绸之路衰落，海禁政策实施，中国就成了一个孤立的网络。

那么边的数目应该随着网络的节点数目 n 如何变化呢？我们认为，熵控网络中边的数目应该大致为 $n\log n$，这可以从如下两个角度来看。

第一，幂律现象。幂律分布是一种广泛存在于自然界和社会生活中的一种概率分布。具有幂律分布的网络一般具有极少的超级节点（即度很大的节点）和大量小度节点。幂律网络的一个典型的度分布是：度为 k 的节点的占总节点数的比例是 $1/k^2$。对于这样的网络，可以证明，平均每个节点大概有 $\log n$ 条边（见附录）。

第二，网络的分层。我们知道，星形网络用非常少的边实现高效的网络连接，唯一的缺点就是中心节点太过脆弱，网络安全性太差。一般地，可以考虑将星形网络中的中心节点用致密的中心网络替代，中心网络的节点分散布局，大大提升了网络的安全性，同时网络成本和网络效率都能到保证。随着网络规模的扩展，如果中心网络过于庞大，可以将中心网络继续抽象出中心网络和边缘网络，如此递归，形成一个分层的网络。这样的网络一般有 $\log n$ 层，从而网络中边的数目随着节点数目 n 以近似 $n\log n$ 的速度增长。

最后，建立新边的成本低廉，且建立新边的规则具有一定的随机性是网络能够产生创新和进步的必要条件。

由于边的建立依赖于负熵的流入，因此一个不断前进发展的网络必然要求其建立新边的成本较低廉。否则，建立新边的收益不足以弥补建立新边所花费的代价，网络失去演变的动力，停滞不前。

建立新边的规则具有一定的随机性则保证了网络能够产生创新和进步，从而给网络带来巨大的收益。创新往往是由建立了一些当前不存在的边产生的，

---

① 这里的"边"指的是物理的（即真实世界中的）网络中边，在信息互联网中，只要提供一个合适的平台，任何两个节点几乎都可以以接近于0的成本建立连接，因此信息互联网中的全连通网络是可以实现的。

建立新边的随机性会同时产生一些"好"的和"坏"的边。"好"边不断通过正循环反馈得到加强,"坏"则不断受到打压,通过网络的优胜劣汰,"好"边生存下来,形成创新,并通过网络传播下去,推动网络发展和进步。

但是,值得注意的是,随机性并不意味着创新是与人的努力等因素无关。能够产生随机连接是建立在新边建立成本足够低廉的基础之上的,而降低新边的建立成本则是需要人们通过不懈的努力,充分利用已有的创新并在网络中扩散,不断推动网络的迭代进步和发展而得到的。

吴军博士在《文明之光》一书中详细分析了青花瓷产生的背景和原因。蒙古人崇尚的白色和伊斯兰人喜欢的蓝色构成了青花瓷的基本元素。中国已经成熟的瓷器烧制工艺,配上波斯商人带来钴蓝颜料,再画上豪放的蒙古人欣赏的牡丹、芍药以及融合了古埃及、希腊等西方诸多文化特点的葡萄、藤蔓等,这样就造就了远销欧洲、深受全世界人民喜欢的元青花(见图2-3)。

图2-3 元青花

资料来源:百度图片。http://www.nipic.com/。

在元青花的形成过程中,或许钴蓝颜料的使用、牡丹和藤蔓的绘制等都是当时的工匠灵光一现的点子,但是这种偶然性的点子产生的背后则包含着很多人的力量。试想,如果没有元朝统治者通过政策引导大量的穆斯林(色目人地位高于中国人)涌入中国,元青花怎么会以蓝色为基调,没有这些伊斯兰人带来的钴蓝颜料和西方文化(对葡萄、藤蔓等密集纹饰的喜爱),元青花上又怎么可能出现我们现在看到的这些图案。因此,在这些随机性的、偶然的创新背后是存在着大量人的努力。正是由于蒙古人的统治大大促进了中西方人在审美、工艺、文化等层次的深度交流与融合，才导致了建立创新的新边的成本足够低廉，最终使得元青花产生时的那些灵光一现的创新成为可能。

关于德国化学家凯库勒悟出苯分子的环状结构的经过，一直是化学史上的一个趣闻（见图2-4）。凯库勒曾叙述了这个过程："我坐下来写我的教科书，但工作没有进展；我的思想开小差了。我把椅子转向炉火，打起瞌睡来了。原子又在我眼前跳跃起来，这时较小的基团谦逊地退到后面。我的思想因这类幻觉的不断出现变得更敏锐了，现在能分辨出多种形状的大结构，也能分辨出有时紧密地靠近在一起的长行分子，它围绕、旋转，像蛇一样地动着。看！那是什么？有一条蛇咬住了自己的尾巴，这个形状虚幻地在我的眼前旋转着。像是电光一闪，我醒了。我花了这一夜的剩余时间，作出了这个假想。"①

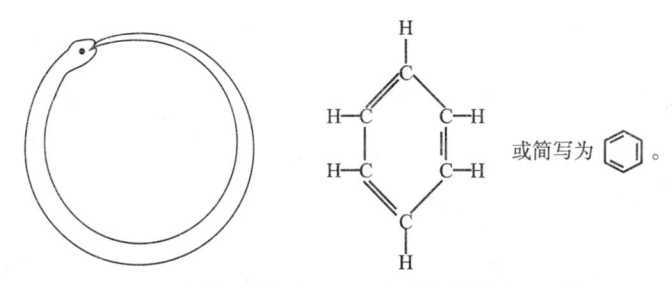

图2-4 蛇形苯环图（左）与苯环结构式（右）

事实上，从1861年起，凯库勒开始研究苯的结构。他早年受到建筑师的训练，具有一定的形象思维能力，他善于运用模型方法，把化合物的性能与结构联系起来。终于，在1864年冬天，他做的这个梦导致他获得了重大的突破，因此，凯库勒能够从梦中得到启发，成功地提出重要的结构学说，绝非偶然。这是由于他善于独立思考，平时总是冥思苦想有关原子、分子以及结构等问题，再加之早年受建筑师训练得到的形象思维能力和平时在有机化学上的研究经验和积累，才会将建立新边的成本降到足够低廉，从而梦其所思，提出了苯环结构的假说，在有机化学发展史上做出了卓越贡献。

可以看出，建立新边的成本低廉是网络能够产生随机性创新的一个重要条件，而随机性往往在创新完成前最后阶段才起作用。低廉的新边的建立也不是一蹴而就的，它是一个不断积累和传承的过程。可能刚开始建立这条新边的成本会比较高，但是随着网络的不断迭代发展，建立新边的成本不断下降，一直

---

① http://baike.baidu.com/view/105531.htm。

下降到达到产生创新所需满足的条件。此时，一些偶然性的举措甚至是"错误"反而导致了创新的发生。

2.2.1.2 二元对立系统的合熵刻画

到目前为止，我们还没有解释为什么将具有上述特点的网络称作熵控网络，这种网络与熵之间又有什么关系呢？

如果将整个社会系统和经济系统看作一个网络，在输入负熵总量存在稀缺的条件下，也就是说网络中边的总数受限，有两种基本的网络优化路径：

（1）在网络的度分布的算术平均固定的条件下，网络的最大熵解恰为节点平等的均匀分散布局网络，这通常代表着公平；

（2）在网络的度分布的几何平均固定的条件下，网络的最大熵解恰为服从幂律分布的无标度分散布局网络，这通常代表着效率。[①]

公平和效率常常是不可兼得的。公平往往效率低下，而幂律分布会形成超级节点，造成强者恒强的马太效应，当网络依此发展下去，就一定会失衡，从而使得网络崩溃。因此，在实际的社会系统网络中，我们常常从公平的起点出发，既要注重公平又要体现效率，每一个中间阶段我们追求的都是混合不同比例公平和效率的最大熵解，而终极指向还将是公平。在整个网络的输入负熵总量增加时，增加的部分在偏向于公平时不应使效率降低、在偏向于效率时不应使公平减少，这就是所谓的"帕累托最优"，也是我们混合模型中的最大熵解。

事实上，像公平和效率这样的二元对立现象是广泛存在的：道家阴阳、佛家色空、共性与个性（差异）、整体与个体、内部与外部等。一般情况下，这些二元对立的两个对象之间都需要进行一定的折中，过度偏向任何一方都会导致系统的动荡甚至是崩塌。那么，如何从数学上来刻画一个系统或网络中的二元对立对象的折中呢？怎么判断某种折中方案是否有利于系统的发展呢？

首先来看一个简单的例子。比如在一个社会中有 A、B 两个阶级，A 代表有产阶级，B 代表无产阶级，A 占有的财富量为 x_A，B 占有的财富量为 x_B，则整个社会的

财富总量为 $$S_X = x_A + x_B$$

财富分布为 $$X = \left(\frac{x_A}{s_X}, \frac{x_B}{s_X} \right)$$

[①] 张学文：《组成论》，中国科学技术大学出版社 2003 年版。

财富分布熵为 $$H(X) = -\frac{x_A}{s_X}\log\frac{x_A}{s_X} - \frac{x_B}{s_X}\log\frac{x_B}{s_X}$$

我们定义整个社会的财富合熵为
$$CH(x) = \log S_X + H(X)$$

我们知道,一个随机变量 X 的信息熵 $H(X)$ 刻画了 X 的不确定性、无序性或公平性,当 X 不确定性最大时,X 服从均匀分布(代表最公平的情形),$H(X)$ 取最大值;当 X 是一个确定的数值时,$H(X)=0$。比如,假设 X 只能取 0 或 1 两个值,取 1 的概率为 p,则 $H(X) = -p\log p(1-p)\log(1-p)$。当 $p=0.5$ 时,$H(X) = \log 2$ 取最大值;当 $p=0$ 或 1 时,$H(X)=0$ 取最小值。$H(X)$ 随着概率 p 变化的趋势如图 2-5 所示。

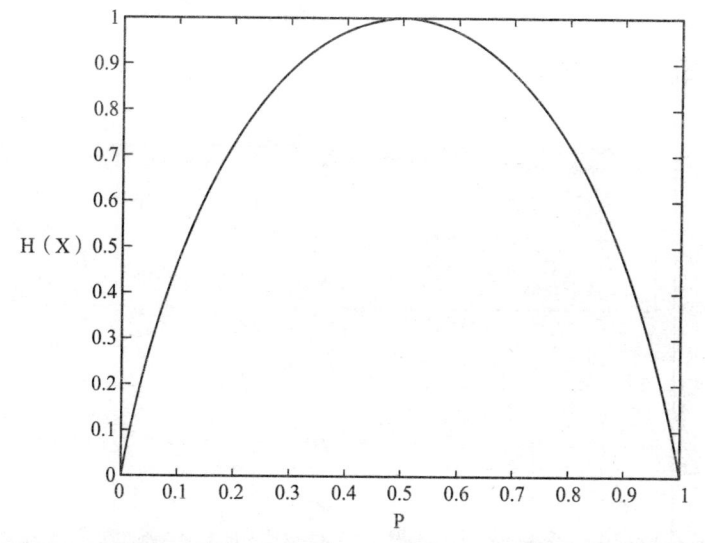

图 2-5 信息熵 $H(X) = -p\log p(1-p)\log(1-p)$ 随概率 p 变化示意

在上面财富合熵的定义中,第一项 $\log S_X$ 刻画了社会的财富总量,表征着该社会财富生产的效率,一定时期内 $\log S_X$ 越大,财富总量越大,社会财富生产效率也越高;第二项 $H(X)$ 就刻画了社会财富分布(公平)情况,$H(X)$ 越大,社会越公平,整个系统就越稳定;反之,社会越不公平,社会矛盾就越大,整个系统也就越有可能崩塌。显然,整个财富合熵对一个社会公平与效率的折中情况作了一个量化的描述。

考虑上面的简单社会系统,假设社会的财富总量为 100,A 占有的财富量为 80,B 占有 20,则社会财富合熵为 $\log 100 - 0.2\log(0.2) - 0.8\log(0.8) =$

7.366。现在让整个社会的财富以速度 p 增长，考虑如下四种财富增量分配方案：

(a) 财富增量部分 A 和 B 所占有的财富比例保持不变；
(b) 财富增量部分 A 和 B 平均分配；
(c) 财富增量部分全部分配给 A；
(d) 财富增量部分全部分配给 B。

图 2-6 示意了上述四种情形社会的财富合熵随财富增长速度 p 变化的趋势以及原始合熵（系统不增长的情况）和最大合熵（AB 占有财富总量完全相等）。从图 2-6 可以看出，当系统增长速度固定时，方案（d）合熵的增长幅度最大；当固定合熵增长幅度时，方案（d）对系统增长速度的要求最低。比如，当合熵增长到 7.5 时，方案（a）要求系统增长 10%，而方案（d）只要求系统增长不到 5%，即通过方案（d），可以使得在整个社会财富增长速度放缓的条件下仍然保持财富合熵的稳定增长。

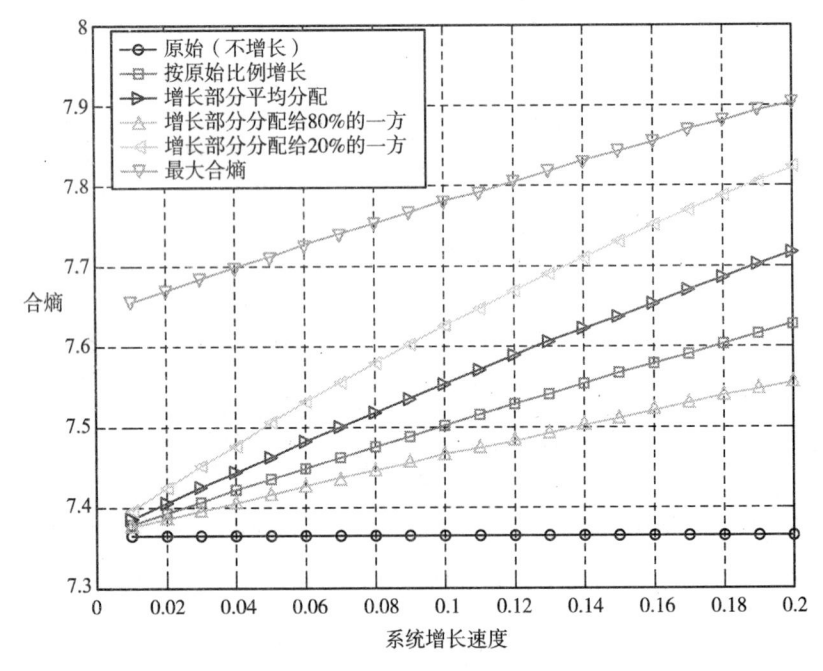

图 2-6 合熵随系统增长速度变化示意

一般情况下，如果任由一个社会自由发展，该社会各个阶级的财富增长量与各阶级原有财富量成正比，即分配方案（a）中的情形，甚至进一步地往（c）的分配方案倾斜。比如，通过对自18世纪工业革命至今的主要资本主义国家的财富分配数据进行分析，法国经济学家托马斯·皮凯蒂（Thomas Piketty）在其新著《21世纪资本论》[①]指出过去的300来年里，资本投资回报率要高于GDP增长速度，现有资本主义制度只会让富人更富，穷人更穷，未来将进入前所未有的"拼爹时代"。这种财富增长可能效率很高，能够在较短的时间内创造大量的财富，从而财富合熵随之快速增长。但是，这种增长并不能一直持续下去，增长到一定的程度，增长速度就会受到限制，这样财富合熵的增长速度就会放缓。此时我们通过提高社会的公平性，将财富增量部分向B倾斜，即财富分配向分配方案（d）靠拢，增加财富合熵中的第二项$H(X)$，从而有效提高财富合熵的增长幅度。这就是邓小平同志提出的"让一部分人先富起来"、"先富带动后富"的思想。

上面包含两个节点的简单网络中合熵的定义可以直接推广到包含有n个节点的实际网络中。假设该网络中各个节点占有的财富量为$x_1, x_2, \cdots, x_n$，则整个网络的

财富总量为 $$S_X = \sum_{i=1}^{n} x_i$$

财富分布为 $$X = \left(\frac{x_1}{S_X}, \frac{x_2}{S_X}, \cdots, \frac{x_n}{S_X}\right)$$

财富分布熵为 $$H(X) = -\sum_{i=1}^{n} \frac{x_i}{S_X} \log \frac{x_i}{S_X}$$

财富合熵为 $$CH(x) = \log S_X + H(X)$$

网络的财富合熵可以较好地刻画这个网络中公平——熵$H(X)$和效率——总量$\log S_X$这两个二元对立对象的折中效果。在发展经济的过程中，如果效率优先可以带来财富合熵的快速增长，我们可以优先追求财富总量或平均量的增加；当财富总量或平均量增长遇到瓶颈时，我们可以通过调节财富分布来提高财富分布熵，即以公平优先，从而保持财富合熵的稳定增长。进一步地，我们通过一个下面例子来说明，在财富增长的过程中，即便财富总量增长没有瓶颈，我们也应该注重公平性，否则就会使得系统崩塌。

考察一个包含11个节点的网络或社会，这些节点所占有的财富量为x_i，$i=1, 2, \cdots, 11$。初始阶段令$x_1 = x_2 = \cdots x_{11} = 10$，接着让$x_{11}$从11变化到610，整个网络的财富合熵随$x_{11}$变化的趋势如图2-7所示。

[①] [法]托马斯·皮凯蒂（Thomas Piketty）著，巴曙松、陈剑、余江、周大昕、李清彬、汤铎铎译：《21世纪资本论》，中信出版社2014年版。

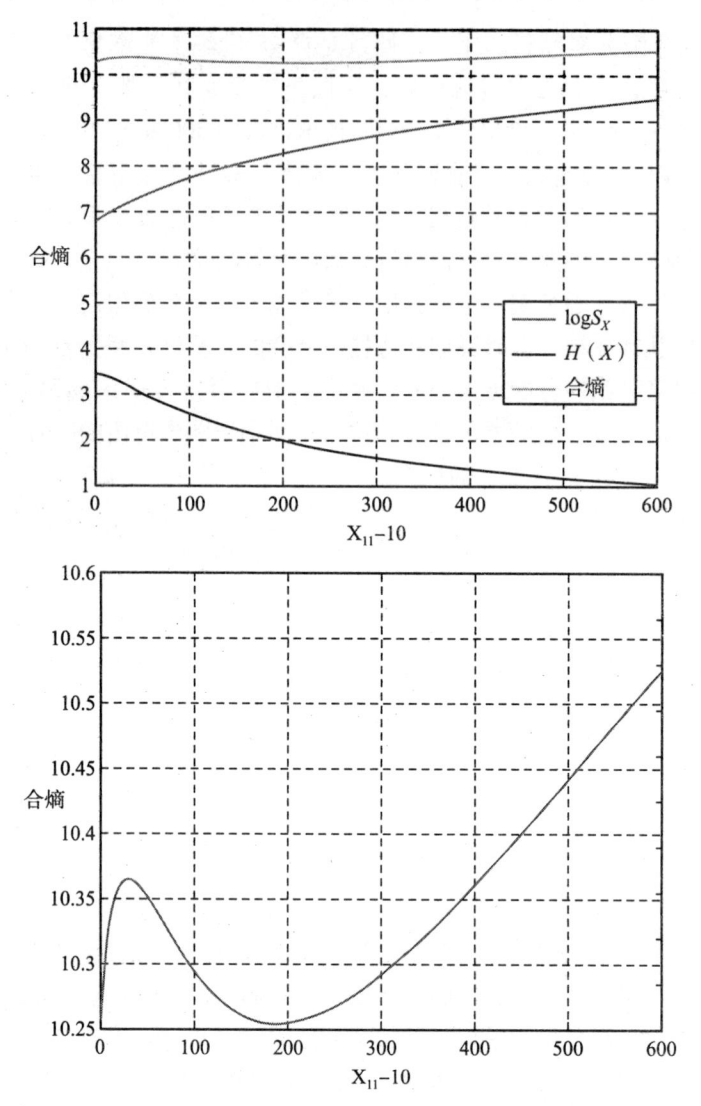

图2-7 单个节点增长时，$\log S_X$、熵 $H(X)$ 及合熵随该节点增长量变化示意
（第二幅为财富合熵随节点增长量变化趋势放大图）

从图2-7可以看出，在初始阶段，"让一部分人先富起来"的策略（优先让 x_{11} 增长）可以很快速地提高整个网络的财富合熵（图2-7曲线的前段部分增长很陡峭）。但是，当 x_{11} 增长到一定的程度（在图2-7中 $x_{11}=40$ 左右），财富合熵不再增长，转而下降。此时，系统的贫富差距拉大，财富总量的增长并不会带来财富合熵的增长，这种发展是不健康的发展。如果不让"先富带动

第 2 章 网 络

后富",系统的财富合熵甚至会降低到初始阶段的情况(图 2-7 中 $x_{11} = 200$ 左右时,财富合熵几乎与 $x_{11} = 10$ 时相同),多年的发展几乎没有任何成果。与此同时,系统处于非常严重的贫富不均的脆弱状态,稳定性差,任何微小的扰动都有可能造成系统的崩溃。接着,从图 2-7 的后半段可以看出,如果系统不会崩溃,当 x_{11} 继续增长时,财富合熵又会继续增加。此时,x_{11} 主导了整个系统,其他节点全部沦为它的附庸或奴隶。显然,这是一种极端不合理的网络形态,比较类似于数千年前的奴隶社会,在现今的文明社会这种情况不可能发生。

一般来说,追求绝对公平和绝对效率都存在一些问题。网络中所有节点都平均分配时,每个节点可支配的资源可能都较少,从而难以形成创新的基础,同时彼此无差异也不容易激发创新,所以绝对公平可能会造成网络的停滞不前。追求绝对的效率则可以使得某些节点拥有足够的资源进行创新,但是这些节点也会存在创新动机不足的问题。因此,网络在制度设计上应该要有一些刺激创新的机制,从而产生内部创新。好的熵控网络应该存在一些超级节点,它们拥有足够的资源用于创新,同时还应该有一些拥有较大自由度的节点,它们能够监督和压制超级节点,一方面刺激超级节点的创新,另一方面促进网络的公平。因此,在实际经济发展的过程中,我们应该在公平和效率之间进行动态的比例分配和折中,一段时间内以效率优先,适当的时候向公平倾斜一段时间,然后继续追求效率,如此循环往复,螺旋上升,追求财富合熵的最快速增长。

事实上,利用合熵来刻画公平和效率折中情况的讨论可以推广到几乎所有的二元对立系统。我们将合熵所代表的思想体系称为"总量—分布"的思想体系,它是本书的核心思想之一,我们后面还将用它来描述和讨论其他的二元对立系统。世界的本质都可以归结为总量和分布,合熵中 $\log S_X$ 对应于总量大小,表征了系统的发展数量;熵 $H(X)$ 对应于分布,反映了系统的发展质量。数量和质量常常是矛盾的,合熵很好地将两个对立的对象转化为一维量来考察,大大简化了我们解释和度量世界的难度。也正是出于这样的考虑,我们将具有上节所述的三个特点的网络称作"熵控网络",熵控网络的发展以合熵的最快速增长为根本方向,而上述的三个特点正是往该方向发展的前提条件。

2.2.2 稳定、发展、高效与创新

对于任何网络,我们都希望其能够不断向前进步,这种进步都是建立在稳

定、发展、高效与创新之上的。

首先,一个网络只有在稳定的环境下,才能有传承,从而为后续的发展提供物质、财富、文化等方面的条件。

一个稳定的网络必须具备如下几个条件:(1)网络节点的数目足够多。否则,只有很少节点的网络很容易受外界干扰的影响而覆灭。比如,前面提到很多原始部落由于人口稀少,当遇到天灾时,很容易就会出现整个部落一下子全部消失的情况。(2)网络的连通性足够好。否则,网络节点之间的关系不够紧密,在外界的干扰下网络很容易分裂。比如,中华文明延绵 5 000 多年正是因为有儒家思想和汉字这样一些文化的纽带将中华大地上的人民紧密地连接起来,从而避免像欧洲那样分裂为许许多多的小国家。(3)网络节点间差异可控。否则,网络内部失衡,从而内部矛盾激化到一定程度却得不到解决时必然引起网络的崩塌。比如,中国历史上出现的众多改朝换代都是由于地主阶级与农民阶级之间的贫富差距过大,从而导致农民起义而使得旧的朝代消亡的。

表 2-1 列出了中国封建王朝的治乱情况。表 2-1 中以大规模的起义或战争作为乱的开始,以全国主要经济区域的统一为治的起点。容易发现,从秦建立专制帝国(公元前 221 年)开始的 2000 多年间,出现全国性的分裂割据时间累计为 644 年,爆发大规模起义和内乱但未造成分裂的战争共计 132 年,加上鸦片战争到中华人民共和国成立前的 109 年,总计 885 年,维持统一时间为 1285 年,平均治乱周期 217 年,动乱时间比例占 40.8%。

可以看出,中国古代改朝换代的周期相对较短,动乱的时间又很长,中国古代社会稳定的时间并不长。进一步地,中国历史上的每一次改朝换代,冲突都非常激烈,往往伴随着几乎所有的旧的大地主阶级的灭亡,从而他们在财富、文化等方面的积累都会被付之一炬。因此,中国古代社会很少出现能够传承很久的大贵族和大家族,这或许也是中国古代文化艺术、科学技术等方面发展相对缓慢的原因之一。

相比于中国,古代的欧洲虽然动乱也并不比中国少,但是由于封建领主制度的差异,其封建大家族并不会像中国一样在动乱中完全覆灭,许多大家族能够在动乱中得到较好的传承,从而积累了大量的财富,形成了下一代发展的基础,并对整个社会的发展发挥了巨大的作用。其中,最著名的是美第奇家族(House of Medici),美第奇家族主要于 13 世纪至 17 世纪时期活跃在意大利佛罗伦萨一带。美第奇家族的财富、势力和影响源于经商、从事羊毛加工和在毛纺同业公会中的活动。然而真正使美第奇发达起来的是金融业务。美第奇银行是欧洲最兴旺和最受尊敬的银行之一。美第奇家族以此为基础,开始是银行家,

第2章 网　络

表2-1　中国历史治乱周期划分

序号	朝代	延续时间	起止年代（事件）
1	商	约500多年	前16世纪~前11世纪
2	西周	约300年	前11世纪~前770（犬戎杀周幽王）
	春秋	317年	前770~前453（三家分晋）
	战国	222年	前453~前231（秦灭燕）
3	秦	13年	前221~前209（陈胜起义）
	秦末战争	15年	前209~前195（刘邦杀英布）
4	西汉	204年（40年/128年）	前195~前154（七国之乱） 前119（汉败匈奴）~9（王莽改制）
	汉末战争	28年	8~36（刘秀灭公孙述）
5	东汉	148年	36~184（黄巾起义）
	三国	96年	184~280（晋灭吴）
6	西晋	31年	280~291（八王之乱）
	东晋	5年	306（平定八王）~311（永嘉之乱）
	南北朝	278年	311~589（隋灭陈）
7	隋	22年	589~611（王薄起义）
	隋末战争	17年	611~628（唐统一全国）
8	唐	246年（127年/111年）	628~755（安史之乱） 763（史思明灭）~874（王仙芝起义）
	五代	101年	874~975（宋灭南唐）
9	北宋	145年（18年/125年）	975~999（王小波起义） 995（王小波失败）~1120（方腊起义）
	宋、金	159年	1120~1279（元灭南宋）
10	元	72年	1368~1351（红巾军起义）
	元末战争	17年	1351~1368（明破大都）
11	明	259年（31年/106年/108年）	1368~1399（燕王起兵） 1403（建文帝被杀）~1509（刘六、刘七起义） 1519（宁王反）~1627（王二起义）
	明末战争	56年	1627~1683（清占台湾）
12	清	157年（86年/27年）	1683~1769（白莲教起义） 1813（天理教起义失败）~1840（鸦片战争）

资料来源：陈平：《文明分岔、经济混沌和演化经济动力学》，北京大学出版社2004年版。

进而跻身于政治家、教士、贵族，逐步走上了佛罗伦萨，意大利乃至欧洲上流社会的巅峰。在这名门中曾产生过三位教皇、多名佛罗伦萨的统治者、一位托斯卡纳大公、两位法兰西王后和其他一些英国王室成员。美第奇家族的最重大的成就在于艺术、建筑和科学等方面，在文艺复兴时期起了很大的促进作用，美第奇家族也被称为文艺复兴教父（the godfathers of the renaissance）。美第奇家族修建教堂及公共设施（如乌菲兹美术馆、碧提宫、波波里庭院和贝尔维德勒别墅等），奖掖文化，网罗并资助艺术家（如马萨乔、多那太罗、波提切利、达·芬奇、拉菲尔、德拉瑞亚、米开朗琪罗、提香、曼坦尼亚等文艺复兴巨匠）和科学家（如伽利略），收藏图书、手稿并对公众开放，广泛涉及诗歌、绘画、雕刻、建筑、音乐、历史、哲学、政治理论等各个领域……可见，一个能够稳定传承的大家族对于整个社会，甚至是世界的影响是多么重大。虽然不会所有的大家族都能像美第奇家族那样有着如此辉煌的成就，但是只要稳定传承的贵族数量足够多，总会产生一些像美第奇家族这样的。反观中国，每次改朝换代大贵族都一般会被斩草除根，从而也就断绝了产生美第奇家族的可能性。

其次，一个网络还必须要有鼓励发展的机制和行动，否则网络依旧无法进步。事实上，发展的需求是人类最根本的需求，大多数人总是希望网络能够向前进步。但是，由于各种各样的因素，网络中的一些节点总是想方设法阻碍网络的发展。

中国古代持续两千余年的小农经济一直得不到发展很大程度上就源于发展动力的受抑制。中国古代封建大地主阶级、贵族、王族为了维护他们的既得利益，利用儒家学说来禁锢普罗大众的思想。儒家建立了森严的封建等级制度，提出"君为臣纲，父为子纲，夫为妻纲"的说法，旨在让人民从出生开始就安心接受人与人之间不平等的现实，从而抑制人民追求通过自身努力改变自身经济状况和社会地位的冲动。虽然自隋唐以来，科举考试打开了底层人民的上升通道。但是，儒家学说却过度鼓吹读书和科举的好处，"书中自有黄金屋，书中自有颜如玉，书中自有千钟粟"，把读书的好处说得很美妙，把务农做工的劣势说得很糟糕。即："耕也，馁在其中矣；学也，禄在其中矣。"孔子还嘲笑樊迟学稼是"小人"之志，不屑一顾。孟子进一步宣扬"劳心者治人，劳力者治于人"等思想。这样的思想让天下人民始终把目光放在读书—科举—做官这样一座独木桥上，而科举培养出来的人才也往往只能在社会统治和管理制度等方面做出一定的贡献，无法真正推动社会的经济发展。儒学学说缺乏科技意识，排斥工程实践和科学技术的态度是中国古代科学始终停留在经验科学

第 2 章 网　　络

层次、古代技术之中停留在工匠技术阶段的思想根源。[①] 然而，科学和技术的进步是一个社会得到实质性发展的最重要的因素，统治者为了政权稳定和既得利益利用儒家学说不鼓励甚至抑制人民在这些方面的发展和创新，不能不说是非常可惜的。也正是如此，中国古代的小农经济社会一直持续了两千多年，期间并没有大量产生近代数学、物理、化学、生物等自然科学和技术方面的丰硕成果，这也是近代以来中国一直落后于西方发达国家的一个重要原因。

同时，网络还必须是高效的，才能促进网络的稳定，提高网络发展的速度。网络的高效在基本层面主要指任何两个节点之间存在一条较短的路径，且可以通过该路径较快地进行联系；在高级层面主要指节点通过边向网络发出的请求可以在较短的时间内得到反馈。节点的分工和网络的分层可以提高效率。在子网之间建边是提高网络效率的重要手段。高效能促进稳定和发展，可由创新实现，反过来又促进了创新，除依赖网络的结构外，还依赖于节点和网络的智能。

最后，有了稳定的基础、发展的动力和高效的连接，创新才有可能发生。创新是一种涌现，它在有积累的基础上才能产生，没有积累时，难以产生创新，即便出现一些可能的创新，也容易很快被消灭，从而无法成为真正的创新，稳定和发展则提供了创新所需的积累，而高效提高了创新的效率和速度。同时，在自然熵增（如天灾、人祸、外部侵略等）条件下，没有高效的发展与创新，也自然无法保持稳定。创新可以是制度上的创新，也可以是技术上的创新。制度上的创新可以保持社会的稳定运行，而技术上的创新则可以大大提高社会运行的效率，创造出更丰富的商品，提高人类生产、生活水平，促进社会文明和财富的大幅度提高。总之，科技和制度创新可以进一步巩固社会的稳定性，加强发展的原动力，从而激发更多的创新，使得整个社会不断地迭代前进。

比如，火车、飞机等交通工具的创新将位于世界各个角落的国家、地区和人连接起来，从而使得网络包含的节点数越来越多；同时，它们使得原有的连接变得更加紧密，试想如果我们还停留在靠帆船和马车行走的时代，美国的夏威夷州能一直属于美国而不分裂出去吗？最后，依赖于这些运输工具，不同地区的产品和货物可以相互贸易，一些原本经济差距较大的地区可以通过这些贸易缩小差距，从而实现均衡和协同发展。因此，技术创新可以使网络变得越来越稳定，从而形成了后续发展的基础。

再如，17世纪中期，由于英国已经成为拥有广大殖民地的海上强国，市

---

① 周溯源：《儒家德治思想缺陷解读》，《人民论坛》2005 年。

场扩大了，财富也随之增加了，同时国内工厂手工业也已经有了很大的发展。资本主义经济的发展大大加强了资产阶级和新贵族的势力。当时英国的封建经济基础几乎已经瓦解，但是保护它的上层阶级却不愿自动退出历史舞台，这成为资本主义进一步发展的最大阻碍。在这样的背景之下，英国爆发了著名的资产阶级革命。英国资产阶级革命为英国资本主义迅速发展扫清了障碍，确立了君主立宪制的资产阶级统治制度。这一制度创新使得英国出现了长期的政治稳定的局面，为资本主义的顺利发展创造了良好的环境，提供了后来英国发展工业革命和成为工业强国的原动力。

综上所述，稳定是网络进步的基础，高效的连接和发展是其动力，而创新则是网络进步的关键催化剂，同时进一步保持网络稳定。稳定、发展、高效和创新四位一体，共同作用于网络，推动网络的不断迭代进步。具备节点多且增长、边大致为 $nlogn$、新边建立成本低廉且具有随机性这三个特征的熵控网络能够保证网络的稳定、发展、高效与创新，因此是一个好的网络。

2.2.3 创新与人的自由度

2.2.3.1 创新的概念

创新就是指以现有的思维模式提出有别于常规或常人思路的见解为导向，利用现有的知识和物质，在特定的环境中，本着理想化需要或为满足社会需求，而改进或创造新的事物、方法、元素、路径、环境，并能获得一定有益效果的行为。[①] 创新具有重要的社会意义与功能，在微观层面，创新是一个企业发展的根本；在宏观方面，创新则是一个民族进步的灵魂，是生产力作为社会发展根本动力的深入阐述与时代表述。

从一个包含巨大数量节点的网络的角度来看，创新就是要首先在该网络中某两个特定的不存在连接关系的点之间建立一条边。此时，这样的边可能是"好边"，也有可能是"差边"，这样的连接还不能被称作是创新，这两点之间也只是弱连接的。随着时间的推移，"好边"由于能够对网络中其他节点产生有益的影响而得到加强，慢慢形成一个较强的连接。对网络中其他节点不能带来收益，甚至是带来坏的影响的"差边"就会不断受到打压，逐渐变弱直至消亡失去连接。网络中受存活下来的"好边"影响的那些节点则会将它们的

---

① 杨远锋：《创新号的发明与应用》，《中国思维科学研究论文选 2011 年专辑》，2012 年。

第 2 章 网　　络

收益不断反馈给这两个节点，形成良性的正反馈回路/循环，并持续不断地加强这条"好边"，最终使这条边变成一个强连接边，从而形成了创新。因此，我们认为，所谓创新，就是网络中那些新形成的、能与网络中其他节点配合而形成于网络有益的正反馈回路的边。

通常情况下，对于一个包含很多节点的真实网络，为了产生创新，我们可以有三种选择：（1）建立网络中所有可能的连接，并考虑所有可能形成的回路，看能否产生创新；（2）找出几个天才，让其为网络设计几条固定的连接边，考虑其能否形成对网络有益的回路；（3）依赖于网络中的随机连接，任其自然发展，淘汰"差"的边，保留"好"的边，形成创新。

考虑一个 n 个节点组成的网络，这个网络中可能存在的最大的边的数目是 $n(n-1)/2$，即边的数目是 n^2 的级别，而网络中可能存在的回路的数目则至少是 2^n 的级别。假设网络中的边均为双向边，则网络中任意 2 个或 2 个以上的节点都能形成至少一条回路，那么回路的总数为 $C_n^2 + C_n^3 + \cdots + C_n^n = 2^n - n - 1$，这个计算还没有考虑回路中节点的先后顺序，若考虑不同节点的先后连接顺序，这个数目还要更庞大。

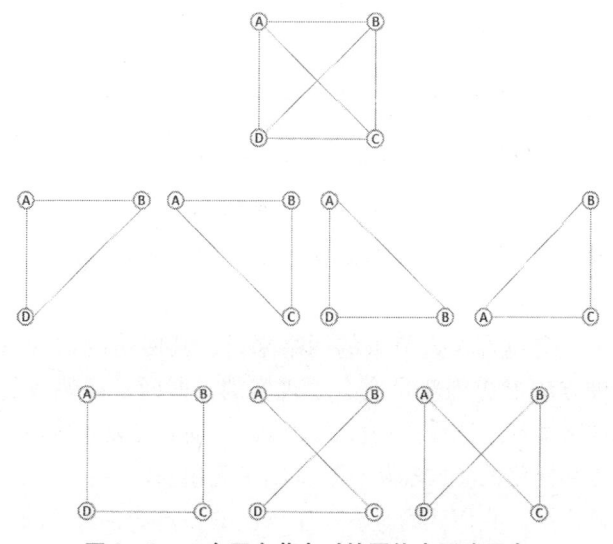

图 2-8　一个四个节点对的网络中回路示意

图 2-8 展示了一个包含 4 个节点的网络，该网络中最多有 6 条边（图 2-8 上层子图），由两个节点构成的回路数与网络中的边数相等，为 $C_4^2 = 6$。该网络中由 3 个节点构成的回路数为 $C_4^3 = 4$（图 2-8 中间层子图）。如果不考

虑节点间的差异，即不考虑节点的先后连接顺序，网络中由4个节点构成的回路数为 $C_4^4 = 1$。但是，如果考虑到节点之间的不同，与这个回路等价的回路又有两个（图2-8最下层子图）。因此，网络中的最大可能回路数目至少是随着网络中的节点数目 n 按指数增长的。图2-9展示了网络中的最大可能回路数随着网络节点数目 n 变化的趋势。从图2-9可以看出，当网络只有区区16个节点时，在不考虑节点连接先后顺序的情况下，网络中最大可能的回路数目就已经达到了六七万。

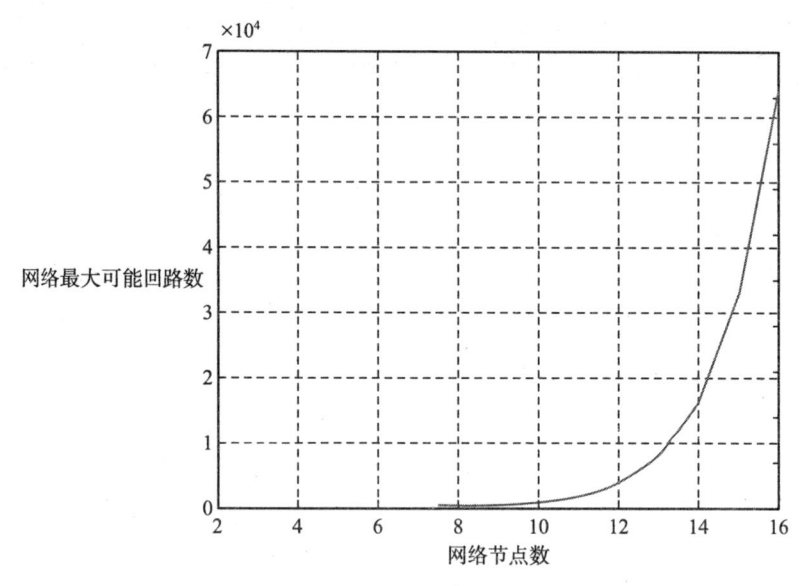

图2-9 网络中最大可能回路数随网络节点数变化趋势线

因此，对于一个包含大量节点的网络来讲，其回路的数量将是非常可怕的，按照第一种方法形成创新是完全不现实的。同时，即便我们有足够的能量、物质等条件来实现，这样做的代价也太高，而且非常不经济，从经验上来看，大部分连接和回路的尝试都将会被证明是无用功。

对于第二种选择，我们认为是有一定可能的，比如，天才的欧几里得就创立了基于公理化体系的几何学，将几何学中各个分散的知识连成一张完备的知识网络。但是，这样的方法过分依赖于具体的某位天才，需要这位天才对整个网络有着非常深刻的了解，并且做出一个近乎完美的规划。可惜的是，天才的出现常常具有极大的不确定性。比如，目前离散数学领域存在着大量的待解决的问题，但是它们相互之间联系看上去又没那么紧密，几乎所有人都在期待哪

第 2 章 网　　络

一天能有哪位天才设计出一个类似于微积分那样的、可以把整个连续数学中的问题都联系到一起的工具，只是这个天才一直没有出现。

现在，我们来看最后一种选择。首先，网络中巨大数量的节点奠定了创新产生的大数据基础。其次，由于网络中边的产生规则具有随机性，网络中就必然会出现一些自发的、"好"的连接，这些连接影响网络中其他节点，形成良性的正循环反馈回路并加强这些"好边"，从而产生了创新。从上面的叙述可以看出，足够多的节点和随机性的边连接规则对网络的创新是非常重要的。

创新具有某种程度的不可预见性。科技创新是各创新主体、各创新要素交互作用下的一种复杂涌现现象，是技术进步与应用创新所构成的创新双螺旋共同演进的产物。[①] 大多数的创新行为都是未经规划的产物，因而创新一般是不能计划的。

一般来讲，创新可以分为三种类型：突破性创新，其特征是打破陈规，改变传统和大步跃进；渐进式创新，特征是采取下一逻辑步骤，让事物越来越美好；再运用式创新，特征是采用横向思维，以全新的方式应用原有事物。

这三种创新其实存在着某种递进的关系。在网络的发展初期，突破性创新往往比较多，体现在网络上就是本来没有边连接的两个节点之间突然有了一条弱连接边，这种类型的创新常常依赖于天才的出现。紧接着，人们看到这条弱连接可以给网络带来某种好处，就会有人力、武力、资本等各种形式的资源源源不断地投入到加强这条连接边的道路上来，从而渐进地将这条弱连接变成强连接，使其对网络产生越来越良性的作用，这样的创新则是大量的人的随机性连接在起作用。最后，当人们观察到网络中的其他两个节点与这条强连接的两个节点间存在某种相似性的话，就自然而然地想到将类似的创新方法应用到新的边的连接上去，从而实现再运用式创新。这种类型的创新是最弱的创新，运气好的话，甚至有些普通人通过规划都可以实现。

我们已经知道，创新就是要新形成一条能与网络中其他节点配合产生正反馈回路的边，并且创新一般都是不能计划的。那么，我们面对创新的需求就真的一点办法都没有吗？答案显然是否定的。事实上，要形成正反馈回路，网络中必须已经存在许多边，即网络本身应该致密，这样在创新的这条边建立之后，才会出现回路，回路才能对网络产生有益的影响，从而这条边也才成为

[①] 宋刚、唐蔷、陈锐、纪阳：《复杂性科学视野下的科技创新》，《科学对社会的影响》2008年第2期。

创新的边。而网络中这些已有边的存在则常常包含着人的力量,这一点也恰恰是我们在前面介绍熵控网络的第三个条件时一直强调的。因此,网络是创新的基础,没有网络这个基础,即使这两个节点中产生了连接,也会因为没有正反馈回路而自然消亡。正是因为有了网络和网络中已经存在的一些其他相关边,这两个节点新建立的连接与这些已经存在的边形成正反馈回路,这条新产生的边才能生存下来并一直得到加强,这才成为了创新。同时,制度设计对创新也至关重要。由于创新的不可预见性,网络或社会的制度在对待网络中的一些新鲜事物时应该保持足够的包容心,多提建设性建议,少提否定性意见,在合理范围内让其自由发展,自我完善,最大限度地避免将创新扼杀在摇篮中。

2.2.3.2 创新对网络的影响

本节,我们着重分析创新对于网络本身的影响。

考察如图 2-10 所示的两个孤立的网络 N_A 和 N_B,假设这两个网络中分别存在节点 A 和 B,经过节点 A 和 B 的回路数分别为 C_A 和 C_B。现在,A 与 B 之间由于某个偶然因素建立起了一条双向连接(创新随机性的体现)。那么,经过节点 A 的网络 N_A 中的每一个回路都可以和经过节点 B 的网络 N_B 中的每一个回路相连形成一条更长的回路,网络 N_A 和 N_B 中经过节点 A、B 的回路数也从原来的 $C_A + C_B$ 变成了现在的 $C_A \cdot C_B$。比如,原来经过 A 的回路数是 $C_A = 50$,经过 B 的回路数是 $C_B = 60$,网络 N_A 和 N_B 中总回路数是 110;当 AB 这条创新边建立起来之后,网络中的回路数立刻变成了 3 000,远大于 110。

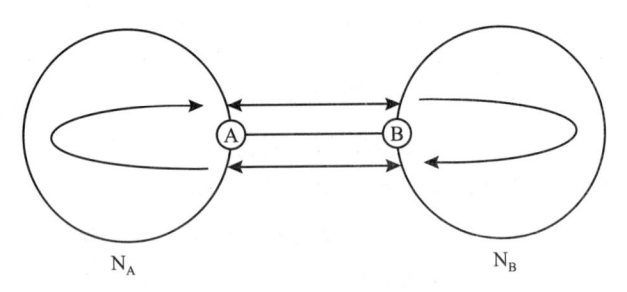

图 2-10 创新边的引入会引起网络回路数迅速增加示例

因此,创新边 AB 的建立,一方面连通了网络 N_A 和 N_B,使得两个网络能够互相交流,原来两个孤立网络中的回路对网络带来的收益可以迅速扩散到另外的网络之中,网络也因此变得更加致密;另一方面,或许更重要的是,这条

第 2 章 网　　络

边使得整个大网络中的回路数目有了质的飞越，产生了许多新的回路，这些回路中的一部分可能会给整个网络带来无法想象的收益。这些收益又形成了更多更进一步的创新的基础，从而激发越来越多的创新。

比如，企业（一个典型的网络）制度的创新将不同知识背景、不同行为习惯的人聚在一起从事一些相关的工作。这个企业（网络）里面的成员（节点）通过相互交流，可以碰撞出思维的火花，创造新思想和新产品。通过网络，创新成果在网络中大规模传播，企业成员之间可以相互学习、吸收，拥有了更丰富的知识、更开阔的视野和更独到的思维方式，从而激发更多的创新；在创新的过程中，成员之间的连接也得到不断的加强，创新成果的传播效率得到不断提高，创新本身的效率亦得到显著提高，创新过程不断加速。这种不断良性循环的螺旋式上升创新除了使网络变得更加致密之外，它带来的收益还可以不断扩大网络（即企业）的规模，使网络包含更多的节点，从而激发更多的创新，创造更大的效益。

因此，网络是创新的基础，它激发了创新、提高了创新的效率、降低了创新成果推广的成本、是创新的标志性特征。与此同时，创新反作用于网络，让网络变得更加致密，激发更多的创新，促进网络的不断发展和壮大，创新对网络具有巨大的外部性。

1492 年 8 月 3 日夜里，为了寻找从海上到达东方的航路，从而进行高利润的香料贸易，克里斯托弗·哥伦布（Cristoforo Colombo，1450/1451 - 1506）带领由 3 艘帆船和 90 名船员组成的舰队从西班牙西南海岸的帕洛斯港出发了。在出发前，哥伦布花了很大的努力来证明向西航行可以到达印度，从而说服西班牙王室给予他足够的资金赞助。然而，在他的计算中，他错误地将地球的周长缩小了四分之一，根据马可·波罗游记中的叙述，哥伦布推断出从欧洲西南部的加纳利群岛到日本只要航行 2 400 海里（今天我们知道这两点之间的直线距离都已经超过了 10 000 海里）。于是，经过两个月左右的航行，哥伦布的船队在 1492 年 10 月 12 日清晨两点钟发现了陆地，哥伦布也认为他们到达了日本外围的群岛（事实上，这是美洲庐卡雅群岛中的一个小岛）。随后，哥伦布又进行了三次航行，每次他都认为他到达的是东印度群岛（他也把美洲大陆上的人们称作印第安人，Indian，这也是如今英语里印第安人和印度人单词完全一样的原因），而不是我们现在所熟知的美洲（见图 2 - 11）。

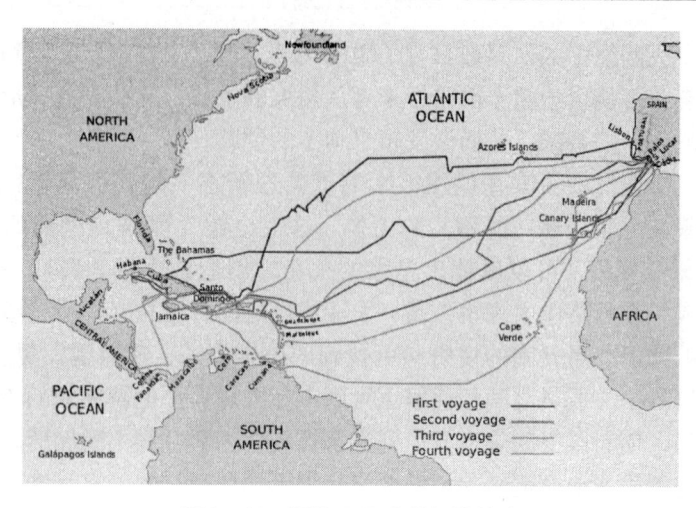

图2-11 哥伦布四次航行的航线

哥伦布的航海带来了第一次欧洲与美洲的持续的接触，并且开辟了后来延续几个世纪的欧洲探险和殖民海外领地的大时代。这些对现代西方世界的历史发展有着无可估量的影响。因此，哥伦布的航海是人类历史上一次非常伟大的创新。我们可以发现，这次创新从开始到结束，许多经验和过程都完全是随机的、偶然的甚至是错误的。然而，正是由于这些随机性和偶然性导致了创新的产生，没有这些随机性和偶然性，人类或许要还再隔很多很多年才能发现美洲。

值得注意的是，哥伦布为欧洲和美洲建立了这个随机的弱连接却为西班牙带来了巨大的利益（在后来西班牙与葡萄牙签订的《托尔德西里亚斯条约》中，几乎整个美洲大陆都成了西班牙的殖民地），更多的资金、人力和物力关注到这条边上。因此，这个弱连接并没有衰落下去，而是不断地加强，最终长成了一条强连接边，真正地成了创新。

哥伦布发现的"东印度群岛"最终被人们证明不是亚洲，那么从欧洲向西行，能否在美洲大陆找到一个海峡穿过去而到达亚洲呢？为了找到这个问题的答案，1519年8月，在西班牙国王查理一世的支持下，费南多·德·麦哲伦（Fernando de Magallanes, 1480-1521）带领他的舰队从西班牙南部的塞维利亚出发了。跟哥伦布一样，麦哲伦在出发之前错误地相信这个海峡就在南纬30度到40度之间。接下来的事情就可想而知了，1520年1月，麦哲伦舰队到达了预想中的海峡，但是最终他们发现那其实是一个很宽的大河的入海口。又经历了无比艰险的航行，1520年8月底，他的船队才在南纬52度附近发现了

第 2 章 网 络

一个海湾。从地图上（见图 2-12）可以看出，这个海湾像迷宫一样，里面弯弯曲曲，有着无比多的分岔口。神奇的事情发生了，在没有任何海上地图的情形下，麦哲伦愣是带领他的船队走出了这个海峡。后人为了纪念他这次探险，就把他发现的这条海峡称为麦哲伦海峡（在 1914 年巴拿马运河落成之前，麦哲伦海峡一直是太平洋和大西洋之间唯一的安全通道；但由于长期恶劣的天气，加上海峡狭窄，所以船只很难航行）。随后，麦哲伦的舰队成功地到达了菲律宾，并最终于 1522 年 9 月回到了欧洲大陆，完成了人类历史上第一次环球航行。[①]

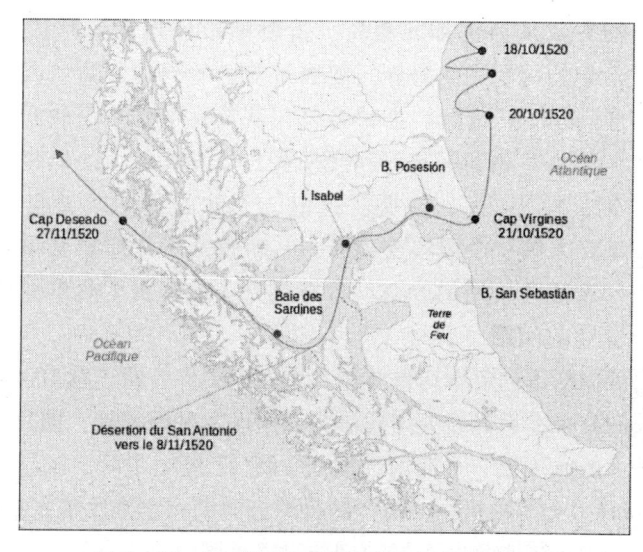

图 2-12 16 世纪麦哲伦探险麦哲伦海峡地图

麦哲伦的航行无疑是一次伟大的创新，它开启了从欧洲大陆往西经过美洲到达亚洲的新航线，通过实践证明了世界是圆的，为西班牙带来了丰厚的贸易利润。跟哥伦布的创新一样，麦哲伦的创新也充满了随机性和偶然性。但是，麦哲伦的天才智慧与个人品质也起到了非常关键的作用。麦哲伦首先精心设计了这次航行，虽然中间出现了一点错误，但是，面对出现的困难，麦哲伦表现出及其难得的坚毅和勇敢，及时调整航线，并凭借仿佛是上帝赐给他的无比精确的直觉从当时看来几乎完全不可能走出的麦哲伦海峡中走了出来。

大航海导致了地理的大发现，而地理大发现又直接到了全球贸易时代的到

---

① 吴军：《文明之光》，人民邮电出版社 2014 年版。

来。在全球贸易时代，欧洲西北部的荷兰迅速崛起。荷兰的崛起很大程度上源于其在经济制度的创新上。

在全球贸易的早期，西班牙和葡萄牙几乎垄断了东西方贸易。西班牙和葡萄牙的船队主要由冒险家和囚犯组成，他们的生意大多是一锤子买卖，得到的收益一般都被投资者和船员们用作余生的挥霍了。因此，虽然他们建立了连接东西方贸易的边，但是他们的贸易带来的利益并未对这些边产生比较大的正面的影响，这些边也只是一直保持一种弱连接的状态。

起初，荷兰由于刚刚立国，并没有充足的资金用来投资远洋贸易。此时，聪明的荷兰人成立了一个前所未有的股份制公司——东印度联合公司，并用发行股票的方式从市民那儿集资，投资的市民也就自然成了公司的股东，从而可以享受公司利润的分红。解决了资金的问题，荷兰人又开始考虑公司的长远发展问题了。显然，如果将公司从贸易中赚取的利润立即拿来分红，公司始终无法快速地利用这些利润来将公司发展壮大。但是，如果不分红，市民们又会受不了。怎么办呢？这时，天才的荷兰人又想出了一个办法——建立了世界上第一个股票交易所——阿姆斯特丹股票交易所，允许市民自由交易东印度联合公司的股票，这样就完美地解决了股东们所持股票短期内无法得到分红的问题。

凭借着这种创新型的资本运作体制，东印度联合公司连续10年没有分红，而是把全部利润拿来在世界各处修建码头、仓库等基础设施，同时建造更多更大的船只，扩大船队规模，开辟新的航线。到17世纪中叶，东印度公司在全球建立了15 000多个贸易机构，荷兰的全球商业霸权也彻底建立起来。[①]

从荷兰的崛起可以看出一个好的创新对整个网络是多么重要。正是由于荷兰人创新性地建立了强大的经济制度，从而加强了全球贸易网络中的那些弱连接边。这种加强对整个贸易网络产生了积极的影响，使得荷兰人获得了丰厚的利润。进一步地，荷兰人把这些利润几乎毫无保留地投入了继续加强已有的连接边使其变成强连接，同时不断建立并加强新的连接边，使得这个贸易网络越来越大，越来越致密，从而持续不断地获得越来越多的收益，最终成就了新的海上帝国——荷兰。

2.2.3.3 人的自由度

网络及其产生的技术创新可以使得人的自由度得到大大的提升。所谓"人

[①] 吴军：《文明之光》，人民邮电出版社2014年版。

第2章 网　　络

的自由度"，就是人的自由程度，这种自由包含身体的和心理的自由。人的自由度的提升依赖于网络的技术半径的不断扩大。所谓"技术半径"，就是指网络中的所有的节点或者子网络所能连接（直接或间接连接）到网络中的其他最远的节点或者子网络的距离的最小/平均值。因此，网络的技术半径可以大致描述网络中任意两个节点或子网络产生联系的难易程度，网络的技术半径越大，网络中的节点或子网间越容易产生联系，网络中的人的自由度也越大。技术半径的大小一般是由网络的致密程度和网络中产生的技术创新多寡决定的。

比如，各种交通工具（马车、轮船、火车、汽车、飞机、宇宙飞船等）的出现，使得人们可以不再局限在自己所日常生活的地方，而可以借住于这些交通工具和其背后所依赖的网络（如轮船依赖于海洋和河流网络、火车依赖于铁轨网、汽车依赖于高速公路网等）前往世界各地旅行，人身体的自由度大大提升。智能手机的出现使得人们可以不用再携带电话、录音机、MP3播放器甚至是手提电脑而可以随时随地打电话、录音、听音乐甚至是办公，人对信息的获取和处理的自由度大大提高。我们认为，人的自由度发展的终极目标是随时随地可以做自己想做的事情。

1825年9月27日，由"铁路之父"乔治·史蒂芬森（George Stephenson, 1781~1848）设计制造并驾驶的世界上第一台客货两用蒸汽机车"运动号"（Locomotion）拖带着33节车厢（32节货车及1节客车）以平均大约12km/h的速度从英国达灵顿往几十公里外的斯托克顿缓缓驶去。车厢里装载了共计90吨的煤、面粉等货物，还有大约450~600名乘客，其中不少乘客是铁路沿线看热闹的人不断爬上来的。以"运动号"为代表的蒸汽机车以锅炉为动力，行驶时烟囱直往外喷火，因此它又被人们称作"火车"，这个名称也一直沿用至今。火车的发明和使用使得人类第一次可以在陆地上以比较快的速度运送大规模的人和货物。随着技术的飞速进步与发展，火车的速度和运载能力也在不断提升。现在，电力已经取代了蒸汽机成为火车的主要动力来源，以"和谐号"为代表的高速铁路客运列车的最高时速已经达到了380公里，而由中国北车生产的货运列车单车最高载重量已经接近155吨。[1]

除了火车之外，1903年12月17日莱特兄弟在北卡罗来纳州的小鹰镇驾驶自行研制的固定翼飞机"飞行者一号"实现了人类史上首次动力驱动、重于空气、能够自由、受控并持续飞行的人造航空器的飞行，从此开启了航空的新纪元。"飞行者一号"翼展为13.2米，装有一台70千克重，功率为8.8千瓦

---

[1] http://www.sasac.gov.cn/n1180/n1226/n2410/n314289/15477461.html.

的四缸发动机，第一次试飞由奥维尔·莱特驾驶，共飞行了36米，留空12秒。随后，以固定翼飞机为代表的航空业飞速发展，1976年甚至出现了可用于民航业的超音速飞机"协和号"。"协和号"由英法联合研制，重175吨，载客100名。在16 000米到18 000米的高空，这个庞然大物可以以2 180千米/小时（音速的2倍）的速度飞行，比地球自转的速度还快（见图2-13）。

图2-13 史蒂芬森发明的蒸汽机车（左）、中国"和谐号"高铁列车（中）和"协和号"超音速飞机（右）

以火车、飞机等为代表的新型交通工具的出现可以看作是为整个全球网络建立了许多新边，同时网络中许多已经存在的弱连接（即成本较高的边）得到了加强而变成了强连接。这种创新延伸了人（甚至和货物）的双脚，使得人们可以几乎随时随地、安全地、舒适地、便捷地去想去的地球的任何一个角落，只要付出合适的金钱，大大提升了人类（和货物）在旅行上的自由度。

1877年，美国著名发明家托马斯·阿尔瓦·爱迪生（Thomas Alva Edison，1847~1931）发现可以利用电对机械振动和声音振动相互转换，进而找到了记录/储存并回放声音的方法，发明了圆筒留声机。虽然爱迪生发明的留声机只能播放几次便会完全损耗而无法商业化使用，但是这是人类历史上第一次实现了声音的存储和再现。

1887年，伯林纳（E. Berliner, 1851-1929，美国发明家）发现可以用寿命很长的唱片取代圆筒，发明了唱片式留声机，实现了留声机的商业化，留声机也真正地走进了人们的生活。此时，大多数家庭已经能够在自己方便的任何时间、足不出户地欣赏世界各地的音乐大师演奏的乐曲了，而不用像以前那样只有少数有钱人在固定的时间，到固定的音乐厅去欣赏固定的音乐家的作品。

20世纪以来，整个科技网络出现了各种各样的相关技术创新（如磁带、激光唱盘、半导体芯片等），这些技术也渗透到留声机领域，继而出现了便携型袖珍播放器（俗称"随身听"）、MP3播放器等，目前几乎人手一部手机也都具有了音乐播放器的功能，正逐渐地将这些传统的播放设备淘汰（比如，在 2014 年 9 月 10 日的苹果 2014 年新品发布会之后，苹果在线商店中的 iPod Classic 音乐播放器消失，正式宣布了这个世界上最受欢迎的音乐播放器时代的终结）。音乐播放设备越做越小，所能存储的歌曲却越来越多，人们也真正实现了随时随地都可以欣赏到自己喜欢的音乐。以留声机、随身听、MP3 播放器、手机等为代表的声音播放设备延伸了人的耳朵，它们为音乐等美妙的声音与世界上几乎所有人的耳朵之间建立了连接，大大提升了人类在欣赏音乐等上面的自由度（见图 2-14）。

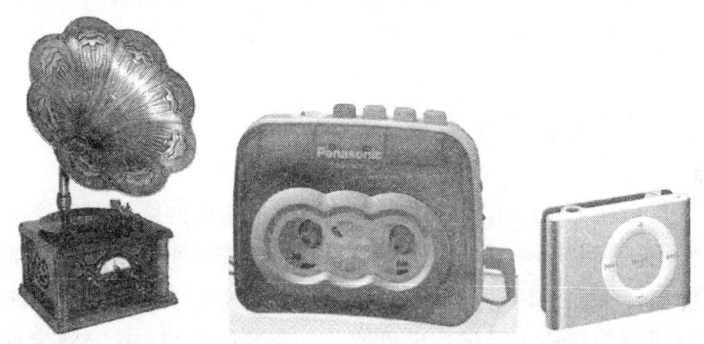

图 2-14　唱片式留声机（左）、随身听（中）、MP3 播放器（右）
资料来源：http://www.duitang.com/people/mblog/73596806/detail/。

类似的例子还有很多很多。例如，随着信息互联网的普及，只要有一台接入互联网的设备（如电脑、智能型手机等），人们就可以随时随地在以维基百科为代表的网上知识库中查询不懂的知识，而不像过去需要去图书馆翻出笨重的百科全书查询；人们可以随时随地利用网络硬盘等云存储服务（如 Drobox、金山快盘等）查阅、修改自己的工作、学习文档，而不用像过去那样到处需要带着容量很小的软盘、U 盘或硬盘；人们可以随时随地利用在线购物商店（如亚马逊、京东等购物网站）购买自己心仪的任何商品，并让他们送到自己指定的地点，而不像过去那样需要挑个合适的时间逛遍整个街区才有可能买到。因此，信息互联网的产生，大大提升了人类生活的自由度，人类几乎可以利用它做一切想做的事情。

2.3 为什么要网络化

网络将其中的各个节点通过边和路径联系在一起,为物质、能量和信息在网络中的流动提供了可能性。节点的交流使得落后节点可以共享先进节点产生的技术进步、财富等,体现了网络的公平性。进一步地,节点之间的交流促进了文化、科技、思想等各方面的大融合,从而形成了天然的创新的土壤。创新又进一步地作用于网络,推动网络的迭代进步。本节我们对网络化给出一个数学形式的描述,阐述网络对人类文明的作用及网络的巨大外部性。

2.3.1 网络化的数学描述

下面,我们基于经济系统的角度来从数学上描述网络化对于经济系统发展所起到的作用。假设用一定时期内某个节点的经济中所生产出的全部最终产品和劳务的价值(下面的讨论主要侧重于产品,劳务的分析类似),即这个节点的 GDP,这里我们简称为经济产出价值,来衡量这个节点的经济发展水平。这里的节点一般指一个相对独立的子网络,如世界网络中的一个国家,国家网络中的一个城市等。对于一个国家节点,其经济产出价值就是这个国家的 GDP。

设一个网络中共有 n 个节点,每个节点的经济产出价值为 x_1, x_2, $\cdots$, x_n 比特,则整个网络的经济产出

总价值 $\qquad S_X = \sum_{i=1}^{n} x_i$

价值分布 $\qquad X = \left(\dfrac{x_1}{s_X}, \dfrac{x_2}{s_X}, \cdots, \dfrac{x_n}{s_X} \right)$

价值分布熵 $\qquad H(X) = - \sum_{i=1}^{n} \dfrac{x_i}{s_X} \log \dfrac{x_i}{s_X}$

定义整个网络经济总产出的价值合熵为:

$$CH(x) = \log S_X + H(X)$$

当所有节点经济平衡发展时,$H(X) = \log n$,上述定义的网络经济总产出的价值合熵达到最大。但是,当各个节点之间的发展严重不平衡时,$H(X)$ 就会远低于 $\log n$。因此,一个内部发展不平衡的网络其经济状况是差于同等经济总量但内部平衡发展的网络的。在经济发展的过程中,我们应当用整个网络经济总产出价值合熵来指导经济的发展方向,而不是一味追求经济总量的增长。

第 2 章 网　　络

下面，我们利用网络经济总产出的价值合熵来讨论一下网络化对于经济发展的好处。

假设有两个孤立的节点 A 和 B，分别生产两种不同的商品，商品的产量为 x_A 和 x_B，并且这两种商品在对方节点都是不存在的，当 A 与 B 之间建立了连接，两处的人们通过交流分别发现对方的商品非常好，于是就各自多生产对方没有的商品，并引进自己没有的商品，此时 x_A 和 x_B 都会变大，对应于合熵定义中 S_X 的增大，从而整个网络的经济总产出的价值合熵增大。也就是说，网络化之后会创造广阔的新增市场和需求，商品得到充分交换和流通，商品产量大幅增加。对于商品生产者来说，享受到了销售商品带来的财富利润，对于消费者来说，享受了新的商品带来的生活的便利与精神上的全新体验。

除了商品数量的增加，网络化还会带来商品种类的增加。A 和 B 两个节点本来所生产的商品只在本地销售，可能只需要简单包装后直接销售，但是现在为了在两地之间交换对方所缺少的商品，势必要对商品进行可靠的包装以保证到达对方节点之后消费者能正常使用。这就催生了包装产业链（如果是食品等还会产生食品防腐、保质等相关的化工产业链）、仓储物流和运输等产业链。这一系列的产业链又都需要上下游的厂家配合（比如运输需要交通工具，交通工具又依赖于钢铁、石化、机械、零配件等上下游厂家配合），从而催生了大量新商品的产生，即商品的种类大幅增加。这也对应于合熵定义中 S_X 的增大，从而整个网络的经济总产出的价值合熵增大。与此同时，商品种类的增加还具有较大的外部性，他们可能会给人们带来生活的便利（比如汽车、火车、飞机等的出现大大提高了人的旅行自由度）和精神上的刺激（到其他地方旅行，体验新鲜的风景、人文等便是非常好的例子）。

网络化除了能够使得合熵定义中 S_X 增大，还能够有效增大合熵定义中的 $H(X)$。假设 A 和 B 两个节点在建立连接之前经济产出价值相差巨大，$x_A \gg x_B$。一旦连接建立，B 节点会迅速认识到与 A 节点的差异，努力发展经济。同时，A 节点一定程度上也会通过投资、技术出口等方式协助 B 节点的发展。经过一段时间的发展，一方面 x_A 和 x_B 会同时增大，另一方面，虽然 x_A 还可能会大于 x_B，但是，两者之间的差距可能相对降低，$H(X)$ 会逐渐增大，整个网络的经济总产出的价值合熵也会随之增加。中国开放加入全球化就是一个很好的例子。中国改革开放 30 多年来，对世界经济发展提供了劳动力、生产要素和市场，贡献巨大，一方面推动了世界其他国家（主要是发达资本主义国家）的经济发展，另一方面中国本身也正逐步实现经济的强大和人民的富裕，慢慢缩小了与世界先进国家的差距，对于整个世界网络来讲，其经济总产出的价值合熵也因为中国的加入而不断增大。

总之，对于经济系统来讲，网络化使得商品生产规模不断扩大，商品种类不断增多，节点之间发展的差距逐渐缩小，推动了经济系统的健康发展和壮大。

2.3.2 网络化与人类文明

网络的良好结构使得网络中节点间形成很多有用的连接，从而产生了涌现和创新，并进一步改进网络结构，形成良性循环，增强创新能力和效率。人类社会文明的产生和发展也是与网络化息息相关的。人类社会的网络化是人类文明形成的基础，而网络的不断致密化则是文明持续发展的动力。

2.3.2.1 分工与网络化的产生

在旧石器时代，人类还只能制造简单石器，通过狩猎和采集维持生活。在旧石器时代早期和中期，人们通过血缘关系维持着家族内部的关系。这样一个家族就是一个社会集团和生产单位，形成一个微型的致密网络（节点数很少）。网络内部两性有分工，男性狩猎，女性进行采集和抚育小孩。但是，这些微型网络间并没有或者很少有连接，基本都是孤立存在的。

随着生产力的发展和人口的逐渐增多，人类慢慢认识到家族内部同辈之间近亲婚姻对人类体质的危害，原先的血缘家族为氏族公社这样一种小型网络所取代，同时形成了族外婚制。互相通婚的两个氏族就形成了部落。在这一阶段，氏族网络中的人口（节点）已经有了一定的规模，并且网络结构也比较致密，人与人之间交流较多，从而有了创新的土壤。接下来，产生了农业和畜牧业，磨光石器流行，并发明了陶器，人类从此进入新石器时代。[①]

在新石器时代，生产有了较大的发展，于是就出现了三次社会大分工。

第一次社会大分工是指农牧业的分工。氏族网络催生了创新，生产工具得到改进，犁耕农业取代锄耕农业。犁的使用不仅提高了生产效率，更扩大了耕地面积，使农业生产在最适宜原始农业的平原、河谷地带占有重要地位，农业生产的成果也能完全支撑人的生存，从而形成主要从事农耕的农业部落。首先发生在西亚、北非、东亚和美洲等地。在中亚、伊朗、高加索、阿拉伯等草原地带，原先以畜牧业为主要生产活动的部落，逐渐转变为饲养畜群的游牧部

---

① http://zh.wikipedia.org/wiki/.

落。生产的专门化不仅增加了各自的剩余产品，而且扩大了各种生产者之间产品的差异，于是产品交换日益频繁。农牧业的分工，为社会分工进一步的发展奠定了基础。

第二次社会大分工是指手工业和农业的分离。随着农业部落的生产效率越来越高，耕地面积越来越大，农业部族的人口也开始增长，网络中包含的节点数增多，一些创新也随之涌现，铜器、青铜器和铁器等金属器具得以发明和应用。在这些创新的影响之下，农业规模日渐扩大，从而导致经营种类的增多。除了谷物种植以外，还经营园艺，栽培各种经济作物，把经济作物加工成油、酒等等。随着经营规模的扩大和经营活动的丰富，各种手工操作，如金属加工、纺织、制陶、酿酒、榨油、造船、皮革加工等活动逐渐增多，操作者经验日益丰富，制作技术不断改进。既进行农耕、畜牧活动，同时又制作各种手工制品的人越来越难以胜任，于是有人脱离农业或畜牧业生产而转入手工业的专门化发展。专职的手工业者逐渐增多，手工业终于从农业活动中分离，成为一个独立的生产部门。

第三次社会大分工是指原始社会晚期商人阶层的产生。产品交换很早就发生了，至少不晚于第一次社会大分工的出现。但是，此时的交换只是一种低频率的弱连接，交换的产品种类也比较少。两次社会大分工之后，交换的频率开始逐渐增大，交换的商品品种也日益增多，交换连接（即网络中的"边"）得到不断加强。随着交换的不断发展和扩大，商品生产出现并发展，又反过来促进了交换的进一步发展。由于交换规模扩大，品种增多，各生产者和消费者之间直接的产品交换越来越不便利，于是专事交换的中间人——商人应运而生。不间断的交换活动使部分脱离生产的商人得以为生。商人出现后，原有的交换边继续得到加强，同时，为了追求更大的利益，商人还不断地建立并加强新边，网络的致密程度不断提高。

分工可以说是存在于动物界和人类社会的一种普遍现象，动物和人的群居导致了分工的产生。分工首先可以降低做一件事的复杂度，提高效率，从而使得原来不能做或者很难做的事情现在能很快速地做了（从0到1）。事实上，对于一个复杂度为N^2的工作，如果将其划分为M步，则每一步的复杂度降低为N^2/M，当$M=N$时，每一步的复杂度就为N。比如让100个人在规定的时间内生产100辆自行车，每辆自行车有100道工序，如果让每个人各自独立生产1辆自行车，则每个人需要在规定的时间内掌握生产自行车的所有100道工序（复杂度为100），并将其付诸实践，生产这100辆自行车的总复杂度为$100^2=10^4$（100个人，每个人复杂度为100），这几乎是不可能完成的事情；

但是，如果这100个人分工合作并组成一条生产流水线，每个人只负责1道工序（复杂度为1），同时完成这一道工序100遍，则生产这100辆自行车总复杂度为100（100个人，每个人复杂度为1），每个人都能很快完成任务，这100辆自行车也能很快地生产出来。分工的背后体现了一种分而治之、各个击破的思想，该思想在如今的信息科技领域也有广泛应用，比如在 GPS 导航中常用的动态规划算法就是一个典型的例子。事实上，除了降低了复杂度和工人的学习成本，使工人更容易掌握生产技能，从而高效地完成生产任务，分工还使得每个人的专业化程度提高了，由于每个人只需专注于一个领域，这样他在掌握基本的技能之后还有余力进一步地改进相关的技术，从而不断提高整个生产的效率（从1到10）。因此，分工导致了专业化，进一步地，专业化使得生产不断改进，人们可以完成更加复杂的任务，制造出越来越丰富的物质。这些由分工所生产的大量的、丰富的物质再通过贸易网络交换，改善网络中所有人的生活，并因此产生更多的创新，如此迭代发展，不断推动人类文明向前发展（见图2-15）。

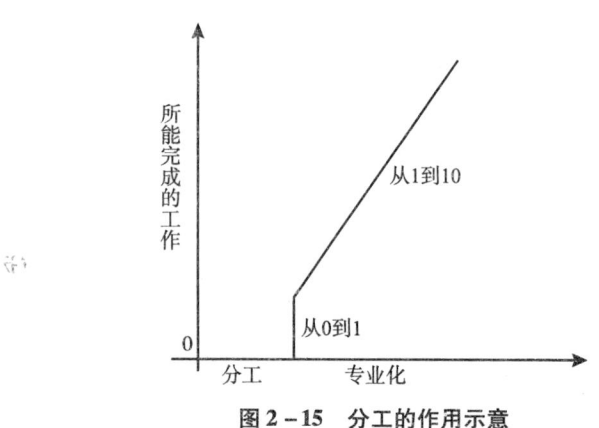

图 2-15　分工的作用示意

当然，分工也会给商品的生产带来一定的挑战。由于分工依赖于分步或分阶段，每个阶段所消耗的资源和产生的效益通常来说不是均匀分布，这样就产生了资源的优化匹配问题。资源配置问题的求解复杂度常常是组合爆炸的，怎么组合才能获得更高的效率呢？同时，分工还会产生管理成本。如果分的越细，每一步任务的复杂度就会越低，但是分得太细的话，相应的管理成本则可能随着增加。因此，分工的粒度与管理需要进行一个折中，如何选择这样的折中也是一个值得思考的问题。

人类社会的三次大分工奠定了以后社会分工的基本格局，并且对社会经济发展产生了重大影响。集体劳动逐渐被个体劳动所取代，由此产生了私有制，随之也出现了阶级。氏族中出现了贵族阶层和平民阶层。到了末期，以血缘关系结成的氏族开始破裂，一些氏族成员脱离自己的氏族，到别处和与他们没有血缘关系的人们杂居，同时氏族也不断接纳外来人，于是出现了按地域划分的农村公社。到了这时，原始社会基本上就已经瓦解了，不同阶级之间出现了斗争，随着情况的深化就出现了国家来对人民进行有效的统治。许多文明的原始社会解体后都进入了奴隶社会。

由此可以看出，在人类历史上，国家、阶级、商品、私有制等的出现都是人类社会网络化后的涌现和创新，它们促进了人类社会的进步，推动了人类社会的文明化进程。人们生活需要更加丰富的内容，在不能自给自足的情况下就需要分工，分工后生产的产品通过贸易的网络来交换，从而实现对物质在空间上的重新分布。商品网络的形成进一步加强了人与人之间的关系、提高了人类社会的生产生活效率、激发了更广领域的创新、改善了人民的平均生活水平。

2.3.2.2 大河与海洋文明

我们知道，四大文明古国（古埃及、古巴比伦、印度和中国）都是在适合农业耕作的大河（尼罗河流域、两河流域、印度河恒河流域、黄河长江流域）边诞生的，它们各具特色的文明发展史，构成了灿烂辉煌的大河文明，对整个人类进步做出了伟大贡献。那么文明为什么会产生在大河之畔呢？

文明产生的基础是人的聚集与交流。一方面，这些区域灌溉水源充足，地势平坦，土地相对肥沃，气候温和，适宜人类生存，利于农作物培植和生长，能够满足人们生存的基本需要，故吸引了大量的人口聚集在大河之畔。另一方面，聚集在大河之畔的人们又不可能只聚集在一个地方，所以常常是沿着大河分点聚集的，每一个点形成一个致密连接的群体，即子网络。显然，连接这些分布在不同地方的群体的一个自然纽带就是大河了。大河上的航路是一条天然形成的边，河水产生的运输能力属于天然动力，边的连接成本非常低，非常有利于人、商品等的交流，不同地区的人和商品的交流也更频繁更密切，从而形成了不同地区子网之间的强连接，并进一步推动贸易和文明的产生和发展。而在内陆地区，不同的居民聚集点之间需要人工地建立连接边（陆路，如中国的"驿道"），连接成本较高，并且有时候由于大山等天然障碍甚至几乎无法连接（比如"蜀道难，难于上青天"），这样不同子网络之间的连接是一个弱连接，人和商品的交流不频繁不充分，也较难产生创新，从而文明和贸易发展也相对较慢。

  因此，河流在人类文明早期起着至关重要的作用，它一方面哺育了大量的人口，另一方面方便了这些人口之间的交流，推动了创新和商品的产生与繁荣，直接导致了人类社会物质、能量、信息密度的慢慢迭代增长，人类文明程度慢慢得到提高。

  类似于人类文明早期大河对一个国家内部发展所产生的重要影响，发生在15~17世纪的地理大发现（又称"大航海时代"）则又很自然地将这种影响从大河扩展到海洋上来（海洋文明），从而促进了全世界各大洲各个国家之间的交流与进步。

  自11世纪以来，欧洲内部经济、文化与科技逐渐得到发展，地图学、航海术与造船术都取得了较大进步，远洋探险成为可能。为了寻找获取东方（亚洲的印度和中国）香料的新航线，以取代受政治环境影响而随时可能停止供应的陆地贸易，以哥伦布、达·伽马、麦哲伦等为代表的欧洲航海家们冒着巨大的危险，开始了探索东方航路和未知世界的旅程。

  地理大发现打破了世界各大文明板块之间的隔离状态，打开了人类文明交流之路，它将世界市场连接成一个整体，对全世界，尤其是欧洲产生了前所未有的巨大影响，让地中海沿岸经济活动进入了数千年来最活跃的时期。在地理大发现之前，国际贸易主要集中在一些经济发展较早且活跃的区域，受当时生产力水平的限制，商品的种类较少，贸易的规模也较小，贸易覆盖的地理范围也仅仅局限在一些固定的地方，世界各国经济大多处于相互隔绝的独立发展状态，发展速度缓慢，社会发展水平差异也较大。地理大发现之后，新旧大陆之间的隔绝状态消失了，欧洲人的国际贸易范围也从地中海区域扩展到了大西洋、美洲、印度、中国和南洋群岛。商品交换的种类和数量也得到扩展，商品规模不断扩大。欧洲的铁、毛麻织品等大量涌向东方和美洲，东方的丝棉织品、橡胶、茶叶、美洲的砂糖、烟草等都源源不断地输往欧洲市场。新旧大陆之间的农副产品也得到了相互交流和补充，美洲的玉米、马铃薯、番茄等逐渐引入旧大陆，而旧大陆的原生农畜品种也在新大陆广为传播。[①] 通过地理大发现，世界贸易中心也从地中海转移到大西洋沿岸，导致了意大利商业城市的衰落和大西洋沿岸新兴城市的崛起。

  与此同时，地理大发现和随之而来的世界市场的扩大，开阔了人类的视野，增进了彼此的交流。不同国家和地区之间人口的迁移现象不断增强，这种

---

① 冷传明：《浅析地理大发现在国际贸易形成中的作用》，《泰安师专学报》，2001年第6期。

第2章 网　络

移民大潮直接导致了文化的大融合，并在融合过程中不断产生创新，同时这些创新又在日益扩大的国际贸易中扩散开来，推动了整个人类社会的不断进步与发展。

地理大发现拉开了欧洲早期殖民扩张的序幕，欧洲人纷纷到亚、非、拉美等地展开殖民掠夺，葡萄牙东方殖民帝国的建立和西班牙对中南美洲的殖民征服就是典型的例证。殖民掠夺形成了资本主义的原始积累，促使了工业革命的发展，最终直接、间接地激发了帝国主义。地理大发现还直接导致了资本主义国际分工体系，西欧和北美两大资本主义拥有高度发达的工农业和黄金制造业，它们通过暴力和垄断组织向世界范围输出资本，瓜分世界领土，争夺各自的市场和势力范围，而世界上大多数殖民国家成为商品的销售市场、投资场所和原材料供应地。

可以说，从地理大发现开始，全球化的进程正式启动了。这是一个双向的过程，其一是扩展，其二是深化。所谓扩展，就是指全球化的进程把日益广泛的国家和地区扯进这个历史性的过程中来；所谓深化，就是说各个国家和地区之间的相互联系日益紧密，相互依赖日益加强，地球日益化为一个村庄。[①]

以地理大发现为基础的全球化进程以欧洲文明在世界其他地区的大肆扩张为主旋律，欧洲文明强行把自己的价值观念和制度体系推行到世界的几乎每一个角落，其他文明则痛苦地处在被强制接受的状态中，其中充斥着令人发指的暴力、不公平、非正义和极端无耻的掠夺。但是，不可否认的是，这种强制推行的网络化过程的确使得世界这个大网络在整体上有了纵向的进步，各种创新不断涌现，商品种类和数量大为提高，人类整体的生活水平相对于过去有了较大的改善，这个世界的物质、能量和信息密度也得到了进一步的增加，人类整体文明程度得到较大的提高。

这里，我们简单谈一谈从上述网络化、大河文明和海洋文明的讨论给我们带来的一点启示。纵观欧洲史和美国史，希腊、罗马、西班牙、葡萄牙、荷兰、英国、美国等都是依靠海洋而成为全球霸主。事实上，这种现象不仅仅限于航海本身，航海背后所隐含的开放、冒险、创新、贸易、网络化以及由此所带来的外部性要远超过航海本身，这也能帮我们解释明清后中国科技和工业的原因。海洋对我们这个陆地国家来说，不仅仅是疆土和边防，更重要的是切断了融入世界的网络通道和开放的思想，使得我们失去了一次从大河文明走向海洋文明的机会。可以看出，封闭没有发展和创新，其表面上能够保持内部的稳

---

① 田德文：《欧洲文明和全球化》，《世界经济与政治》1995年第6期。

定，但是这种稳定只是暂时的。随着时间的推移，封闭只会造成内部和外部的严重失衡，最终这种内外失衡会猛烈地冲击这个脆弱的稳定状态，鸦片战争打开中国国门对中国近代史的影响就是一个很好的例子。因此，未来中国的发展必须将海洋、陆地、甚至包括航天航空统筹考虑，混合才能创新，海洋、陆地和天空的混合，会带来太多的外部性，而不局限于混合本身。

2.3.2.3 技术进步与网络致密化

地理大发现之后，三次工业革命更是通过技术手段将大航海时代建立的世界各个国家和地区之间的这种相对较弱的连接边大大增强了，世界市场得到不断加强，世界经济不断向一体化进程迈进，全球化真真正正地来到了人们的身边。如果说大航海是建立起了全球贸易与交流的网络，三次工业革命则推动了这个网络不断地扩大化、致密化的发展。

在18世纪60年代发生的以蒸汽机的发明和广泛运用为标志的第一次工业革命中诞生了纺纱机、蒸汽机、汽船、火车等，人类从此进入了蒸汽时代。第一次工业革命中产生的纺织工业大大解放了劳动者的双手，商品的种类有了大大的提高，煤炭工业则提供了商品生产的和交通运输的能源动力，汽船和火车的发明则使得大规模的商品和人的运输成为可能，同时加快了不同地区之间商品贸易、人与人之间交流的速度。

在19世纪70年代到20世纪初期发生的以电力、内燃机的发明和广泛运用为标志的第二次工业革命中，电灯、汽车、飞机、电话、电报等逐渐被发明出来，人类从此进入电气时代。第二次工业革命产生的电力工业一方面为商品生产提供了一种极为便捷和灵活的能源，从而进一步促进了商品种类和数量的大幅提高，而以汽车和飞机制造为代表的现代运输工业则在蒸汽船和火车的基础上进一步方便了不同地区之间的人和货物的交流，同时这种交流的速度得到进一步提高，同时加速了交流的反馈，这种反馈又不断地促进交流双方的不断提高，从而推动整个社会的快速进步与发展。更为重要的是，电话和电报的出现使得处在地球的任意两个角落（只要双方均接入电话或电报）的信息实现了前所未有的实时性的交流，这种实时性的信息交互对于网络的意义至关重要，它极大地加速了整个人类文明的进步历程。

自20世纪四五十年代开始的，以电子计算机的发明和广泛运用为标志开始的第三次科技革命更是大大扩展了人类信息交互的广度和深度，人类从此进入信息时代。如今，世界的绝大部分地区都接入了互联网，通过电子计算机（或者是更小的移动手持终端，如智能手机、iPad等）和互联网，处在世界的

第 2 章 网 络

任何角落的两个人或者两群人可以方便地进行电话、视频会议，传输图像、音频和视频文件，共享资料和信息。信息技术的发展使得许多以前需要实体场所进行的交易都可以通过互联网来实现，比如淘宝、京东等购物网站的出现，使得分布在全国各地的买家和卖家可以通过购物网站这样一个平台进行交易，而不需要到固定的交易场所交易，卖家接入了购物平台，则全国所有的网民都成了他的潜在消费者，买家登录到购物平台，就像在身边存在一家无所不包的大型超市，几乎可以在里面购买任何他所需要的商品。基于信息技术和互联网的电子商务交易形式不但大大方便了买家和卖家的交易，另一方面还推动了整个社会的商品消费的活跃和增长。与此同时，信息技术还催生了许多新兴的商品和服务（如电脑、手机、可穿戴设备等新兴商品、各类社交网站的会员服务等），刺激了人们的个性化、虚拟化消费。因此，在信息时代，商品交易的种类和规模，人类社会的平均生活水平都达到了前所未有的高度，不同角落的人与人之间也从未如此紧密地联系在一起，人类文明程度达到了有史以来的巅峰状态。

综上所述，人类社会的分工生产在网络化（贸易）的基础上实现了物质在空间上的重新分布，从而提高了人类社会的平均生活水平。在网络化的过程中，不同地域、种族和文化的人进行了充分的交流、融合与碰撞，新思想、新技术、新商品不断涌现，它们一方面使得网络的技术半径不断扩大，人与人、地区与地区之间的连接更加紧密；另一方面也将不同地区的创新成果通过网络向其他地区扩散开来，世界各地的人们都可以享受到这些进步，人类生活水平进一步提高，人的自由度得到大大提升。与此同时，这些创新成果在网络传播的过程中会不断得到网络中其他节点的反馈，从而激发在已有创新基础上的再创新与再发展，并不断地在网络中传播、发展和进步。可以说，没有网络，社会的能量密度和信息密度都极低；有了网络，能量和信息密度大大提升。在网络化的作用下，个体也进化为群体，且可以按照熵控结构一直进行下去，不断迭代，不断进步繁荣，网络的能量和信息密度也可以不断地几何增长。人类文明的进步就是一种不断网络化、致密化的螺旋扩大加速上升过程。

事实上，过去几个世纪人类的发展也印证了我们的上述观点，由于地理大发现和三次工业革命的影响，我们人类社会正经历一个前所未有的加速发展期。图 2-16 示意了世界人口的变化情况，世界人口一定程度上代表了整个世界文明和生产力发展的水平，而近几个世纪来人口疯狂的几何式增长正说明了我们的文明正在不断地迭代发展，处于一个加速上升的阶段。

图2-16 世界人口变化示意

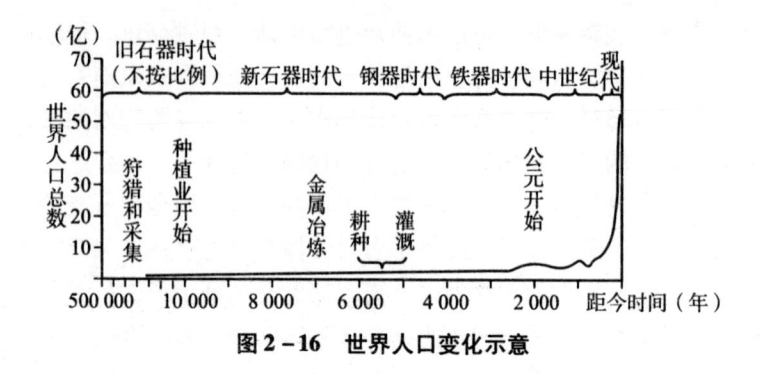

2.3.2.4 文明加速带来的挑战

分工提高了商品生产的效率，网络化则使得大规模的商品分工合作生产成为可能。创新在网络化的过程中不断涌现，这些创新使得网络不断扩大化、致密化，从而为更大规模的分工协作和创新提供基础。人类文明在这种分工——网络化——创新的良性循环中不断加速发展，人类的生活便利度和舒适度也得到了不断的提升。但是，文明加速也给人类和社会带来了严重的挑战。

首先，文明加速使人们工作和生活节奏加快，对人类身体和心理健康带来较大的调整。比如，如今信息和互联网产业发展势头极端强劲，无论是软件还是硬件都在以前所未有的速度迭代前进。在半导体芯片领域，有一个著名的摩尔定律[①]，该定律指出：当价格不变时，集成电路上可容纳的晶体管数目，约每隔24个月便会增加1倍，性能也将提升1倍，如图2-17所示。换言之，每一美元所能买到的电脑性能，将每隔24个月翻1倍以上。在软件领域，产品的开发和迭代周期也越来越短，近年来所谓的敏捷开发（agile development）更是逐步取代传统的完备但烦琐的瀑布开发模式（waterfall model）。瀑布开发模型严格遵循预先计划的需求分析、设计、编码、集成、测试、维护的步骤顺序进行。步骤成果作为衡量进度的方法，例如需求规格，设计文档，测试计划和代码审阅等等。瀑布开发以文档为驱动，在整个开发过程中，要写大量的文档，把需求文档写出来后，开发人员都是根据文档进行开发的，一切以文档为依据；而敏捷开发将一个复杂且开发周期很长的任务分解为很多小周期可完成的任务，这样的一个周期就是一次迭代的过程；同时每一次迭代都可以生产或开发出一个可以交付的软件产品，其间只写有必要的文档，或尽量少写文档。敏捷开发大大提高了产品开发的效率，比如小米科技旗下的MIUI手机"操作

---

① 摩尔定律最早由英特尔（Intel）创始人之一戈登·摩尔（Gordon Moore）提出。

系统"创造了每周一个更新迭代的记录。因此，为了应对信息和互联网产业高速发展的挑战，无论是在硬件，还是在软件领域，整个行业从业人员的工作与生活的节奏也不得不随之逐渐加速，许多相关公司的员工普遍需要较长时间，较高频次的加班（在中国，很多 IT 公司常常是默认需要加班的），这或许就导致了这些公司不断出现员工甚至是高管猝死的现象。

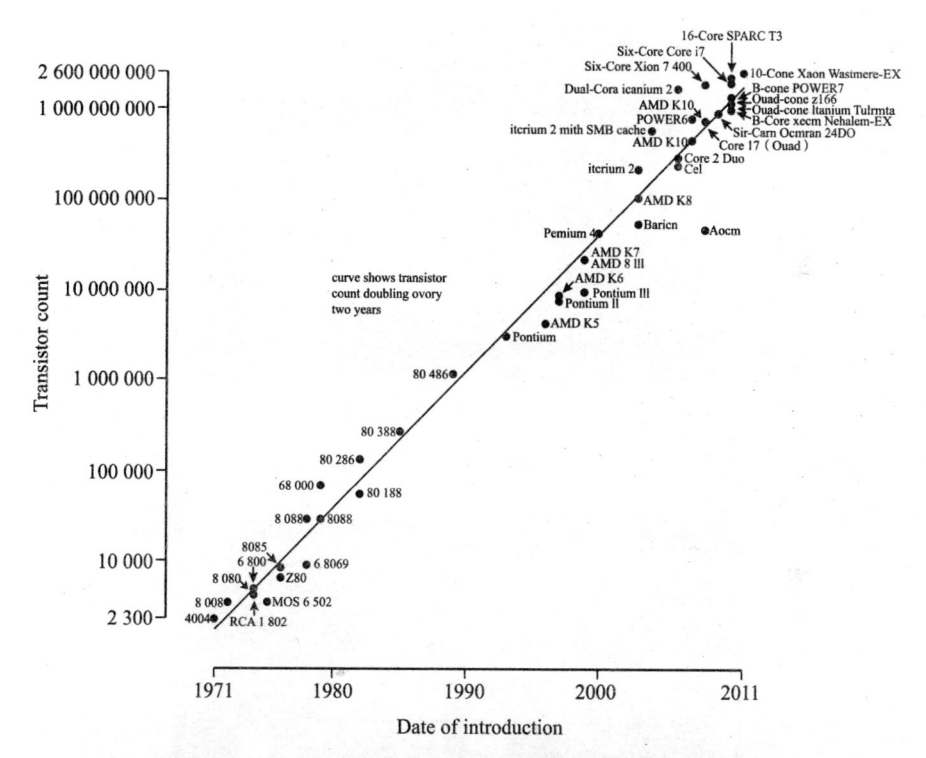

图 2-17 电脑处理器中晶体管数目指数增长曲线的摩尔定律

文明加速除了加快了人们工作和生活的速度，对人类身体和心理带来很大的挑战外，文明发展过程中不断出现的技术进步常常会导致相关行业人员的技术性失业。事实上，自从工业革命以来，人类一直在试图用机器替代人类来完成那些费时费力，甚至人类完成不了的工作。比如，众多交通工具的出现，使得大规模、远距离的货物和人的运输成为可能，这在以前都是不敢想象的；洗衣机的出现使得我们不用每天动手洗衣服；电话、互联网视频等的出现使得两个远隔千里的人也能互相交谈；工业机器人的出现使得生产线上一些简单、机械、枯燥、费时费力的工序不再需要人来完成；3D打印技术的出现已经使得人们不再依赖于建筑工人来建造房屋（见图2-18）；四轴"无人机"的出现很可能未来会取代快递员将快递送到你家门口（见图2-19）……这一切的一切都将人类的生活变得越来越美好，越来越有趣，但同时这些人类用聪明才智发明出的技术成果也会反过来会导致大量相关行业从业人员的失业。

图2-18　3D打印房屋

资料来源：百度图片。

图2-19　顺丰速运工作人员测试快递"无人机"

资料来源：百度图片。

显然在未来，人类几乎所有体力活和大部分脑力活被机器和人工智能替代是一个越来越清楚、越来越壮大的趋势，任何组织或个人都无力阻挡这一趋势。当然，这些技术进步在毁灭一些旧工作岗位的同时也会创造一些新的就业岗位。因此，在文明低速增长时，社会常常会有足够的内在调节机制来适应这个过程，技术替代而失业的工人们也一般都会找到新的工作岗位，而不至于活不下去，从而技术进步可能并不会对社会产生较大的冲击。但是，在文明加速发展期，以前花很长时间来消化这种技术性失业的现象可能不再发生，人们常常只会有越来越短的时间来承担这一痛苦的转变过程。如果这种转变过程处理不好，大量的失业人员将对社会的稳定带来严重的冲击。前面我们也提到，稳定是一个网络发展的最重要的基础，稳定性一旦消失，网络很可能会崩塌，之前发展的成果也会灰飞烟灭。因此，我们在不断创造技术进步的同时必须认真地思考这个问题，否则就会得不偿失。比如，政府应该在社会上营造一种鼓励不断学习新技能的氛围，提高人口质量，设立政府教育和技能培训基金，大力发展技能培训产业，帮助失业人员掌握新技能，从而实现产业转型和升级的平稳过渡。

文明加速还会带来财富分布的严重失衡。事实上，无论是在全世界，还是在某个国家或者城市，都存在发展水平和财富分布不平衡的问题。在文明低速发展的阶段，这种失衡可能处于比较低的水平，不会对整个网络带来比较大的冲击。但是，在文明高速发展时，由于文明成果往往在先进节点或子网络上发展更快，效率更高（强者恒强的马太效应），从而导致不同节点或子网之间的发展水平、文明程度和财富分布差距拉大，失衡严重，这样就很容易导致网络的动荡甚至崩溃。

财富分布的失衡主要包括内部失衡、内外失衡、现在和未来失衡三个方面。上面提到的技术性失业带来的挑战就是内部失衡的一个表现形式。在文明加速阶段，不同社会阶层，不同行业的人之间的财富分布经常会严重偏离正常水平，这种内部失衡直接导致网络处于一个脆弱的平衡状态，一旦网络中某处有一个小扰动，就有可能引发整个网络的崩塌。另外，如果一个网络文明蓬勃发展，而该网络外部的某个网络止步不前甚至是衰退，也有可能引起网络的内外失衡，内部与外部之间产生矛盾，甚至引发战争，从而导致整个文明网络的崩塌。中国古代几乎历朝历代都面临边疆少数民族入侵威胁的一个很重要的原因就是中国内地的经济比较富裕，文化相对发达，人民生活水平较高，而边疆的少数民族由于气候等因素，经济和文化远差于内地的王朝，在这种内外失衡的情况下，少数民族只有通过战争来掠夺或占领内地的发展成果，从而一次次地冲击内地王朝政权，造成内地王朝的动荡。最后，文明加速过程中现在和未来的失衡也应当引起足够的重视。在文明加速期，常常会过度地透支本应该留给子孙后代的资源，从而导致未来不能可持续地发展，中国改革开放这30多年的环保欠账就是一个令人触目惊心的例子。因此，在文明加速期，我们应当尤其注意财富分布失衡对人类和社会带来的冲击，统筹安排好内部、内部与外部、现在与未来之间的矛盾，尽可能地将这些方面的失衡保持在可控的空间，保证网络的协同发展，否则，一旦引起网络崩塌，前面所有的努力和发展成果都可能付之东流。

差异网络的选择：对抗还是融合？

事实上，对所有的差异系统来说，都面临着融合还是对抗的抉择问题。从系统发展速度的角度来看，强者恒强是效率最高的，此时系统发展的数量指标增长速度是最快的。但是，强者恒强的增长模式很快就会形成马太效应，当这种严重不公平的状态达到一定的程度就会引发强者和弱者之间的对抗，从而可能导致系统的崩溃。因此，对于处于文明加速期的网络来讲，先进文明千万不要忘了落后文明，如果割裂了先进与落后，撕裂了网络的协同性，转而出现失衡、对抗、崩溃的情况显然是不经济的。后进者也要努力以开放的心态融合进网络中，孤立封闭系统实现底部跃迁是小概率的，显然也是低效率、不经济的。通过网络的共享，合作与融合可以增加整个网络的总价值，它是一种普适的价值观。自然界和人类社会能够发展到今天，也一直靠的是合作和妥协这个最优解。蚁群、蜂巢、雁阵也都是证明。所有的体制都是左右（公平与效率）折中的结果。妥协是合作的必要条件，网络没有合作就没有边，就不能产生创新。妥协是也达到系统最优的必要条件，相向而行才是经济解。把个体自私作为最优解，这不符合现实。比如，在当今国际形势下，作为世界上两个几乎最重要的经济体，中国与美国之间需要妥协与合作，尽最大的可能求同存异，对抗只能两败俱伤，妥协与合作才能实现双赢，从而推动全球网络的协同进步。

差异网络最佳选择是妥协和合作。

对任何差异系统来讲，对立的双方往往会存在一些很难调和的矛盾。但是，为了网络整体的发展进步，双方都应该做出一定的妥协，为未来的合作打下相对坚实的基础。一般来讲，妥协与合作对网络所带来的收益常常要远高于对抗。同时，随着时间的推移、网络的进步，这些矛盾可能就会逐步淡化，直至最终解决。

美国宪法的诞生就是一个很好的关于妥协与合作的例子，尤其是臭名昭著的"五分之三妥协（three-fifths compromise）"。1787年5月25日至9月17日，美国制宪会议（constitutional convention，又称"费城会议"）在费城举行，此次会议制定了人类历史上第一部成文宪法（见图2-20）。在这次会议上，有一个很大的分歧就是废奴与蓄奴的矛盾。当时，美国南部主要以种植业为主，因此需要奴隶种田，南方各州不愿废奴，而北方各州则因为以工业为主，需要废奴以得到大量的自由劳动力，强烈要求废奴。最终，由于南方各州的坚持，北方不得不妥协，同意先初步规定 20 年之后由国会禁止奴隶贸易。① 紧接着，由于废奴与蓄奴的争议，南北双方在众议院各州代表人数的分配上又产生了分歧。南方各州为了得到众议院多数席位，坚持把每一个奴隶都看做一个"人"，而北方各州则认为既然南方各州不同意废奴，奴隶就不应该在计算选民基数时统计在内。南北双方又是争执不休，最后双方妥协，达成了一个方案：各州人口数计算中每个奴隶算作五分之三个"人"。这样，南方各州可以暂时性的保有奴隶，而北方各州又在众议院席位的数目上限制了南方各州的势力，有效提高了北方的地位。可以看出，在废奴与蓄奴问题和众议院席位分配问题上，南北双方各做了一定的妥协。这种妥协能够使制宪会议能够继续进行下去，而不至于弄得不欢而散，使刚刚争取到独立的美国又过早地陷入混乱与争战的状态，很好地促进了早期美国经济、政治、科技、文化等各方面的发展。

图 2-20　美国制宪会议：一次成功的妥协与合作
资料来源：霍华德·钱德勒·克里斯蒂油画。

如何合作？

那么对于一个差异系统来讲，有哪些具体的措施可以避免网络加剧失衡和强烈对抗现象的发生呢？我们认为，一个很重要的方法是加快网络中关键的、具有公共意义的节点（如关键的产业）和边（如重要的基础设施）的建设，

---

① 吴军：《文明之光》，人民邮电出版社 2014 年版。

从而使得网络更加致密,节点之间的交流更加频繁、高效。网络天然地具备着推动其中节点间平等,方便物质、能量、信息等资源的流动与共享的特征。因此,建设这些节点和边,有利于共享,发挥协同效应,为落后节点加入全球网络体系奠定基础,并带来更广泛、更持久的外部性,为可持续发展带来更坚实的基础。一方面,先进节点可以通过投资、技术转移等各种方式帮助落后节点建立关键内部节点和边,并在此过程中直接创造利润,转移国内过剩的落后产能,将落后节点创造成为一个广阔的市场。另一方面,落后节点通过先进节点在资金、技术等多层次的帮助下,可以快速地建设关键的节点和边(包含落后子网络内部的节点和边,还有落后子网络与整个世界大网络之间的边),实现节点与外部之间的网络化和节点内部的网络化。通过共享与借鉴先进节点在科技、文化等各方面发展成果,可以少走甚至不走弯路,以极高的效率发展本节点内的经济,实现底部跃迁,并推动整个网络的协同和平衡发展。

事实上,罗纳多[1]通过对41个发展中国家(包括除委内瑞拉之外的几乎全部拉丁美洲国家,亚洲的大多数国家,如斯里兰卡、缅甸、马来西亚、泰国、日本和菲律宾等,以及部分非洲国家,如阿尔及利亚、尼日利亚、加纳、象牙海岸、肯尼亚、乌干达、坦桑尼亚和南罗德西亚等)长期经济增长的大规模研究发现,1850~1914年间开放的国际经济对于促进欧洲和北美以外的发展中国家经济的快速增长起到了关键性的作用。除去政治原因,决定一个国家经济增长转折点迟早的因素,是这个国家有效地参与由世界经济扩张带来的贸易机会的能力。[2]

第二次世界大战之后,欧洲各国经济体系濒临崩溃,为了帮助欧洲各国(主要是西欧国家)尽早实现经济复苏,美国对西欧各国执行了著名的马歇尔计划(The Marshall Plan,官方名称为欧洲复兴计划 European Recovery Program)。该计划于1947年7月正式启动,并整整持续了4个财政年度之久。在这段时期内,西欧各国通过参加经济合作发展组织总共接受了美国包括金融、技术、设备等各种形式的援助合计130亿美元。在计划实行的初期,欧洲国家将援助大多用于进口急需的生活必需品,例如食品和燃料,但随后大宗进口的方向又转向了他们最初也需要的用于重建的原料和产品。为了帮助西欧各国恢复关键产业,美军一方面出面重建当地的基础设施,另一方面,设立对应基金(counterpart fund),将马歇尔计划的援助资金转换成为由当地货币构成的资

---

[1] Reynolds, L. Economic Growth in the Third Word, 1850-1980, New Haven, Yale University Press.
[2] 杨小凯:《发展经济学——超边际与边际分析》,社会科学文献出版社2003年版。

金，并将其不少于 60% 的基金数目应用于制造业的投资（如扶持关键企业，贷款给私人企业等）。除此之外，美国还通过经济合作总署主导技术援助计划（Technical Assistance Program），该计划资助欧洲的技术人员和企业家参观访问美国的厂矿企业，以使他们能够将美国的先进经验和制度应用于本国。同时，也有成百上千的美国技术人员在这一计划的帮助下，作为技术顾问前往欧洲。马歇尔计划临近结束时，绝大多数参与国的国民经济都已经恢复到了战前水平，在接下来的 20 余年时间里，整个西欧经历了前所未有的高速发展时期，社会经济呈现出一派繁荣景象。同时，美国还通过马歇尔计划有效地抗衡了苏联在欧洲的进一步渗透和扩张。在过去的改革开放的 30 多年里，美国、日本和欧洲等资本主义强国也都对中国实现了类似的合作计划，而现在中国对非洲各国的援助则有助于实现共同发展。这种模式与传统的战争、掠夺、奴役、强占、买卖等模式有着天壤之别，是一种双赢的模式。

  2001 年 12 月 11 日，中国正式加入世界贸易组织（WTO），成为其第 143 个成员，从此全面建立起了中国与全球经济系统之间的强连接边。可以说，中国加入 WTO 堪称第二次"地理大发现"。之前，中国不是世界市场经济和多边贸易化体系的一部分，哪怕改革开放了 20 年，中国仍然是局外者。现在全球找到了一个规模空前、增长迅速的新市场，特别是当今世界经济失去火车头的时候，中国经济可以激活世界经济的动力，是促进世界经济发展的强大生力军。与此同时，在中国加入 WTO 的这十几年里，由于中国以极低的成本，低廉的价格生产和销售了大量的生活必需品，使得全球人民享受到了物美价廉的商品，从而系统性地拉低了全世界的通货膨胀水平，保证了世界各国经济的平稳运行。对于中国本身来讲，加入世贸组织十余年来，中国积极参与经济全球化，吸收外资水平不断提高，对外经济合作步伐加快，对外贸易实现了跨越式发展，出口规模跃居世界第一，国内经济和人民生活水平都有了显著提高，真正实现了与世界的共同发展。

  可以说，全球经济体（无论是发达国家，还是发展中国家）的发展与融合共同形成了全球网络，并通过网络化而得以不断前进和超越。因此，在差异系统中，通过融合、妥协与合作、大力修建关键节点与关键边可以完善和加强网络化，很好地实现网络的协同进步。

2.3.3 网络的外部性

  网络化可以将网络中各个节点连接起来，使节点与节点之间产生交互，带动了边所连接节点的变迁与发展。特别地，贸易网络可以带来商品数量和商品种类的增加，同时改善网络内部的不平衡现象。除了这些可以预见的变化之外，网络化还能够促进整个网络结构、功能、内容等各个方面翻天覆地的变革与进步，这些变化在建立网络之初很难准确预见。因此，网络具有非常大的外部性。[1]

在《集装箱改变世界》一书中，马克·莱文森给我们描述了一个特殊的网络——集装箱及其背后的一整套标准化的运输体系对整个世界社会和经济形态的影响："在世界的各个港口，那些薪水低、待遇差、靠装船和卸船为生的劳工大军已不复存在，他们在码头旁边形成的拥挤社区如今已成回忆。过去，满世界跑的商船水手可以在异国的港口上岸玩儿好几天，而如今，他们只能在存放集装箱的偏僻堆场上逗留几个小时……如今，远离主要人口中心的小城镇，可以利用其廉价的土地和较低的工资，来吸引那些不再需要靠近港口以实现廉价运输的工厂。过去摊子铺得很大、从头到尾有数千种制造产品的大工业中心，如今已经让路给那些规模更小、更加专业化、在不断延伸的供应链上给彼此运送零件和半成品的工厂……集装箱不仅降低了运输费用，而且还节省了时间。更快的处理速度和更少的存储时间意味着产品能够更迅速地从制造商转移到客户那里，意味着制造商不用再为铁路岔道上的车皮里，或者码头上的仓库里等待运走的库存掏大笔的存放费用了（零库存管理）。"[2] 可以看出，集装箱及其背后强大的运输体系这样一个运输子网络对世界产生了非常重要的影响。它相当于为整个世界工商业网络增加了若干条功能强大、价格低廉、效率极高的连接边。这种连接除了能够直接运输商品之外，更重要的是，它导致了社会的巨大变革。旧的模式（如传统码头设施与码头工人）逐渐消失，新的更高效的模式（如计算机控制管理下的大型码头吊车）出现。商品生产的每一步过程都被放到最高效、最低廉的地方去进行，产品分工也从未如此精细，全球经济真正地融为了一体。

事实上，关于网络的外部性，我们可以利用前面分析创新对网络的影响的方法来进行剖析。我们知道，网络中的边本身并不一定能直接代表网络的价值，真正能反应网络价值的应该是网络中的正反馈回路（即给网络带来收益的回路）。但是，在建立边之前，我们并不知道它的建立到底能不能产生正反馈回路，如果能产生，又产生多少？那么对于这条边应该不应该建立，我们怎么

---

[1] 事实上，外部性可以分为正外部性与负外部性，对网络的发展有益即为正外部性，否则为负外部性。本章中，如果不加特殊说明，外部性一般指正外部性。

[2] ［美］马克·莱文森著，姜文波译：《集装箱改变世界》，机械工业出版社 2008 年版。

第 2 章 网　　络

抉择呢？下面，首先看一个例子。

自 1825 年开始，随着世界上第一条动力机车线路的开通，英国各地开始大兴土木建设铁路。其中，有一位金融投机者乔治·赫德森（George Hudson）起到了很重要的作用。[①] 在当时，英国允许并且鼓励商人和私营铁路公司修建并运营铁路，甚至允许铁路公司强制购买通行权（即"强征强拆"）。赫德森一方面不断地夸大铁路的作用，煽动贵族和民众疯狂投资他所建设的铁路；另一方面，他通过借新还旧的方式给投资者派发高额的红利以融得更多的钱，从而不断地扩大自己的铁路系统。在赫德森等人的煽动之下，1846 年，在英国铁路投资达到顶峰时，有 272 个关于成立铁路公司的议案得到通过，而全英国投资到铁路上的钱竟然与英国当时的出口额相当。显然，以赫德森为代表的英国铁路投资狂潮不可能一直持续下去。在 1948 年，随着铁路股的价格上涨，越来越多的投机资金流入，人们逐渐认识到击鼓传花的游戏再也进行不下去了，泡沫终归破灭，赫德森和其他多数投机者都输得倾家荡产。但是，和大多数股市泡沫不一样的是，所有这些投资的结果都是有形的资产——英国的铁路系统在短短的 20 年里几乎全部建成了，并且大部分都沿用至今，虽然中间有很多重复建设。后来，美国、日本等国铁路的建设也都经历了这样一个煽动—狂热—泡沫—破裂的过程。但是，这些铁路系统的建成对于整个国家的工业、农业、旅游业都有着极其重大的意义，其对经济的推动作用也是不可限量的。

从英国、美国、日本等国家的经验来看，铁路网络中边建立的时候似乎并没有考虑它们到底能带来多少利益，边的选择上几乎没有任何抉择过程（有不少铁路是重复建设的），所有的边的建设都是一种狂热式的大跃进，在大跃进之后大部分参与其中的人都没有得到任何好处，许多还因此弄得倾家荡产。那么，这样的方式合理吗？有没有更加经济的解决方法呢？我们的回答是：有时候边的建设恐怕不得不经历一个泡沫的过程，我们唯一可以做的就是尽量减少这个过程的浪费。但是，这里我们想论证的是这种泡沫过后带来的外部性也常常是难以估量的，而且其对网络和社会的影响所持续的时间也将是惊人的。

下面，我们回到在阐述创新边的引入对网络的影响所引入的图 2 – 10 上来。上面已经指出，网络中的正反馈回路数目的多少可以直接衡量网络的价值。在图 2 – 10 中，网络 N_A 和 N_B 本来分别有 C_A 和 C_B 条回路（这里仅考虑经过节点 A 和 B 的回路数），假设所有回路中正反馈回路的比例是 p，那么在 AB 边没有被建立之前，两个网络的总价值为 $V_{old} = p \cdot (C_A + C_B)$；当 AB 这条

[①] 吴军：《文明之光》，人民邮电出版社 2014 版。

边建立之后，整个网络中的回路数目瞬间增长到 $C_A \cdot C_B$，因此网络的总价值也相应地变为 $V_{new} = p \cdot C_A \cdot C_B$。显然，当网络规模比较大时，$C_A$ 和 C_B 都会是比较大的数字，$V_{new} >> V_{old}$，网络的价值迅速增大。同时，上面只是考虑了当前的网络状态，随着时间的推移，N_A 和 N_B 两个网络会不断膨胀，相应地 C_A 和 C_B 也会不断增大，从而 AB 边的建立对整个网络价值的增大程度也在不断地增大，这条新边引入的外部性几乎是不可想象的。因此，在条件允许的情况下，建设网络时可以暂时不考虑变现问题，只要明白这样做会使得网络中产生的正反馈回路数组合爆炸，其外部性是无法预计的，网络的价值在建成之后及未来的很长的一段时间内都会逐步体现出来。

公元前 256 年（约）至前 251 年（约），秦国蜀郡太守李冰及其子在今四川省都江堰市城西，岷江上游 340 公里处主持修建了一个大型水利工程——都江堰。都江堰工程可分为堰首和灌溉水网两大系统，其中堰首包括鱼嘴（分水工程）、飞沙堰（溢洪排沙工程）、宝瓶口（引水工程）三大主体工程。都江堰工程将岷江水一分为二，引一部分流向玉垒山的东侧，让成都平原的南半壁不再受水患的困扰，而北半壁又免于干旱之苦（见图 2 - 21）。几千年来，岷江在这里变害为利，造福农桑，将成都平原变成"水旱从人，不知饥馑，时无荒年"的"天府之国"。经过历代整修，两千多年来都江堰依然发挥巨大的作用。

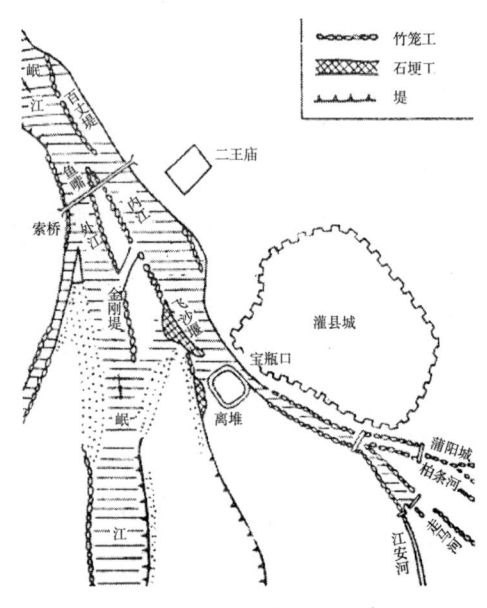

图 2 - 21　都江堰工程示意

第 2 章 网 络

都江堰初成时以航运为主、灌溉为辅。但是，随着后人不断地对它进行改造和扩展，开凿新的灌溉渠系，都江堰于农业灌溉的效益愈加为世人所倚重。到唐朝时，都江堰的功效从此转为以农田灌溉为主。目前，都江堰灌溉区域已经扩大到 1 000 多万亩，总引水量达 100 亿立方米，使之成为目前世界上灌溉面积最大的水利工程。

都江堰是四川乃至整个西南地区网络的一个超级节点，它的建成首先造就了都江堰本地区的富庶，而随着一些关键的边（新开凿的灌溉渠系）的建立，周边的地区也越来越受益于它而发展起来。由都江堰所引起的农业上的繁荣，直接导致了成都平原地区整个社会、经济和文化上的进步。与此同时，都江堰现在还是全世界迄今为止，年代最久、唯一留存、以无坝引水为特征的宏大水利工程，成为世界文化遗产和国家 5A 级旅游景区，每年都有成百上千万的中外游客慕名而来，为当年的经济发展做出了非常重要的贡献。可以看出，都江堰工程及其灌溉渠系所带来的这种巨大的外部性恐怕已经远远超出了当时李冰父子和后人建造它们时所能预料到的，更何况当初他们是以航运为主要目的的呢？

京杭大运河是中国、也是世界上最长的古代运河。北起北京，南至杭州，流经天津、河北、山东、江苏和浙江四省一市，沟通海河、黄河、淮河、长江和钱塘江五大水系，全长 1794 公里。在古代，陆上运输只能依靠人力和畜力，速度缓慢，运量又小，费用和消耗却甚大。所以大宗货物都尽量采用水路运输。中国天然形成的大江大河大都是从西往东横向流动的。但是在黄河流域历经战乱破坏，而长江流域得到开发以后，中国就逐渐形成了经济文化中心在南方，而政治军事中心在北方的局面。为保证南北两大中心的联系，保证南方的赋税和物资能够源源不断地运往京城，开辟并维持一条纵贯南北的水路运输干线，对于朝廷就变得极其重要。在隋统一南北以后，隋炀帝征调大量劳役，将以前各朝代开凿的运河水道以及已有的自然水道加上隋代开凿的运河组成了一条自江南到洛阳的水道，主要目的是运送首都所需的物资。运河以洛阳为中心，向北到涿郡（今北京河北一带），向西到首都大兴（即长安，今西安），向南到余杭（今杭州）。在后面的历朝历代，统治者都对大运河进行了延伸和扩宽，直至形成了今天的京杭大运河（见图 2-22）。

京杭大运河的修建方便了将南方的粮食运送到北方，带动了沿岸地区的经济建设，促进了南北的交通和商品的交换贸易，使得中原文化与南方文化能够相互融合，巩固了中央政府对全国的统治，对古代中国社会政治、经济、文化等各个方面都带来了巨大而持久的外部性。

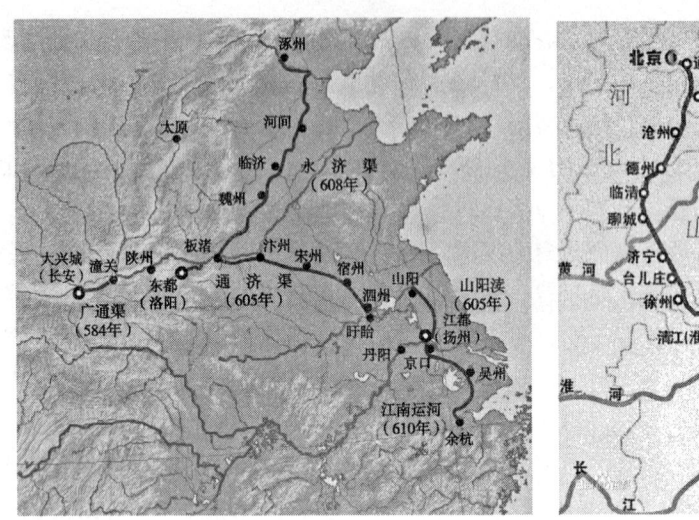

图 2-22　隋朝时期（左）和今天（右）的京杭大运河

资料来源：百度图片。

　　无论是从英美日等国铁路建设，还是从中国古代都江堰和京杭大运河开凿的例子来看，网络中的超级节点（比如重点城市、港口、交通枢纽等）和重要的边（比如高速公路、铁路网、通讯网、水利工程等基础设施）对于网络的发展非常重要。一方面，超级节点和重要边能够促进本地社会、经济、文化的繁荣发展；另一方面，这些节点和边的建立可以带动网络中其他节点的发展，实现社会财富的再分配，促进全社会的繁荣发展。也就是说，网络中关键节点和边的建设都会带来很强的外部性，这种外部性不仅仅体现在空间上非常巨大，而且在时间上也能持续很久，造福子孙后代。

　　但是，这些节点和边的建设又常常是极度耗时、耗力的，对于建设者本身来讲可能常常不能带来收益，甚至会给主导建设的组织或人带来巨大的损失。比如，在英国铁路建设狂潮中，赫德森的公司最后在泡沫破灭时破产，自己因为负债累累也逃到了法国避债，晚景凄凉；隋炀帝因为急切地期望京杭大运河早日建成，短时间内征发了大量民工，耗费了大量的物力和财力，给人民带来了灾难，同时征收了大量赋役，加重了人民的负担，激化了社会矛盾，一定程度上加速了隋朝及其本人的灭亡。

　　即便如此，考虑到网络的巨大外部性，对于网络中重要节点和边的建设，我们也应该大加鼓励，虽然在这个制造泡沫和泡沫逐渐破裂的过程中，许多参与其中的人的个人利益会有所损失，但是这种泡沫对整个网络和子孙后代带来的利益将是无穷无尽的。在没有私人愿意承担损失个人利益的风险而从事这样的工作的时候，在条件允许的情况下，我们的政府应该果断地承担起这个责任。亚当·斯密在《国民财富的性质和原因的研究》（即《国富论》）一书中提到了政府的职责问题，他认为政府的主要责任包括对外保卫国家、对内维持治安和司法，以及建设和经营公共工程。这里，建设和经营公共工程就是建立网络中的关键/超级节点和关键/重要的边。我们认为，除了上述对内建设关键节点和关键边的职责，政府还应该主动担负起建立本国对外的连接所需的一切职责，从政府层面与世界上其他国家签署经济、文化、科技等合作交流协议，同时为这些合作交流的发生提供必要的物理保障，如建设跨国交通、通信等基础设施。

在当前阶段，我们主张利用国内及国外的低成本资金和较低的资源价格机遇，抓紧进行网络超级节点和边的建设，包括能源、交通、资金、信息网络的建设。不仅仅是中国，全世界都应该抓住机遇期进行网络建设，网络化能够促进共享、公平、合作和发展，带来巨大的外部性。大型的基建网络建设会带来资产泡沫化的问题，但网络建设带来后效性远大于前效性。凯恩斯主张"挖坑再填上"的创造需求方式不是我们所提倡的，将政府力量用在网络化的建设更有意义，正如京杭大运河和都江堰水利工程泽被子孙后代，所带来的外部性远超建设者想象。

2.4 信息互联网

2.4.1 高速熵控网络

在前几节的讨论中，我们一直关注的是物理世界的网络，比如水电网、交通网等。这里，我们也将这些由物理节点和物理的边组成的熵控网络称为"经典熵控网络"。在最近的一二十年里，已经出现了以信息互联网为代表的、由虚拟节点和虚拟的边组成的新型网络。在物理上，信息互联网是一个由终端（如智能可穿戴/手持/移动终端、电脑、各类传感器等）、云端（各类服务器，私有云、公有云等）和底层的通信网络（由交换机、路由器、光纤等组成，属于经典熵控网络）组成的，用于信息分享和传输的网络。物理终端、云端之间的交互依赖于底层通信网络中各节点的传输，而底层的通信网络的拓扑结构

（节点和边的部署）仍然需要遵循经典熵控网络的各项原则。但是，由于底层通信网络信息传播的速度是电磁波的速度，也就是光速，约为30万千米每秒，任何两个节点之间交互的延迟极短。这种高速传播信息的网络使得网络的物理拓扑显得不再重要，从而我们可以认为建立于底层通信网络之上的虚拟的信息互联网中边的建立成本极低，网络中的任意两个节点之间只要有一条路径相连，都可以认为它们之间存在一条直接相连的虚拟边，这样信息互联网的拓扑近乎一个全连通网络，即网络中边的数目为 $n(n-1)/2$，其中 n 是网络中节点的数目，同时假定网络中没有孤立的节点。我们将像信息互联网这样的，建立在经典熵控网络之上的一层虚拟覆盖网（overlay）称为高速熵控网络。

在信息互联网时代，网络的节点和资源高度分散，高度互联。其上产生的创新可以高速反馈，高速迭代，它是一种更高等级的熵控结构模式，它同低自由度但高能耗、高物质消耗的经典熵控结构有很大的不同。信息互联网将我们人类社会推向了文明加速期（农业文明5000年，工业文明300年，信息互联文明20年）。信息互联网对传统颠覆的深度、广度和力度是都是前所未有的。

在信息互联网时代，网络中包含了数量巨大的节点，具有非常强的长尾效应，当这种大数据特性和长尾特性结合起来，就可以使很多之前不确定的东西慢慢消失，变成确定，从而为长尾提供了变现的可能。比如，某个非常有个性的餐馆老板，他的餐馆里的菜品口味都非常独特，这些菜品可能不会受大多数客户的喜欢，但是还是会有一定比例的客户非常喜欢（或者非常愿意挑战）这种口味。在传统社会，由于餐馆周边喜欢这个口味的食客非常少，餐馆很可能维持不下去。但是，在现在的互联网时代，那一小部分喜欢这种口味的消费者可以通过大众点评、社交网站等软件了解到这家餐馆并前去就餐。由于网络中节点数非常非常多，这一小部分比例的消费者也能够形成绝对数量非常庞大的群体，从而为餐馆带来了大量的客源。可以看出，在这种供应端和消费端都是长尾的情况下，只有信息互联网化才能将其配对，让这种个性化的供给和需求同时得到满足，并且创造出巨大的经济效益。从我们自身来讲，在传统金字塔式的社会，我们必须努力爬到金字塔的顶层，才会被承认为精英。但是，互联网社会就是一个狼牙棒，一个大圆球上无数的尖刺，我们只要找一个位置长出来就可以成功。

在信息互联网时代，由于信息传播的高效性，传统的小世界无标度网络会迅速演化成超级节点或者云端。在云端存在的情况下，节点之间事实上可以约略为一步可达，而且把很多中继节点都节约掉了，这大大提升了连接效率，使得生产者到消费者几乎一步可达。同时，由于信息互联网的高自由度，使得信息不对称改善，交易中受环境约束的交易环节也被直接跨越。这使得价格体系更趋透明和下降，这种颠覆有持久性。这一切都使得无论生产者、消费者都离不开信息互联网，更离不开云端，我们在搜索、计算、存储等多方面等越来越倾向依赖云端解决。比如，京东等购物网站就是这样一个例子，对生产者来讲，节约了中间渠道，商品销售效率更高，同时可能销售更多的商品；对消费者来讲，可以享受更低的价格，同时购物过程更加简单和便利。另一方面，这种趋势也大大提升了云端、生产者、消费者对体验的敏感性，从而对服务有了更高的严求，包括服务的品质和对快速变化的适应性。最后，超级节点不应该单一化，即不应该垄断，否则会出现星型网络的缺点，虽然这样效率几乎最高。形成一个若干超级节点组成的中心网络是一个比较好的选择。

目前，我们已经建立了庞大而高效的人与人之间的信息互联网；未来，随着人工智能、机器人、物联网等相关技术和产品的普及，人与人、人与物、物与物都将紧密相连，整个社会都会发生翻天覆地的变化。在下一章中，我们将详细分析与展望这一趋势，这里仅仅就一个小话题——互联网时代的广告进行一些简单的讨论。

2.4.2 广告

传统的广告是星型结构，是广播式的，要想使广告的效果好，必须抓住星型网络的中心节点，如重点电视、报纸、广播等，这种广播式的传播效率非常高，能够以最短的时间覆盖最大的人群。但是，这种广告传播只是单向的，很少有或者几乎没有反馈（购买这种商品姑且算是一种对该广告的反馈吧），这种单向性意味着消费者只能被动地接受，对商品的看法、意见和建议都得不到充分地表达。对商家来讲，也很难准确把握消费者的需求，生产出的商品也都是商家自己设计的同质化的商品。除此之外，星型网络过度依赖于中心节点，一旦生产者失去对中心节点的控制，或者中心节点出现问题，对生产者和商品的冲击将是灾难性和毁灭性的。

20世纪90年代中期，中央电视台将黄金时段的广告位置拿出来，进行全国招标，并给投标金额最大的企业冠以"标王"的称号。1995年11月8日，在央视一年一度的招标会上，来自山东临朐县的秦池酒厂以6 666万元一举拿下央视"标王"，从此掌握了中国观众最多的电视台的最黄金时段的广告投放机会，也就是说控制了传统星型广告网络的中心节点（见图2-23）。1995年，秦池酒厂也只是中国北方一个小有名气的，年产量9 600吨，实际销售9 140

吨，年销售收入1.8亿元，利税3 000万的中小厂商。在夺得1996年央视标王之后，秦池一下子从一个地方酒厂变成了一个全国知名的大企业，这一年秦池销售额比1995年增长500%以上，利税增长600%，同时在1996年11月8日，秦池集团又以3.2亿元的天价卫冕央视1997年标王。但是，秦池酒厂这种依赖星型网络的中心节点进行广告营销的模式有一个致命的问题：必须很长时间内都依赖这个中心节点，直到公司本身的实力接近或达到与天价广告本身相匹配的水平，这也是秦池酒厂依然花天价努力卫冕标王称号的原因，如果不这么做，秦池酒的销量非常可能直线下降。1997年初，一则质疑秦池酒厂实际生产能力以及收购川酒进行勾兑的事实的报道被披露，引起了舆论界与消费者的极大关注，从而导致了秦池的市场形势全面恶化，当年销售收入比上年锐减3亿元，再也无力争夺1998年的标王，而到1998年，秦池酒厂又全年亏损，曾经辉煌一时的秦池模式成为转瞬即逝的泡沫，秦池从此一蹶不振，从传媒的视野中逐渐消逝。可以看出，秦池酒厂成也中心节点，败也中心节点，星型网络控制中心节点进行广告的优势和劣势一览无余。

图 2-23 秦池荣膺央视标王的电视广告画面

资料来源：百度图片。

在互联网时代，可以产生新的广告模式。通过社交媒体，用户常常将自己喜欢的产品推荐给社交网络上的朋友，这种口碑传播往往比传统的广播式广告更可信，更让人易于接受。由于互联网的小世界特性（六步可达），这样用户自发的广告也常常能很快传播到整个网络，这就是所谓的粉丝经济/口碑营销。小米公司 MIUI 的成功就是一个很好的例子。MIUI 是小米科技旗下基于 Android 进行深度优化、定制、开发的第三方极受手机发烧友欢迎的 Android 系统

· 126 ·

ROM，专为中国人习惯设计，全面改进原生体验。MIUI 最早在 2010 年 8 月只有 100 个内测用户，这些用户通过社交媒体等不断地进行口碑营销，不断扩大 MIUI 的影响力。到一周年时 MIUI 用户数达到 50 万，2013 年 2 月 MIUI 的用户突破了 1 000 万，2013 年 7 月底这一数字变为 2 000 万，2013 年 12 月达到 3 000 万，而到 2014 年 8 月 16 日米粉节时，MIUI 国内外发烧友用户总数已经达到 7 000 万，用户群体遍布中国、英国、德国、西班牙、意大利、澳大利亚、美国、俄罗斯、荷兰、瑞士、巴西、印度等近 20 个国家。另外，互联网时代通过社交媒体的广告营销网络常常是幂律网络，这种网络不依赖于中心节点，同时有很强的长尾效应，即便商品不是最受欢迎的，但是只要其有一定的优势能吸引部分忠实的消费者，由于互联网上用户基数巨大，其生产者总能靠这部分长尾的消费者生存和发展下去。

更为重要的是，在互联网时代，用户的需求还能够方便快捷地反馈给厂商，厂商能够倾听消费者的每一个需求，甚至让消费者通过投票选出最迫切的需求，参与到产品的改进和设计中来，然后厂商可以快速地对商品进行更新迭代，不断改善商品质量。这样产生的产品不再同质化，而是充满了多样性与个性化的特征，能够满足更多的用户，人的自由度不断提高。消费者一方面可以及时享受到改善后的新产品（尤其是软件/信息化产品，用户无须重新购买，只需要通过网络升级即可），另一方面享受了心声被倾听、认可和参与创造的满足感、成就感。小米公司的 MIUI 就是这样产生一个成功的产品。[①] 小米为 MIUI 建立了专门的社区论坛网站（http：//www.miui.com/forum.php），用户可以在上面对 MIUI 进行各种评论和吐槽，并根据自己的实际使用情况提出合理的意见和建议，论坛则会有专门的版主查阅、回复这些帖子，同时收集多数用户提出的靠谱的建议并将其反应给产品工程师，工程师快速响应，将用户反应最强烈的需求实现到产品上去，MIUI 保持每周一个更新，至今已经更新了 200 余个版本，最近推出的 MIUI 6 也变得越来越强大，越来越易用，越来越美观（见图 2-24）。

最后，值得注意的是，相对于传统的星形网络式广告，幂律网络的广告效率要稍低一些。但是，正如前面所介绍的秦池酒厂的例子，星型网络式广告虽然效率极高，但是如果企业自身的实力无法满足这种高效广告带来的用户需求，不能实现企业的迅速发展壮大并一直控制着中心节点，其对企业本身的毁灭性可能也是极其迅速的。相比来看，类似于小米公司的 MIUI 这种依赖幂律

---

① 黎万强：《参与感：小米口碑营销内部手册》，中信出版社 2014 年版。

网络的粉丝营销，其效率虽然没那么高，只能聚集一小部分拥趸，但是这样能够留给企业足够的成长时间，在这个过程中，企业得到充分健康发展，其用户数量也在稳步发展，而广告的传播效率也会随着用户数的增加而不断提高，从而逐步做大。可以想象，如果小米公司像秦池酒业那样，在产品还不是特别完善，公司实力还不是足够强大时投巨资进行广播式广告营销以笼络巨量的用户，它也很快会被用户抛弃，从而成为手机操作系统界的过眼云烟。

图 2-24　MIUI 6 最新版本界面效果图

2.5　智能与超生命体

2.5.1　智能

熵控网络要求网络的节点多，边更多，且边一般以大约 $nlogn$ 的速度增长，其中 n 为网络中的节点数目。显然，当 n 大到一定的程度时（比如，物联网，万物互联，几乎所有的物体都连入到网络中），无论是网络的管理还是新边的高效建立都是一个很大的挑战。因此，为应对互联网等巨型网络的扩张，解决扩张带来的可管理性和成本可控性等问题，从而保持网络的稳定、发展、高效、创新等特性，网络的日益智能化必然是一个确定性的趋势。

什么是智能？节点或子网或整个网络的智能如何度量？这是一系列十分难于回答的重大问题，智能涉及意识、自我、心灵等，目前人们对动物智能、群

第 2 章 网 络

体智能、人工智能的了解不多,唯一了解的智能是人本身的智能,但对其形成机理的理解也非常有限。网络智能由节点的智能和网络结构所决定,即使组成的节点智能程度很低,一个良好结构的网络如熵控网络是可以具有中等甚至较高智能的。例如:单个蚂蚁或蜜蜂的智能程度很低,无法单独生存,可蚁群或蜂群却能做出很多令人惊讶的事情,在地球上已经有了几千万年的历史;维基百科作为互联网的子网具有较高的智能,一方面它们能对各式各样的提问给出回答,从旁观者角度看其输出结果极为多样,另一方面从提问者角度看,它们往往能迅速地给出令人满意的答案,所以我们认为一个结构良好的有规模的子网其智能通常会远远超过单个节点的智能。下面我们试图从熵控网络的角度对于智能给予多方面的理解和解释。考虑一个包含多个节点和边的网络,信息在网络中流动,每个节点通过边从其他节点处获取信息,并结合该节点自身存储的信息进行处理,然后将信息通过边传播出去。我们认为,节点或子网的智能具有以下三个特征:

(1) 高熵输出:即可能的输出结果很多且难于预测。若节点没有信息处理的能力,如节点的输出就等于输入,则该节点显然是没有智能的;相反则具有一定程度的智能,一方面,若节点的输出容易(根据其输入和存储)预测,如输出为输入的线性组合,则该节点的智能程度较低;另一方面,智能程度高的节点其信息处理过程通常是非线性的,并且对同一个输入可能会出现很多种输出,该节点的输出或行为在旁观者看来很难预测。例如,蚂蚁的智能很低,其行踪循规蹈矩容易预测,而狗的行踪预测就相对难一些;对于人来说也是这样,许褚和曹操是两个典型例子。从"旁观者"看来,节点的输出构成一个概率分布,我们认为该分布的熵可以用来刻画该节点的智能程度,熵越大智能程度可能越高,反之则越低。设想有人如上帝般对股票的走势了如指掌,那么其最优选择在常人看来必如噪声般随机难测(处于最大熵状态),这与行为经济学中的"海纳模型"是一致的。

(2) 稀疏输入:不是指节点的输入信息少,而是它能对输入信息给出稀疏表示、抓住主要矛盾。如果一个节点能较好地预测其输入或其他节点的行为,则该节点的智能程度较高,反之则较低。例如,海豚群捕猎鱼群或牧羊犬管理羊群;聪明人如曹操等往往了解或预知周围别人的想法或行为。在处于一个纷繁复杂的局势中时,人们接收到大量各式信息,高智能往往体现在能否抓住主要矛盾并作出最优决策。类似地,我们认为,一个节点通过边从大量邻近节点处获得信息,其智能程度可由节点对全体输入信息的表示来刻画,表示越稀疏智能程度越高,反之则越低。少数政治家如诸葛亮、毛泽东等之所以伟大,在于他们往往能在困难的情况下敏锐地抓住重点(给出最稀疏的表示)并付诸行动,其中认清局势或稀疏表示是最重要的。除了依仗伟人,能否有其他方法呢?我们认为分层的稀疏表示是提高节点智能的关键。

(3)高效反馈:如果人们对节点或子网提出一个问题,高智能往往体现在节点或子网能够很快给出一个具有较强确定性的反馈,即高效反馈。另外,智能网络总是可以尽可能快地在节点或子网间建立关联并形成正反馈回路,智能与创新或涌现是紧密相连的,常常具有非线性、自组织和正反馈等特性,智能促进创新,而创新提升智能。让家电等物品节点拥有智能是发展物联网乃至万物互联的关键,巨量新节点的加入带来的可管可控等问题必须依靠节点和子网的智能特性来解决,智能程度越高则融合程度越深,从而带来整个网络的稳定、发展、高效和创新。

人作为智能生命,是构成人类社会网络的智能节点。人脑是一个由上千亿神经元节点组成的一个熵控网络,每个神经元具有成千上万个树突可以与其他神经元建立连接。生命科学表明,目前在人脑中没有发现类似于硬盘之类的存储介质,那么记忆是如何形成的呢?我们猜测,人脑是以分层网络中的回路形式对信息同时进行存储和表示,其中分层表示很可能是逐层抽象的,有利于大范围的分类和识别。换句话说,信息并非存储在脑细胞中,而是存储在某些神经元构成的回路子网之中,记忆的形成和强化是回路的形成并通过正反馈加强的过程,记忆的减弱和重现也是回路衰减和重新激活的过程。创新性思维类似于网络中的涌现,将原本无联系的小级别回路连接成新的大级别回路,即所谓"灵光闪现";而某些错误连接则可能导致幻听幻视等精神疾病现象。

2.5.2 超生命体

首先,结合网络中节点(包含子网络)或个体的智能程度,我们对网络中的节点进行分类,并将其分为简单节点、智能节点和超生命体三种类型。

对于一个给定的输入 X,简单节点能够输出一个唯一的、确定的输出 $f(X)$,其中 f 是一个关于 X 的确定性函数,f 可能是已知的,也可能是现在未知,但未来可以通过观察而学习出来的,如图 2-25 所示。显然,简单节点是几乎没有智能的。人体内的大部分神经元就是简单节点。

$$X \longrightarrow \boxed{简单节点} \longrightarrow Y=f(X)$$

图 2-25 简单节点示意

第 2 章 网 络

所谓智能节点，就是由一些简单节点通过一些边连接而形成的一个复杂节点。这些连接边可能刚开始是固定的，但是随着时间的推移，简单节点之间的连接关系会发生变化，从而智能节点的行为变得不可预测。如图 2-26 所示，给定一个输入 X，智能节点可能产生 n 个输出 Y_1，Y_2，$\cdots$，Y_n，每一个输出的概率是 p_1，p_2，$\cdots$，p_n，这些输出及其对应的概率常常难以准确得到，甚至会随着时间的变化而变化。人体的神经系统就是一个由简单神经元节点组成的一个智能节点。

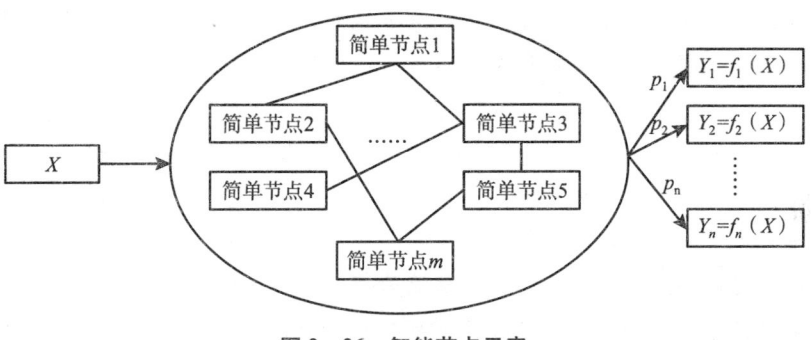

图 2-26 智能节点示意

最后，由智能节点组成的网络就形成了超生命体，如图 2-27 所示。对于给定的输入 X，超生命体的输出变得更加复杂，更加不可预测，相应地，智能程度也超高。超生命体正是具备了这种不可预测性，才形成了产生外部性的可能性。人类社会就是一个由人这样的智能节点组成的超生命体。

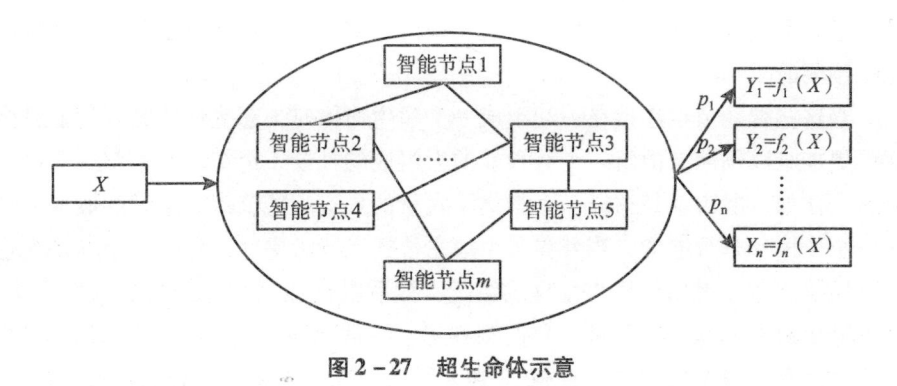

图 2-27 超生命体示意

对于智能节点和超生命体，我们可以根据节点的各种可能输出建立一个概率分布，从而用该分布的熵来刻画节点的智能程度，熵越大，则智能程度越大。一般来说，一个子网或整个网络的智能由节点的智能和网络结构所决定。即使组成的节点智能程度很低，一个良好结构的网络（如熵控网络）是可以具有中等甚至较高智能的，这也充分体现了网络的外部性。

2.5.3 一些简单的例子

人体的神经系统就是一个典型的智能节点。人体各器官、系统的功能都是直接或间接处于神经系统的调节控制之下，神经系统是整体内起主导作用的调节系统。人体是一个复杂的机体，各器官、系统的功能不是孤立的，它们之间互相联系、互相制约；同时，人体生活在经常变化的环境中，环境的变化随时影响着体内的各种功能。这就需要对体内各种功能不断作出迅速而完善的调节，使机体适应内外环境的变化。实现这一调节功能的系统主要就是神经系统。神经系统主要由神经元和神经胶质两种细胞组成。神经元是一种高度特化的细胞，是神经系统的基本结构和功能单位，它具有感受刺激和传导兴奋的功能，是神经系统的主要细胞。神经胶质数目是神经元 10～50 倍，但是胞体较小，胞浆中无神经元纤维和尼氏体，不具有传导冲动的功能。神经胶质对神经元起着支持、绝缘、营养和保护等作用，并参与构成血脑屏障。对于每一个神经元或神经胶质来讲，它们的行为都是可以预测的，因此是简单节点。但是，当这些数量众多，功能各异的神经元和神经胶质连接在一起组成神经系统这样一个智能节点时，神经系统的行为变得再也不可预测。比如，当某人接收到一个用手指敲击桌面一下的指令时，该人可能服从指令敲击桌面一下，也可能不服从指令不敲击，或者敲击两下，或者敲击墙壁，这些都是发出指令的对象所无法预测的。

当这些智能节点连接在一起组成一个超生命体时，超生命体的行为显然会变得更加难以预测。由每一个有智能的人组成的社会、组织、国家都属于超生命体。比如，股市就是这样一个聚集了大量的具有智能节点的组织。股市中的每一个个体都是智能的，当外界某个消息传播到股市中时，每一个个体都会进行理性的思考，得出自认为合理的结论，然后据此做出相应的股票买卖决策，以便赚取最大的利润。但是，我们都知道，在股市里有一个著名的 631 规律：从长期来看，股市里大概会有 60% 的人亏钱，30% 的不亏不赚，只有 10% 的人能够赚钱。在这 10% 的赚钱的人里面，60% 只能赚很少的钱，30% 的人能赚一定量的钱，只有 10% 的人能够真正赚大钱。因此，即便股市中的每一个个体都作出了自认为能够大概率赚钱的决定,股市最后的走势也都要出乎大多数人的意料。

在凯文·凯利的经典巨著《失控:机器、社会与经济的新生物学(Out of Control: The New Biology of Machines, Social Systems, and the Economic World)》一书中[1],通过大量的研究和凯利本人的观察(他本人长期养蜂)表明:蜂群、蚁群、雁阵等"实体"都是高度智能化的集群,这种智能远远超出人们的预料。比如,蚂蚁的物流系统比人工设计的物流系统都优化和完善,蜂群的行为展示出一种让人惊叹的智能。事实上,单个蜜蜂、蚂蚁、大雁的智能都是极其低下的,但它们聚集在一起就产生了高级动物都不具备的智能。集群作为一个整体,形成了一个网络化、系统化、高智能的活系统。这些集群不是生物物种(即智能节点),但作为整体,它们具有一种显而易见的生命力和独特的行为方式。组成集群的个体相互链接,多方协同和共享资源,最终形成了一种行为异常复杂的超生命体。

2003年5月10日,阿里巴巴集团投资1亿元人民币创办了一个提供拍卖二手货交易的消费者对消费者电子商务平台——淘宝网(www.taobao.com)。这个平台推出后很快就聚集了大量的用户(智能节点)。但是,随着时间的推移,淘宝已经逐渐转型到以一口价出售全新商品交易为主。个人或企业卖家均可在淘宝网开设网上商店,面向中国大陆、香港、澳门以及台湾等地的消费者。卖家售卖全新或二手商品皆可,也可以选择以一口价形式或拍卖形式售货,当前淘宝网上的商品绝大多数是以一口价的形式出售的全新商品,拍卖类交易的数量占总交易数量已经比初创时大幅下降,只占到全体交易的一小部分。截至2013年,淘宝网已经拥有近5亿的注册用户数,每天有超过6 000万的固定访客,同时每天的在线商品数已经超过了8亿件,平均每分钟售出4.8万件商品。截至2013年3月31日,淘宝网和天猫平台的交易额合计突破人民币10 000亿元。可以说,现在的淘宝包罗万象,人们可以在上面买到几乎所有的商品,小到一针一线,大到一车一房,真正变成了其广告中所宣传的"万能的淘宝"。(见图2-28)可以说,无论是当时淘宝的创始人(团队),还是行业观察家,都没有谁能预计到淘宝会发展成今天这般景象。然而,正是由于淘宝是一个由无数智能节点组成的超生命体,才使得它变成了现在几乎大部分网民都离不开的"生活必需品"。

---

[1] [美]凯文·凯利著,东西文库译:《失控:机器、社会与经济的新生物学》,新星出版社2010年版。

图 2-28 万能的淘宝

2.5.4 超生命体的特征

从上面一节的几个例子当中,我们可以大体总结出超生命体的一些基本特征来。

(1) 反身性和不可预测性

由于超生命体由大量的智能节点构成,每个节点的行为对整个系统产生无比复杂的影响,具有反身性,从而导致整个超生命体的不可预测性,反身性和不可预测性是超生命体的一个最基本的特征。事实上,由于超生命体都是由智能节点组成的,每个智能节点的行为都是不可预测的。当其中的个体对其他节点做出所谓的理性预测时,其结果往往出乎意料,本质原因是个体不了解,也不可能了解全局。然而,在很多情况下,非理性的群体洪流却能神奇地裹挟着这个超生命体向前发展。股市是这样,人类社会、国家、经济系统往往也都是这样。我们国家经常进行的宏观调控很难达到预期,很多情况下就是因为调控者本身就是国家经济系统这个超生命体的一部分,他很难掌控全局信息,根本无法预测这个超生命体中的每一个智能节点会如何应对这种调控,从而也就无法预测调控是否能达到预期。

比如,在宋熙宁二年(1069年),王安石改革时推出青苗法,规定凡州县各等民户,在每年夏秋两收前,可到当地官府借贷现钱或粮谷,以补助耕作。

第 2 章 网　　络

借户贫富搭配，10人为保，互相检查。贷款数额依各户资产分五等，一等户每次可借15贯，末等户1贯。当年借款随春秋两税归还，每期取息2分，实际有重达三四分的。这项措施本是为了抑制土地兼并，在青黄不接的时候救济百姓。然而，实际执行时却出现偏差：地方官员强行让百姓向官府借贷，而且随意提高利息，加上官吏为了邀功，额外还有名目繁多的勒索，百姓苦不堪言。这样，青苗法就变质为官府辗转放高利贷，收取利息的苛政。

再如，2013年2月20日，为了抑制房地产市场的过热行情，国务院推出了旨在强化房地产调控的"国五条"，并在3月1日出台实施细则，规定二手房买卖要对增值部分征收20%所得税。这一规定在社会中引发了巨大的反响，因为这意味着，出售一套增值200万元的二手房，将会上缴40万元的所得税！一时间，国内二手房市场鸡飞狗跳，很多地方出现了紧急过户潮，交易者都想在地方政府出台细则之前完成过户。与此同时，更有网友提出了一招令人啼笑皆非，却简便有效的避税方法——假离婚：第一步，买卖双方夫妻离婚；第二步，卖方房主与买方异性结婚，房产证上加上对方名字，然后再离婚，房屋归属买方异性；第三步，买卖双方夫妻各自复婚。这样一来，二手房过户的总费用只需要结婚、离婚费用，加上房产证更名的费用，最多只要几百元就可以搞定一套房的交易过户。这样的避税办法，可以节省几万乃至几十万元的过户费用。一时间，全国各大主要城市离婚率暴增，"国五条"也基本宣告破产。

事实上，为了将一个超生命体往一个正确的方向调控，调控者本身不能是这个超生命体中的一部分，他应该要跳出来，掌控全局信息，显然这几乎是不可能的，除非你是上帝。在实际操作的过程中，通常可以以微调的方式对超生命体进行管控，微调后观察一段时间，然后再根据调整效果不断改进管控策略，从而逐步、稳健地管控超生命体。

(2) 1+1>2

对于超生命体中的每个智能节点个体，其能力可能不是很高，但是一旦这些智能节点连接在一起形成网络，整个群体的智能可能会发生1+1>2的飞跃，激发出令人难以理解的进步力量。比如，在蚁群的例子中，每一个蚂蚁的力量可以说小到微不足道。但是，这些蚂蚁聚集到一起以后，竟然能够设计出比人类设计的都要先进的物流系统。在淘宝的例子中，每一个卖家，每一个买家都只能销售或消费极少种类的商品，把其中的任何一对交易拿出来都显得极端地渺小。但是，这是由这些千千万万个渺小的个体和交易造就了淘宝网这样一个伟大的平台，不仅极大地方便了销售者和生产者，还增加地千千万万个就业岗位，创造了无数的消费需求，为国家的稳定和经济发展作出了巨大的贡献。也正是如此，2014年9月19日美国纽约时间上午9点半，阿里巴巴（淘宝母公司）在纽约证券交易所上市时，马云没有像其他企业的领导者那样亲自上台敲钟，而是邀请了最平凡的八位客户（分别是两位网店店主、快递员、用户代表、电商服务商、淘宝模特、云客服和一位是来自美国的农场主）为阿里巴巴执行了这一隆重的上市敲钟仪式。出于同样的原因，2014年10月16日，阿里巴巴把其旗下的金融服务相关的几项业务整合并成立了"蚂蚁金融服务集团"，简称"蚂蚁金服"。蚂蚁金服旗下拥有支付宝、支付宝钱包、余额宝、招财宝、蚂蚁小贷及筹备中的网商银行等品牌，"之所以选择这个名字，是因为我们是从小微做起，我们只对小微的世界感兴趣，我们身上承载了太多小微的梦想，我们喜欢与更多小伙伴们同行。就像蚂蚁一样，虽然渺小，但它们齐心协力，焕发出惊人的力量，在去目的地的道路上永不放弃"。

（3）自组织，自我进化，有强大的生存能力和很长的生命周期

无论是人类社会、股市、蚁群、雁阵、还是淘宝，它们都有强大的生命力。超生命体中的每一个个体可能会随着时间的流逝而消亡，但是又总是会有新的智能节点加入进来，超生命体始终处在一个动态平衡和进化的稳定状态。超生命体本身有一种自我组织的原则，自我进化的特性，这些都不会随着时间的推移而产生大的变化，它们是超生命体得以存在的灵魂支柱，从根本上维持了超生命体的生存，使其具有无比长的生命周期。比如，股市中一个很重要的组织原则就是人类的贪婪与恐惧。无论时间如何变化，人性不会变，贪婪与恐惧不会变。这样就保证了股市不会让所有人赚钱，那样股市迟早要崩溃；也保证了有一小部分人赚钱，从而不断地吸引人们把资金投入到股市中来。股民们进进出出，有人铩羽而归对股市充满了仇恨，有人赚得盆满钵满对股市充满了爱恋，而股市本身却岿然不动安静地生存了好几百年。

一般来说，超生命体/网络中不断产生的创新或新智能是维持超生命体自组织形态，促进其自我进化，保持其生存能力和生命周期的根本动力。智能一方面由网络中的正反馈回路带来，另一方面又催生了网络中更多正反馈回路的产生。值得注意的是，网络中只要有一个或者一部分节点产生一些创新，通过网络的传播，就能够使整个网络所有节点的智能程度得到提升。同时，由于超生命体的存在，每一个节点无需将自身的智能强制传承给自己的直系后代，只要将这些保存在整个网络中（类似于云存储），然后会有网络中其他的后代节点将该节点的智能发扬光大，而自己的直系后代也可以在网络中继承自己感兴趣的一些智能并在此基础上继续发展，从而推动超生命体的不断进步。因此，类似于人类这样的超生命体的意义就在于在前人的基础上创造出丰富多彩的新

智能，并保存于超生命体网络中，下一代人则继续遵循此过程不断循环迭代进步。

2.6 本章总结

本章主要提出了熵控网络的概念，指出了熵控网络应该满足的三个基本条件，定义了合熵的概念来量化分析二元对立系统，讨论了稳定、发展、高效与创新之间的联系，阐明了网络化及其中产生的创新可以大大提高人的自由度的观点。特别地，我们利用合熵的概念对网络化对人类社会的影响进行了数学刻画，分析了网络化与人类文明之间的关系，同时着重强调了网络化的巨大外部性。最后，对一类特殊的网络——超生命体进行了较为详细的论述，并说明了外部性是超生命体网络不确定性输出的一种特殊表达形式。

通过本章的讨论，我们试图解释清楚网络化背后所蕴含的共享、公平、合作和发展的本质，由此产生的巨大外部性足够对网络的发展产生重大且深远的有益影响。因此，我们倡议国内外政府应该紧抓时机，大力建设具有公共意义的基础网络，为未来更广更深的发展和进步打下坚实的基础。

2.7 本章附录

幂律网络中节点的度分布为 $p(k) \sim c \cdot k^{-r}$, $k=1,2,\cdots,n-1$，则节点度的期望值为

$$\begin{aligned} E(K) &= \sum_{k=1}^{n-1} k \cdot ck^{-r} \\ &\approx c \cdot \int_{1}^{n-1} k^{-r+1} dk \\ &= c \cdot \frac{k^{2-r}}{2-r} \Big|_{1}^{n-1} \\ &= c \cdot \frac{(n-1)^{2-r}-1}{2-r} \end{aligned}$$

当 $r=2$ 时，利用洛必达法则，$E(K) \approx C \cdot \ln(n-1) \approx c' \cdot \log n \sim O(\log n)$；当 $1<r<2$ 时，$E(K) \sim O((n-1)^{2-r}) \approx O(n^{2-r})$；当 $r>2$ 时，$E(K) \sim O(1)$。根据网络中节点度的期望值，考虑到节点中共有 n 个节点，容易得到一个包含

n 个节点的幂律网络的边的数目的估计。

另一方面，特别地，当 $r=2$ 时，根据调和级数的相关结论，

$$E(K) = \sum_{k=1}^{n-1} k \cdot ck^{-2} = c \cdot \sum_{k=1}^{n-1} k^{-1} = c \cdot [\ln n + \gamma + \varepsilon_n] \approx c' \cdot \log n$$

其中，$\gamma \approx 0.5772$ 是欧拉—马歇罗尼常数，而 ε_n 约等于 $\dfrac{1}{2n}$，且随着 n 的增大而趋向于 0，c' 是一个主要由 c 决定的常数。

第3章 归信息化

3.1 归信息化

信息，通常指在学习或观测中所得到的新闻、消息、知识和数据。在科学上，信息具有严格和确切的含义，它是指某些抽象的、能被存储、提取、传递和交换的资料以及数据的集合，用信息量来作为定量的描述。在薛定谔的负熵理论提出之后，布里渊、维纳、香农等人又进一步地提出并论证了"信息就是负熵"的观点。

对一个系统而言，当我们得到关于它的足够信息后，我们可以消除一部分（或全部）关于其运动状态的不确定性，这样所消除（或减少）的熵就是负熵，所以信息就是负熵。信息所表示的是体系的有序度、组织结构程度、复杂性、特异性或进化发展程度，这是熵（无序度、不定度、混乱度）的矛盾对立面，即负熵。

$$负熵 = 价值 = 效用度 \times 耐用度$$
$$V = (V_m + V_e + V_t^{labor} + V_s + V_i) \cdot V_t^{life}$$

负熵的输入以物质、能量为载体，只有将信息（负熵）载荷到相应的物质载体上去，我们才能得到进化了的具有特定功能的新的物质系统。

"生命赖负熵为生"，通过获取负熵来抵御自然熵增。然而能源和物质是一项资本，是地球所赋予的、不可替代的有限资本。由于经济的快速增长、放纵使用资源，世界非再生的能源和物质消耗都在加速增大，存量资源急剧减少、污染大增，两者的熵已提高到了一个非常危险的水平。

信息不能完全替代物质、能量，但载荷在物质之上的信息价值越多，进化的新的物质系统对物质和能量的依赖就越少。同时，信息价值没有守恒定律的约束，可通过网络实现高效传输，运用编码技术可以对信息进行拆分。通过分散布局可以有效提高系统稳定性。

人类社会的根本矛盾可以总结为：负熵的间断、有限供给与持续、加速的熵增之间的矛盾，具体表现为有限的资源与无限的消费，这是一切危机的根源。

在经济系统中，价值创造需要消耗直接生产成本，以及需要考虑外部不经济带来的间接成本。直接成本中，物质、能源、劳动时间等要素都受到稀缺约束，归信息化的目标是提高信息价值占比，获取更大的经济效益。

$$\text{经济效益} = \frac{\text{价值}}{(\text{货币价格})} - \frac{\text{直接生产成本}}{(\text{信息、能源、物质、空间、劳动时间})} + \frac{\text{间接经济效益}}{(\text{外部经济})} - \frac{\text{间接生产成本}}{(\text{环保成本等外部不经济问题})}$$

归信息化是解决根本矛盾的最优选择路径。归信息化具备共享、合作、开放、全局、自由、民主、平等、非物质幸福和非物质尊严、环保、自然和谐、边际递增的普世价值观，核心理念是通过扩大载荷在物质之上的信息价值，形成新的物质系统，从而减少对物质、能源的消耗，实现可持续的负熵供给。

熵控结构可以区分经典熵控结构和高速熵控结构。所谓经典的熵控结构是基于传统物理连接的网络结构，例如公路网、铁路网和航空网等；高速熵控结构表现为信息网络的连接，熵控网络形成的速度快成本极低，传输信息量巨大，单位传输成本被快速摊薄，单位物理投入趋向于无限小，比如互联网（见表3-1）。

表3-1　　　　网络单位信息传输量耗用价值比较

	物质价值	能量价值	劳动时间价值	空间价值	信息价值
经典熵控网络	大	大	大	大	小
高速熵控网络	小	小	小	小	巨大

3.2　归信息化的价值观

3.2.1　共享

在经济活动当中，能源、物质、土地和劳动力一般具有独占性。这些资源或通过行政手段，或通过市场竞争进行分配，难以实现共享，具有排他性。而信息不一样，信息具有可复制性，信息价值可反复使用，因此，信息具备可共享的特性，一方获得和使用并不影响其他人的获得和使用。信息共享后，在使用过程中不是被消灭，而是创造出更多的信息。

3.2.2 边际递增

在传统经济当中，企业追求规模经济。投入的固定资产以及生产过程中形成的固定成本占总成本的比重较大，只有通过扩大产能提高固定资产的使用效率，才能有效降低单位成本。企业规模成为衡量企业竞争力的重要指标之一，并成为许多行业的"进入壁垒"。但规模扩大不会出现无限边际递增的情形，当边际贡献小于边际成本的时候，规模再扩大会产生边际递减的效应。

信息的可共享、并在共享中可增值的特性，是物质和能量所不具有的。这就是通常所说的，物质和能量均是越用越少，而只有信息是越用越多。[①] 信息越用越多正是反映了其具备边际递增的效应。

高科技企业的盈利能力强、估值高的原因在于一个精灵——信息。信息价值占比高的商品，产量的增长所受的约束更少，相对稀缺程度更低，销量的增长快于价格的下跌，因此边际价值递增。而物质占比高的商品，供给的增加，价格也会下跌，会出现边际递减的情况。

$$收入 = 价格 \times 销量 = 价值 \div 稀缺 \times 销量$$

信息价值占比高的行业，容易快速形成单峰值，信息通过改变生产者的供给分布，能够实现熵减，供给分布趋向集中的速度更快，价格衰减的速度也会放慢。

从价格弹性的角度来看，信息占比高的商品，供给分布趋向集中速度较快，价格黏性更大；而物质价值占比高的商品，供给分布集中的速度较慢，因此价格弹性较大。

3.2.3 合作

信息作为生产要素，如何能最大化信息价值是效益提升的关键。归信息化的过程强调信息使用者之间相互合作，新的信息创造过程不是简单的相加，信

[①] 肖峰：《信息主义及其哲学探析》，中国社会科学出版社2011年版。

息产出可能是乘数效应或指数效应。网络化的基础之上，信息共享，相互间合作，创造出的信息成指数级趋势增加。

3.2.4 开放

信息作为生产要素非但不会被消灭，反而在使用过程中不断积累和增加。这是一点与传统资源的独占性根本不同。正因为信息具备如此特性，归信息化强调对信息要持开放的态度，让信息做到无成本复制、共享、使用，以实现最大化效益。

正因为归信息化强调开放，经济的外部性是经济的而非外部不经济。一个例子可以很好地说明这点：在现存电话网络中，增加一个新的入网者 A，入网契约是由 A 和网络经营者之间缔约的。缔约双方以外的人都属于"外部"。但是在属于外部的某个已入网者 B 却有可能与 A 通话。这就是说，A 与网络经营者的契约给"外部"提供了方便。[①]

信息不对称和信息不完全一直存在，阻碍了知识的创新和传播。如果信息能够平等自由地获取和使用，结合网络化，充分共享，充分合作，弱化信息不对称和信息不完全，新的知识、新的发明可能只需更短的时间便可诞生，从而提高全社会的福利水平。

3.2.5 全局

归信息化的最终指向是解决稀缺问题，实现供给熵等于需求熵。

例如，计划经济下，相当于供给方为 1，log1 = 0，相当于知道需求方的全部信息，效率最优；但实际需求需要构建多个联立方程求解，目前没有计算能力；另外一种方式是分散式布局，熵是自信息，消费者总是能够自己生产所需，也能达到效率最优。

自私的价值观取向是从个体利益最大化出发，合成全局利益最大化的路径。例如通过发动战争消灭需求。资本主义遵循丛林法则，通过淘汰竞争对手实现自身利益最大化。

分散式布局强调协同、合作的价值观取向，体现了从全局利益最大化出发，个体从全局中分享到的利益最大化的优点。

[①] 杨仲山、屈超：《信息经济测度方法的系统分析》，科学出版社 2009 年版。

3.2.6 环保

中国经济过去10年经历的是重化工业时代。经济飞速发展的同时，也遗留了一系列环保问题。过去的经济发展依赖能源资源，大量排放温室气体，过度开采，废渣废水乱排放，形成大量污染，实际上这些问题将成为历史欠账。未来如果不进行环保治理，污染问题会持续扩大，威胁人类的生存。

过去先污染后治理的发展方式已经到了不可持续的地步，要进一步提升中国的经济应该如何转型？

归信息化的目标是扩大信息价值的效用，比较物质和能源的生产、使用过程都有可能对环境形成污染，但信息的生产要素不会，未来加大信息要素投入的经济增长更环保。

3.2.7 与自然和谐

从奴隶社会到现代资本主义，战争与和平更替推动历史的前进。世界历史是一部战争史，战争的目的是为了争夺资源，消灭对方需求来满足自身需求。同时，历史发展伴随着人类对自然资源利用能力的提高，例如能源。最初人类学会利用火，需要消耗林木资源；后来工业革命发明了蒸汽机，人类对煤炭的需求快速上升；随着科学技术的进步，人类对石油的依赖又不断提高，同时消耗的速度也是呈指数级上升。归信息化旨在通过加大信息要素的投入，实现资源节约，和自然保持和谐。

3.2.8 非物质幸福和非物质尊严

人类的欲望推动着历史的前行，人类的需求不断的膨胀，过分物欲引致的稀缺会带来各种社会问题，从而对政府管理、社会和谐造成较大的影响。根据马斯洛的需求层次理论，人类的需求层次分为五种，像阶梯一样从低到高，按层次逐级递升，分别为：生理上的需求、安全上的需求、情感和归属的需求、尊重的需求以及自我实现的需求。如果社会形成物质至上的价值观，人类对生理上的需求和安全上的需求会被放大，而更高层次的需求会被忽略。从人类个体来看，除了物质能提供负熵，信息也能提供负熵，归信息化意在不放大物质稀缺的同时，使人类能够获得非物质幸福和非物质尊严的信息负熵。

3.3 人类社会进步依赖信息化

3.3.1 信息传递的演进

离开了信息交流，人类社会既难以形成，也难以维系，更难以发展。[①] 人类历史因此也伴随着信息传递方式的演进而展开。目前公认的人类历史共出现了五次信息传播革命。[②]

第一次是语言的使用，语言成为人类进行思想交流和信息传播不可缺少的工具。语言的产生使人类信息活动范围和效率得到巨大的提高。在原始社会，人们交流多通过手势、表情和简单的音节，后来随着社会的发展，光靠简单的手势和表情无法满足人类交流的需要，于是简单的音节变成了更复杂的语言。因此语言也就成为信息传播的载体。在语言出现之前，网络很难形成，网络能够帮助人类实现可靠的联系，语言的出现，同时也为网络的形成创造了条件。

第二次是文字的出现和使用，使人类对信息的保存和传播取得重大突破，超越了时间和地域的局限。人类面对面的交流通过语言，受时间和空间的约束。而且语言的存储是暂时性的，容易失真。文字的产生打破了时间和空间的限制，扩展了信息传播的时间范围和空间范围，使信息存储的可靠性增加。当时人类社会也开始逐渐出现分工，脑力劳动者和体力劳动者分工，为文字的创造提供了条件。

第三次是印刷术的发明和使用，使书籍、报刊成为重要的信息储存和传播媒介（纸和印刷术，都属于媒介范畴，但纸直接作为载体，印刷术作为提高载体信息量和传输力的技术）。印刷术的发明相当于信道上的一次革命。造纸术和印刷术的发明加速了信息传播的速度和范围，提高了人类信息的存储能力。人类社会开始实现广泛的信息共享。

第四次是电话、广播、电视的使用，使人类进入利用电磁波传播信息的时代。电磁波传播信息也被称为无线电技术的发明和应用，包括电话、传真、录

[①] 倪波、霍丹：《信息传播原理》，书目文献出版社1996年版。
[②] 肖峰：《信息主义及其哲学探析》，中国社会科学出版社2011年版。

音、电报等。新的媒体产生再次把信息传播的速度和范围刷新。电视传输信息是二维的，图像和声音同时传递，优于一维的广播和电话。

第五次是计算机与互联网的使用，即网际网络的出现。从20世纪初到90年代，通信的速度提高了1 000万倍以上，记录信息的速度也提高了将近100万倍。① 有了计算机以后的电子信息发展，这60年的发展超过了过去6000年。信息网络（传输数字信号）优于传统网络（传输模拟信号），这是第五次信息革命的本质。模拟信号是物理信号，难以纠错，而数字信号可纠错，可加密，可重新编码。数字信号可复制、可编码、可共享的能力远优于模拟信号。

每一次的信息革命，都推动人类社会走向更辉煌的高峰。

3.3.2 信道

我们首先提出一个问题：大家都熟悉的唐诗、宋词、元曲、明清小说，这种文学形式的时间排序是必然的吗？为何不是唐宋小说、明诗、清词？

我们需要用信息论的信道概念来解释这个问题。

信息论的完整表述可见于《通信工程的数学原理》：信源将信息编码后通过信道传输给信宿，信宿将接收到的信号解码，还原成信源发送的信息，这就是一次通信过程。其中涉及的信源、编码、信道、解码、信宿等是通信的要素。

信息传输的媒体就是信道，信道可以是多种形式的，例如空气、电线、空间等。在通信时，信道的宽窄影响信息传输速度的快慢，如果信道较宽，信息不必压缩就可以直接传输，如果信道较窄，就需要将信息压缩后再传输。

早期人类活动的交流和沟通使用声音，随着生活和交流内容的迅速增加，信息量也迅速扩大，人类大脑记住以及传承这些信息越来越困难，文字和数字应运而生，文字是信息记录、传播的载体。文字和数字是人类最早的信息革命。

古人记录文字的载体历经龟壳、石刻、竹简。这一阶段，文字载体都较为坚硬，刻字记录的时间较长，直至东汉蔡伦发明造纸，经雕版印刷；北宋仁宗庆历年间（1041~1048年）毕昇发明了活字排版印刷术，文字的记录和传播速度出现了飞跃。文字的载体就是信息传输的信道。因为受到信道容量的约束，早期的文言文、唐诗、宋词实质上是一种信息的压缩表达。有了造纸、活

---

① 林静：《无形的生产力：信息》，中国社会出版社2012年版。

字印刷以后，文字的信道大为拓宽。元曲、明清小说这一些体量更大、更直白的文学形势才得以迅速发展。

时至今日，我们使用电脑等电子产品以及互联网络来记录和传播文字信息，文字记录的信息已经是宇宙级别了。

当然，目前人机信息交流较多的仍然是键盘和手写输入方式，还是影响了记录速度。因为语音在空气中传播，受到的物理约束小，信道较宽，信息传输速度快，因此，更理想的方式是优秀的电脑语音识别系统。

如果再科幻一些，如果有脑电波识别系统，人类的信息交流、记录、传播将出现更加革命性的变化。

信源、编码、信道、信道编码、解码、信宿等是通信的要素。

可以把人类及社会理解为信息系统。

信息在时间轴上的分配称为存储，在空间上的分配称为通信。

经济系统完成信息（价值）存储和交换。

商品是信道，信道质量依赖于信道编码。所有商品都是为了信息的送达，差异的根本意义在于推动信息的流动。

信息＝负熵＝熵的减少＝价值＝商品可用时间/F(能量、物质、空间、劳动时间)

这个等式的含义是商品的生命周期越长，价值越大，生产商品的所消耗的能源、物质、空间越少，信息价值越大，生产商品所消耗的时间越少，越高效，信息价值越大。

商品的价值＝信息价值＝人与自然的互信息＝I(人，自然)＝信道

信息传播越来越快。信息的可复制、可共享以及可编码等特性，已经对人类社会产生革命性影响，而且必将继续产生深刻影响。

信道容量越大越好，亦即单位时间内通行的信息越多越好，信息覆盖面越大越好。这就要求提高信源质量，也就是更完全地认识自然和我们自己；以及增加信宿的数量，即让更多的人认识到信源发出的信息。因此创新和教育是必需的。所以，社会进步依赖信道容量，这也是信息准则。

3.3.3　知识的传播

知识是人们在认识世界、改造世界中获得的认知以及积累的经验的总和，是人类理解与学习的结果。[①] 人类获取信息，并对其进行处理和储存，因而形

[①] 马龙军、李怡佳：《信息及其关联概念探究》，经济科学出版社2011年版。

成了知识。知识是信息的子集，因此必然符合信息准则。

人类历史上，每一次信息革命都推动知识传播的加速。语言诞生后，知识通过口口相传，逐渐得到积累，但仅限于人脑记忆或者简单的甲骨文等方式来储存，容量有限，传播也受到时间和空间约束。纸和印刷术的发明，对人类文明的推动和发展功不可没。印刷术的可重复性是机械原理的根源，活字印刷是工业发展的原型和范型。工业革命受印刷术的推动，西方近代和现代文明似乎都是由印刷术产生的。[①] 进入计算机和网络时代，传播速度不断加快，大大缩短了人与人之间的空间距离，信息量的产生指数级上升，知识在这个时代的发展远胜从前。

3.3.4 计算机时代电子信息加速社会发展

世界历史和中国历史，二战以前，就是一部动乱期和治乱期相互交替的历史。近60年，世界总体处于和平时期，局部地区的战争和冲突未能影响世界经济的飞速发展。在这段时间里，人类知识指数级增加，生产效率提高的水平远超历史上任何时期。

21世纪，世界已进入数据爆炸的时代。从企业内部各种管理和运营数据，到个人移动终端与消费电子产品的社会化数据，再到互联网产生的海量信息数据等，每天世界上产生的信息量正在飞速增长。

面对飞速增长的数据，1998年"图灵奖"得主吉米·格雷（Jim Gray）提出了"新摩尔定律"："每18个月全球新增信息量是计算机有史以来全部信息量的总和"。该定律已经开始应验。

截至2012年，数据量已经从TB（1 024GB＝1TB）级别跃升到PB（1 024TB＝1PB）、EB（1 024PB＝1EB）乃至ZB（1 024EB＝1ZB）级别。国际数据公司（IDC）的研究结果表明，2008年全球产生的数据量为0.49ZB，2009年的数据量为0.8ZB，2010年增长为1.2ZB，2011年的数量更是高达1.82ZB，相当于全球每人产生200GB以上的数据。而到2012年为止，人类生产的所有印刷材料的数据量是200PB，全人类历史上说过的所有话的数据量大约是5EB。IBM的研究称，整个人类文明所获得的全部数据中，有90%是过去两年内产生的。而到了2020年，全世界所产生的数据规模将达到今天的44倍。

数据量的爆炸式增长下，信息量的增长甚至快于信息处理的速度。人们通

---

① 肖峰：《信息主义及其哲学探析》，中国社会科学出版社2011年版。

过数据挖掘的手段，探索网络节点间的联系，从而形成知识。

信息量的增加、网络化和数据挖掘技术的进步形成了正反馈效应，新知识的创造周期缩短，人类社会的发展还在加速往前迈进。

3.3.5 货币的产生就是归信息化的过程

3.3.5.1 货币的信道作用

从商品中分离出来，固定地充当一般等价物的商品，就是货币。货币是商品交换发展到一定阶段的产物。货币的本质就是一般等价物，具有价值尺度、流通手段、支付手段、贮藏手段和世界货币的职能。

货币是产品出清和商品价格确定的信息信道，货币作为不同商品的一般等价物，实现信息沟通。

人类使用货币的历史产生于物物交换的时代。在原始社会，人们使用以物易物的方式，交换自己所需要的物资，比如一头羊换一把石斧。但是有时候受到用于交换的物资种类的限制，不得不寻找一种能够为交换双方都能够接受的物品。这种物品就是最原始的货币。牲畜、盐、稀有的贝壳、珍稀鸟类羽毛、宝石、沙金、石头等不容易大量获取的物品都曾经作为货币使用过。

物物交换的模式是线性的，一维的，受时间和空间局限。物物交换内在的价值尺度非标准化，信道容量小，信息传输的能力受限。

随后铜币、黄金、白银等金属也曾经作为货币使用过。相对于早期的商品，金属的标准化程度提高。但受到资源发现、开采技术、冶炼技术等因素影响，货币的总量受到约束，信道的容量因此也受到局限。

前期的商品和金属本身既是商品也是货币。货币本身的使用价值较高，纸币的出现具有划时代的意义，纸币本身使用价值不高，得到信用背书后，使其具备充当价值尺度的职能。纸币的总量已经可以摆脱物理的约束，信道的容量被大大提高。

近现代的发展，货币不再局限于纸币的形式，大量的货币创造没有以纸币的形式存在，电子化信息化的形式已经可以完全摆脱物理条件的约束。

货币的出现和演进也是信息革命。货币使得要通过"物流"才能实现的价值交换（异地货物交换）转变为通过符号信息流就能实现，故它本质上是

第3章 归信息化

一种信息手段①。开始的物物交换就好像原始社会的肢体语言一样，很难精确表达意思，而且仅限于一对一或一对多，存在空间和时间上的局限，没有标准化的模式，买卖交易很不方便。后来语言的出现，统一信息化，沟通变得更方便了。标准化的货币就好像经济世界里的语言一样。近现代电子技术的发展，信息革命打破了时间和空间的局限，电子化的货币同样也具备了这样的特点。未来将走向更高的统一化信息化，突破地域、种族、语言的限制。

商品的货币化，货币的纸币化，纸币的符号化，纸币符号的电子化——是货币从一般信息化发展到电子信息化的过程，也是经济财富信息化的历程，而且最后实现了电子信息化，也使得经济财富的变化获得了摆脱物质财富严格约束的相对自由。②

3.3.5.2 货币的管理

货币一方面表征了经济系统熵增加的程度，另一方面又有利于简化交易、提升商品交易的有序度，是商品多样化的前提。货币降低了交易的复杂程度，相当于熵减的过程。

如果 N 和 M 个不同的商品，要得到两两之间的比价关系，需要 N×M 次交易。当出现货币作为一般等价物，要得到商品之间的比价关系，只需要用货币和该商品进行交易即可，结果只需要 N+M 次交易。现实社会中，如果有足够的计算能力，就可以比较出每个商品之间的交换关系，实际上这是不可完成的任务。货币作为价格的信息信道，提供了很好的价值尺度功能。货币的形式也在不断演进，不同的货币形态反映的信道容量不同，未来出现更高度信息化的货币，将提高商品之间的比较效率。

随着贸易量的扩大，原来的金属货币无法满足市场的需求，信用货币随之产生。信用货币是以政府强权和政府信用为担保发行，最开始依然是以不足额的金属为载体，后来干脆以纸币为载体，发展至近现代已经不局限于纸币的形式，可以是数字化的形式存在。货币的演进实质上通过信息交换替代"物物交换"的形式，可分割能力更强。

商品复杂量增加，表征商品市场的无序度和混乱度增加，在熵增的过程中需要更多货币来实现商品之间的比价与交易，从而实现减熵。商品稀缺程度增加，价格上涨，对货币量和流转速度的要求增加，但有时候两者难以同时兼顾。

---

①② 肖峰：《信息主义及其哲学探析》，中国社会科学出版社2011年版。

古典经济学的货币数量论阐述了商品的货币价格和货币数量之间的正比例关系。用欧文·费雪方程式来表述，货币量（M）乘以流通速度（V）等于商品交易量（Q）乘以价格（P）。古典的货币论假设货币流动速度是稳定的，商品的交易量代表货币需求，货币供给超过需求，物价就会上升。货币数量论的精髓是货币是中性的，货币量的变化不影响实体经济，只导致价格水平的变化。[①]

从实际情况来看，货币的流速是会发生变化的。市场需求偏弱时，货币的流通速度也会放慢，释放的货币量边际效应递减。市场不总是能有效实现自我均衡，受冲击后的经济可能需要经历更长的时间才能回到原来的起点。高失业率也许会维持很长一段时间，正如美国20世纪30年代大萧条的情况，20%的高失业率维持时间较长。

为应对美国20世纪30年代的金融危机，凯恩斯开出了药方。凯恩斯经济思想的核心是总供给理论：总供给是为满足总需求所需要雇佣的工人数，总需求是住户和企业购买商品和服务的总支出，总需求决定总供给（就业人数）。凯恩斯对大萧条的解释是总需求（有效需求）不足，背后的驱动是投资者信心不足。

凯恩斯认为人们有流动性偏好，因为未来是不确定的。最相关的不确定性来自利率的波动。假设利率波动增加，人们对风险资产的偏好下降，流动性偏好上升，如果央行不增加流动性资产的供给，利率水平就会上升。

同时，流动性偏好理论实际上强调了货币需求（流动性偏好）的不稳定性，由此导致利率（在给定货币供给的情况下）发生超越预期的变化，影响总需求。按照凯恩斯的流动性偏好理论，货币对实体经济来讲起码短期内不是中性的。[②]

利率在一定程度上反映的是货币的价格。利率波动受货币量和货币流转速度所影响，两者并不能一直兼顾。各国央行作为货币的管理者，由于缺乏完备的管理方法，对于市场总需求和总供应的变化不能及时调整货币量和货币流转速度。同时中央发行机制有时候缺乏自我管理，释放过量货币使财富向政府部门转移，相当于对大众的剥削。凯恩斯主义的指导思想是用政府投资和消费替代企业和居民的投资和消费，进而影响对总需求的预期，对冲市场总需求的衰退。

20世纪70年代，美国出现了高通胀和高失业率并存的情况，凯恩斯主义

[①②] 彭文生：《渐行渐远的红利——寻找中国新平衡》，社会科学文献出版社2013年版。

失灵。后续又产生了新古典经济学和新凯恩斯经济学。新凯恩斯经济学对中央银行的影响很大,为货币政策逆周期操作提供了依据。它认为货币对增长和失业是有短期影响的,但长期是中性的。这种看法集合了古典经济学和凯恩斯经济学的理念。其对短期的货币影响的看法承袭自凯恩斯经济学的思想,认为短期货币通过利率影响流动性偏好,从而影响总需求的变化。长期来看,货币政策对总需求没有影响。因此,央行通过逆周期的货币政策调整短期的需求变动。

从理论上来看,全球央行对合理的货币政策仍然处于探索阶段,央行未必能一直得到有效的货币管理办法。

对货币的管理越来越困难,主要是金融体系的日益复杂化。金融的功能在于,它可以使得跨时空的价值交换成为可能,使得信用信息的交换成为可能,从而也使货币功能的无穷放大成为可能,由此推动世界飞转的能量被不断释放出来。现代金融证券市场的发展从根本上加快了财富增长的速度,使未来的财富也能转变成今天的资本,从而增加资本总量、加快资本周转速度[①]。复杂的金融体系下,虚拟经济的蓬勃发展,又会和实体经济相互影响,货币量需求的放大和收缩以及货币流通速度加快和放缓都会加大央行的货币管理难度。

目前无法准确量化货币合理的供应量,因为人类尚不具备足够的计算能力。分散布局和归信息化可能是解决货币合理供应的途径。货币的发行需要去中心化,同时也要满足管理商品交易的需求。

3.4 归信息化在网络中的功能

3.4.1 高速熵控结构的基础

熵控结构是指包含有多个节点的网络,且满足如下特征:(1)节点数多;(2)节点间边多,且大致是 $nlogn$ 的级别;(3)节点间需要有随机生成的边,产生新边必须要有一定的随机性。

经典熵控结构节点、边的建设往往成本较高,例如城市基建和城际公路铁路建设,需要投入大量的资源,而且时间往往较长,高成本和低速大大降低了

[①] 肖峰:《信息主义及其哲学探析》,中国社会科学出版社2011年版。

自由度，发展和创新的速度受约束。

高速的熵控结构强调节点间连接容易，信道容量足够大，也可以变现为单位时间实现信息的传输量更高。要求降低边连接的成本，即使边增加的速度太快，冗余和浪费也会大大降低。互联网的特点符合高速熵控结构，网络边数的增加符合幂率分布，容易形成超级节点，可以大大缩短任意两点的距离，效率提高。

归信息化主要是降低物理时空约束，使节点和边形成的成本大幅降低，这是建立高速的熵控结构的基础。

另外一个角度来看，由于人的生命有限，时间的绝对稀缺必须要通过高速熵控网络提升效率，降低生命绝对稀缺约束。

3.4.2 重构网络成本下降

经典熵控结构的建设、维护、管理成本投入太大，信息价值占比低，产出有限并受约束。

高速熵控结构表现出更大的优势，建设、维护、管理成本急剧下降，信息密度提升，产出边际效用递增。

企业产生的原因是内部组织成本低于交易成本，企业的形成相当于致密网络的形成，管理成本足够低的情况下，剔除交易成本的情况下依然是有效益的。世界正在被互联网重新定义，呈现出的特点是效率提升带来的外部交易成本在不断下降，形成新的企业组织比原来的企业组织更具备优势，以至于行业变革的颠覆在我们的社会中不断上演。

传统的企业被消灭，或被迫改革。例如以往的企业组织生产，都需要招聘人才、投资产能、搭建销售网络，时间较长而且消耗的资源较多。借助高速熵控网络，企业可以依托互联网金融快速筹集资本金、通过智能化的生产线建设降低人工需求、技术进步缩短产能建设周期、借助具有庞大影响力的社交网络快速推广产品，企业从融资到投资、从生产到销售的效率能够大大提高。企业借助信息技术进行组织结构重组，不仅组织成本下降，重构的时间也在缩短。

3.4.3 降低交易成本

1985年威廉姆森总结了交易成本的来源。交易成本来自参与交易的人是有限理性，各自追求利益最大化时形成的成本。由于存在投机主义，交易各方出于利益驱动可能存在欺诈，导致交易过程的监督成本上升。资产专用性与沉没成本类似，资产的使用程度不同导致利用效率损失形成的成本。不确定性与复杂性，交易的复杂程度提高形成的成本。信息不对称容易导致垄断的情况出现，交易如果出现垄断的情况，市场失灵会导致全社会成本上升。交易双方的信任程度也是影响交易成本的主要因素。本质上来看，信息在交易双方的分布不均匀在很大程度上影响了交易成本。

从整体的角度出发，交易的频率越高，相对的管理成本与议价成本也升高。企业的理性选择必然是将交易的经济活动的内部化以节省企业的交易成本。

由于信息互联网的高自由度，使得信息不对称改善，受环境约束的交易环节也被直接跨越，这使得价格体系更趋透明和下降，从而降低交易成本。

归信息化的特征是信息价值不受守恒定律约束，边际递增。通过提高商品或资产的信息占比，降低投入成本。高速熵控结构下的信息交互成本极低，交易频率上升对交易成本的影响迅速下降，甚至可能带来更大价值。大数据是未来企业重要的盈利模式之一，大数据的积累有赖于交易频率足够高。通过大数据技术的应用，可以不断优化产品，提供更贴近消费者需求的服务，而且是以一种高效低成本的方式呈现。

3.4.4 自由度提高、加速创新与外部经济性

信息互联网有大量的节点，节点之间很容易产生边，高度分散，高度连接，高速反馈，高速迭代。正反馈迭代的创新与普通的创新不一样：

（1）正反馈回路的中介边可以很长（传统需要构建小型网络，缩短边的长度，提高信息交互的效率）；

（2）两个节点可以物理距离很远，时空约束迅速下降；

（3）组合爆炸，很难规划（原来小型网络可以规划，现在规划完全不可行），自组织，随机连接，导致自由度大大提高。

非信息互联网时代，大学的建立形成了有效的致密网络，人才聚集缩短边的距离，信息和知识在这个致密网络中也能高度连接、高速反馈、高速迭代，推动技术的进步。到了信息互联时代，这种致密网络可以缩短和外部网络连接的距离，技术产业化的速度加快了。

信息互联网的构建使致密网络被全社会共享，归信息化加快了传播速度，

带来巨大的外部性。例如借助互联网教育，传播知识的速度和广度远超传统大学课堂，技术交流变得更自由，正反馈迭代加速。

归信息化强调共享、开放，创新带来的外部经济性促使技术半径不断延伸，这一趋势反过来又促使创新不断涌现，从而形成了正反馈循环。

面对博弈论中的囚徒困境，如果双方选择合作，合作各方都能获得利益，而且为社会带来外部性。研究证明，当囚徒困境模型多次重复以后，双方会从不合作均衡走向合作均衡，即使在双方并不直接通讯的情况下，最终会各自为了自己的利益而稳定地选择合作。如果双方之间有充分的通信手段，为达到合作均衡的博弈次数会大大减少[1]。归信息化能够减少博弈次数，减少交易各方的信息不对称，降低交易成本，在这个选择合作的过程中，产生外部经济性。

信息互联网时代，自由度提高，跨界融合的案例比比皆是。例如搜房网的竞争对手是传统的广告商和房产中介，帮助房地产开发商营销推广吸引潜在购房者，但转化率不确定。在信息爆炸的时代，转化率在不断下降，对房地产开发商来说成本是上升的，而且还需要自己投入营销力量。采用以团购模式给予购房者折扣的模式，购房者得到了实惠被吸引过来，房地产开发商面临合作与不合作的选择，最终选择合作使双方的利益都能最大化，而且在这个多方博弈的模型里，如果开发商不合作又担心其他竞争对手与搜房网合作抢占市场份额，最终也会选择合作。在这个过程当中，合作最大的外部性是购房者得到了实惠和开发商营销效率提高成本下降，而遭受损失的是传统模式的广告商和房产中介，但综合来看，全社会的利益是最大化的。

淘宝和万科的合作模式更进一步，购房者不需要支付折扣的费用，用消费记录即可抵房款，真正的免费模式，合作过程的外部性使购房者得到了更大的实惠，而损失的是传统模式的广告商和搜房网的团购模式。淘宝通过什么盈利呢？可以有很多方式，吸引来的巨大流量和社会关注度，直接通过平台变现，购房者组成大数据，提炼有价值的相关关系，提供延伸服务，譬如向建材家装家具家电等商户导入转化率高的流量。

互联网平台公司带来巨大的经济外部性，对传统低效的经济模式给予致命性打击，而且对全社会整体的效益是更优的。

---

[1] 盛洪：《外部性问题和制度创新》，《管理世界》1995年第2期。

3.5 归信息化的发展趋势

归信息化的趋势可总结为三个：人性欲望倾向、满足人性欲望的效率倾向和成本节约倾向。由于自然熵增的客观存在，人性欲望没有边界，但受客观现实约束，归信息化就是通过提升信息价值的比重，对抗物质价值、能源价值和时空价值的稀缺。因此，归信息化的目标指向满足人性欲望倾向。

归信息化如何以更高的效率满足人性欲望，既是人性的一部分，又是获取更大价值的路径，激励人们不断通过技术进步和商业模式创新，推动效率的提高。受物质、能源、空间资源的约束，如何降本增效也是归信息化发展的趋势。通过提高信息价值占比，尽可能削减稀缺约束，实现帕累托改进。

3.5.1 需求层次升级的倾向

依托归信息化的网络分散布局，大大刺激了创新的涌现，推进生产力和生产效率的提升。在提高生产效率使产出提高速度超过需求增长速度的前提下，低层次的需求更容易得到满足，人们更向往高层次的需求。低层次的需求包括了生理上的需求和安全上的需求，满足人类生存基础的需求往往同质性较高。当社会生产力达到一定程度、基础需求得到普遍保障的前提下，大多数人会追求更高层次需求。人的需求具有共性和个性两个特征，高层次的需求会放大个性化的需求。个性化的需求具有典型的长尾特征，传统熵控结构下受物质、空间、时间等因素所约束，长尾特征的个性化需求难以得到满足。而归信息化形成的高速熵控结构，由于分工更加细化和高效，能满足更小众、更个性化的需求（见图3-1）。

财富提升带动需求层次上升

人性和欲望客观上来看都存在自然熵增的属性，需要从外部获取负熵，包括物质负熵和精神负熵。从代际财富分布的比较，可以发现财富提升对需求倾向演进的推动，人们需求从物质负熵提升为精神负熵。一方面，代际间财富差异形成的高层次需求特征差异；另一方面，随着技术半径的延伸和个体财富增值，也会导致高层次需求演进。

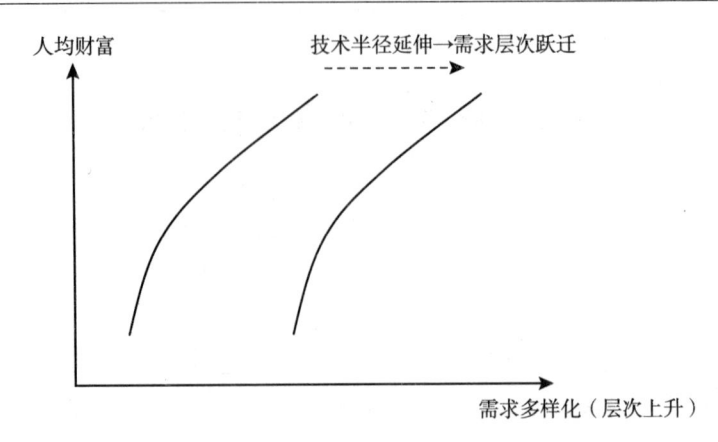

图 3-1　人均财富与需求层次

比较中国不同年龄层人口需求特征，可以发现财富分布差异使需求特征表现不同。80 后人口数量伴随着中国人口峰值的出现，人均财富较低，利用互联网满足更实质性的需求；而 90 后和 00 后都是在互联网时代中成长起来，由于人口出生率下降，人均财富逐步提高，消费需求反映在互联网上具有明显的娱乐性、多样性。代际消费特征存在明显的差异。

随着信息技术进步，技术半径不断延伸，网络社交工具更贴近人的需求，社交网络和工具的演进也非常明显地反映出代际间需求差异，开始以 QQ、论坛等工具提供更方便的互联和沟通，满足的需求相对标准化，主要以线下朋友圈的线上迁移和线上社群聚集为主。90 后和 00 后需求差异化的特征更明显，发展出多样化社交网络和工具，包括微信、微博、陌陌、Snapchat（阅后即焚的功能）等，除了线下朋友圈的线上迁移，还需要通过和名人、陌生人建立边的联系来拓展这一网络，网络的边还能实现信息互动，增加网络的稳定性，在消费特征上呈现多样化的需求。

互联网的发展也越来越注重情感和体验。在电子商务、网络教育等方面，需求多样化，娱乐功能植入变得越来越普遍，消费者不再满足于简单功能上需求，需要更高层次的需求，关注用户情感和体验的产品往往更容易获得成功。在物质财富充裕的社会中，互动与增值的"情感"服务变得越来越重要。

娱乐化需求提升更快

技术进步不仅解放了购买力，还释放更多的闲暇时间，使人们的自由度大大提升，而追求精神愉悦又是高层次需求的人性向往，因此娱乐性的需求在高层次需求中占比扩大，实质上是娱乐化的需求变成刚性需求。

第3章 归信息化

归信息化趋势反映了群体财富和需求层次演进方向。受物理时空约束，只有归信息化的路径才能满足需求层次提高后更多样化和个性化的需求，更容易满足娱乐需求的不断演进。移动互联网的发展，把人的碎片化时间也充分利用起来，从内容、形式上产生出越来越多的产品。归信息化的过程远远没有结束。

娱乐化的产品和内容成为建立网络连接的高效方式。例如，公益部门利用流行歌曲和舞蹈拍摄广告宣传片，借助社交网络进行宣传，博取眼球，又达到低成本宣传公益事业的效果。引起社会关注的新闻事件，以调侃的口吻进行广播和宣传，博观众一笑。网络上屡屡出现热词，全网络发挥智慧造句。以及"神经猫"游戏的病毒性传播，都体现了娱乐化的倾向。

娱乐背后的文化内容变迁受多重因素影响。例如人们年幼时接触的娱乐方式会影响其一生，即使面对多姿多彩的影视内容，很多老年人依然钟爱戏曲，这些戏曲伴随着他们的童年成长；日本动漫发展历程较长，人们从小受动漫文化影响，即使成年后也依然钟爱这一娱乐方式，衍生出成人动漫的产业；在互联网时代成长起来的90后和00后，充斥的都是二次元[①]、弹幕[②]等其他世代的人都难以理解的文化。

高层次的需求更多样化

娱乐化的需求是人性的重要一部分，互联网放大了娱乐化的需求。不仅仅是娱乐化的应用越来越多，效率提高导致人的休闲时间更多，移动互联网使人的碎片化时间能充分利用。移动网络覆盖，可穿戴设备和物联网的普及将市网络化更进一步，使人能随时随地通过网络获取内容和服务。

随着人们自由度的提高，需求的演进呈现多样化趋势，包括娱乐化的需求也层出不穷，从商品、服务、营销、公益等处处都体现娱乐化的倾向。

正反馈迭代加速消费产品的加速替代

信息消费领域的产品和服务日益丰富化，从追赶先进文化的潮流演进为自

---

① 二次元，指ACGN次文化中对动漫、游戏等作品中虚构世界的一种称呼用语，与"三次元"（现实世界）相对。ACGN即Animation（动画）、Comic（漫画）、Game（游戏）、Novel（小说）的缩写。

② 弹（dàn）幕：炮弹（dàn）一样的评论（吐槽）充斥屏幕，源于军事术语，指用大量或少量火炮进行密集炮击；评论才是本体：炮轰过程比阵地本身更值得欣赏，弹幕视频实现了"超越实际时间，虚拟的时间共享"以及"观众一起参与"的感觉。

我个性化特征，这种替代目前处于加速趋势。PC 时代互联网享受人口红利，移动互联时代和物联网时代享受触网深度和广度加速的红利，在这种归信息化的潮流下，信息密度加速提升，创新加速，替代更容易发生。

3.5.2 个性化需求的倾向

人性欲望的约束降低，人们的自由度提高，因此表现越来越个性化。传统的熵控结构下，节点和节点间边的连接成本高，难以满足多样化的长尾需求。归信息化的趋势下，互联网、物联网、O2O 的出现，除了人与人的连接成本大大降低，人与物、物与物的连接成本也大大降低，形成高速的熵控结构，而且边的成本极低，高速连接不容易产生冗余和浪费。

互联网具有长尾效应。对于少数群体具有的特殊需求，传统线下模式难以形成规模效应，产业无法形成。但通过互联网的高速熵控结构，这些分散的节点连接成本变得极低，产业形成有了基础，特殊需求也能被满足。

个性化的需求对比标准化的需求，需要付出更大的成本，但是只要通过互联网的高速熵控结构，就可以把这些个性化需求集中起来提供服务，使盈利成为可能。

未来除了线上互联网的连接，线上和线下网络的合作也会加强，这样的致密网络间合作能够有效地降低交易成本。虽然完全归信息化可能难以实现，完全通过线上服务满足所有的个性化需求和服务也难以做到，但通过线上和线下致密网络间的合作，将会有更多的个性化需求能够被满足。

3.5.3 服务业加速发展的倾向

归信息化的趋势会出现满足人类欲望的效率倾向，通过提升技术半径，人类的能力不断扩大，互联网、物联网的智能化程度越来越高，交易成本下降导致社会组织重组，人类再次从繁重的劳动中抽离出来，就业结构面临再调整。

如何解决机器和人工智能替代人力导致的失业问题将成为各国政府所面临的问题，无法完全被机器取代的服务业存在较大的发展空间。

随着经济发展，服务业在经济中占比会逐步提升，看美国、欧洲和日本等发达经济体的发展历程，都跨越过重化工业时代，服务业在经济中占比达到 70% 以上。制造业生产效率的提高尽管减少了就业需求，但创造出更多的财富，因而更高层次的需求被延伸出来，服务业多元化吸收更多就业，产值在经济中占比也会不断提高。

传统产业和互联网产业的分工特点不同。传统产业分工受时空约束,过度分工会产生较高的管理成本。人才集中化,形成致密的知识网络,以促进技术水平的提高和创新加速。但这种传统网络的致命问题是相对封闭,当出现"破坏性创造"的创新技术时,一旦缺乏自我革命的决心,很可能就成为"创造性毁灭"的牺牲者。

互联网产业的分工特点是不受时空约束,分工程度提高带来的管理成本高于效益的临界点被大大提升。归信息化的结果是技术半径的突破,交易成本大幅下降。人才通过虚拟的网络集中,知识传播不受时空约束,社会组织试验更活跃,致密网络可随时组成而成本极低,开放、合作和共享,即使出现颠覆性的创新也能被接受。归信息化使分工水平提高,内生性地提高技术水平,推动经济增长。

归信息化提高分工水平,使传统线下服务业和线上网络有效结合,催生服务业向多样化加速发展,提升服务效率。线下传统服务业如果不主动和线上融合,互联网具有加速聚集的效应(高速熵控结构),如果不主动创新或颠覆自我,很可能被竞争对手颠覆。在竞争压力下也会被动接受与互联网融合,从而推动服务业加速发展。

3.5.4 消费的信息化倾向

PC互联网时代诞生了游戏、搜索、社交、电商平台等信息化产品或服务。随着移动互联时代的到来,碎片化时间也能被网络占据,消费内容、形式不仅仅是PC互联网时代的简单复制。网络中边的连接如果能双向互通信息,及时反馈,节点间的黏性更大。移动互联网的时代,边连接的速度进一步加快,连接的成本也是呈下降趋势,建立和用户的信息互动纽带,除了增强和客户的黏性,还可以定制化提供增值服务,让信息创造价值。

PC互联网和移动互联网也仅仅是当前技术半径衍生出来的产物,技术半径还在继续扩展,未来必然会形成更高级的硬件产品,基于硬件衍生出来的应用更丰富多彩,可消费的产品信息化程度越高,信息化的产品越来越多。

随着消费的信息化自由度提升,信息化产品将摆脱物理时空约束,可衍生的应用多种多样。

3.5.5 万物互联的倾向

无线和云端技术的发展，促使更多设备以更低的成本更快捷的速度和互联网结合，未来不再是只有电脑，手机是我们主要的上网设备，智能家居、智能交通、智能安防、智慧医疗、智能建筑等等都在构筑一个万物互联的世界，到那时候我们的城市会成为真正的智慧城市。

网络化的分散布局和归信息化将虚拟的互联网和现实万物相连，致密网络间需要合作、共享，向更有效率的方向发展。

尽管互联网的渗透率并未达到100%，但实际上所有人都离不开互联网。例如老年人不会使用互联网，但嫁接在互联网之上的智慧医疗围绕他们服务；刚出生的婴儿所需要的使用的商品正在被电子商务加速渗透。

互联网1.0模式是PC时代，互联网的2.0模式是移动互联时代，互联网的3.0模式是万物互联的时代，互联网变得无处不在，随时随地可高速连接。

3.5.6 去中心化的倾向

高速熵控结构中，网络会自发形成若干的超级节点。物极必反，高度中心化后，管理成本增加会降低运营效率。例如互联网平台公司形成单峰值之后，流量的价格被动上移，线下实体触网的红利会被削弱，超级节点的垄断导致社会福利下降。也许某一天一种技术创新或者运营模式改进横空出世，超级节点由此失去在整个网络中的控制力。社会演进的路径永远是高效率替代低效率，创新改变一切。

近年来，国内除了平台化的大型电商发展迅速，垂直化的电商也在不断涌现，社群电商也在崛起。有时候，垂直电商和社群电商比平台更知道用户在哪里。平台化的趋势让互联网的流量入口逐渐集中，导致流量价格越来越贵，新用户的成本上升，而且需要流量的持续导入才能形成销售。这种网络结构是单向的，和用户连接的边进行双向反馈的情景很难形成，用户流失率高，活跃度也较低，需要持续的流量购买才能形成销售，一旦停止了营销，销售显著下降。

社群电商的概念是先形成社群，再有电商。"物以类聚，人以群分。"具有共同兴趣爱好和相似沟通方式的人更容易聚集在一起，并建立起牢固的关系。除了在互联网上能实现信息互通外，这条边如何形成双向互动，提高信息密度和能量密度变得更加关键。社群电商应运而生，摆脱流量依赖，致力于形成双边互动，产品质量不断提升，真正以优秀产品留住客户的生意模式，尽管不免费甚至价格更贵，对社会全体福利来说也是提升的。

例如 iFit 的减肥瘦身社群组织秉持传播健康瘦身的理念，通过优质的内容吸引了庞大粉丝群的关注，并基于此建立了稳固的社群组织，之后瞄准社群成员对减肥瘦身的需求，跨界进入了电商领域，推出了团购网站，销售减肥瘦身相关的产品。

例如私人董事会也反映了去中心化倾向，分散化的节点按需求自行组成网络，网络节点的头脑风暴加速创新。

依托排名—著名学员—人脉关系—商业扩张的模式，传统的 EMBA \ MBA 建立起了一个类似于超级节点的媒介平台，使知识的传播、关系的建立、商业的拓展交织在一起。但是这种自上而下的传授知识模式，知识结构的更新难以跟上经济发展和社会演进的脚步。与此相反，私人董事会是一种学习成长自组织的圈子，是一些企业高管希望把企业做强做大而自发形成的"互助型"的学习组织，成员的组成可根据不同标准和要求"混搭"。自组织互动学习的模式可动态调整成员结构，随时吸纳最前沿的知识和最新的市场动态，更适应时代发展的脚步。

除了私人董事会的模式，部分培训机构也在对传统商学院进行替代，课程内容和设计按需求动态调整，没有固定的教学内容，传统商学院模式也在改革，通过讲座的形式让知识和内容跟上时代的脚步。

私人董事会顺应了互联网时代。互联网思维是"去权威"、"去中心化"。在互联网面前大家平等，资源众筹，知识、智慧共享，"抱团取暖"的团购让大家共同得益，价值的传递过程也是价值的不断创造过程，连接无处不在，无时无刻不能。私人董事会成为一种感情、知识、智慧、生命的连接方式，智慧在传递中激发智慧，在创造智慧时直接分享了智慧，时间、效率、成本、有效性、价值等因素驱动大家自愿结合在一起。

自媒体也是去中心化的一种表现形式，互联网是自媒体蓬勃发展的主要原因，打破传统媒体对信息的垄断。借助互联网的长尾效应，获得用户认可的自媒体自然能形成商业模式，能够继续存续发展下去。著名的自媒体逻辑思维，于 2012 年年底在优酷上线，定位是知识型视频脱口秀，每周更新一期，没有固定的主题，内容涉及文化、历史、社会等。此外，逻辑思维也有微信公众账号，每天分享一段 60 秒的语音。凭借内容丰富、语言幽默以及观点独到的内容，吸引了大量忠实粉丝的关注。逻辑思维在优酷上的视频，每期点击量均有上百万，微信公众账号在很短的时间内就聚集了超过 100 万的粉丝。第一个模式是开始推行会员制。2013 年 8 月，逻辑思维推出号称"史上最无理"的付费会员制，5 000 个普通会员和 500 个铁杆会员，入会费用分别为 200 元和 1 200 元，时间为两年。这次需要支付费用却几乎并无实际权益的付费会员名额让人无法理解的在半天内售罄，总收款金额达到 160 万人民币。接着在 2013 年 12 月，逻辑思维进行了第二次会员招募，一天下来招募了 20 000 多名普通会员和 4 000 多名铁杆会员，800 万人民币入账。逻辑思维优质的内容和罗振宇出色的魅力人格通过情感上的共鸣和专业化的营销以及运营，深深地粘住了用户，组建了一个知识社群。

当年互联网用免费的模式对线下实体网络进行替代，未来将会有更经济更高效的模式出现，整体福利会提升。即使互联网没有免费模式，但新模式促进了产品质量的提升，性价比在不断提高，实际全社会福利是上升。

新互联网时代，强调边的互动性，有逆"劣币驱逐良币"的属性，传统的营销受区域和信息传播速度限制（没有高速反馈的互联网），但这种营销是单向的，信息不对称的。互联网使信息能够交互、公开，形成口碑是可以量化的指标（好评分数），可以点赞，高度透明，"劣币"无所遁形，即使偶尔的现象级营销成功事件也是不可持续的，产品回归价值本原，性价比趋于合理。

线上和线下平台的融合，是致密网络间的分工合作。单一致密网络无法满足所有高层次的需求，未来更多样化更个性化的需求需要致密网络间合作来提供产品和服务来满足。

3.5.7 国际合作和文明加速的倾向

农业文明 5000 年，工业文明 300 年，而信息互联文明只有短短的 20 年。信息互联文明阶段，技术进步和财富积累超过了过去几千年。对传统颠覆的深度、广度、力度、速度是前所未有的。

指数级增长是每一次技术革命的特征。摩尔定律持续稳定地发挥作用，加速了现代计算机和网络技术的发展。身处技术加速的时代，传统的"线性思维"已经变得越来越不可靠。摩尔定律的双倍累积效应，以及双倍累积的外溢效应仍会纷至沓来，用不了多少年，我们的世界将会是一个超级计算机的世界。在这个世界里，"廉价"的解决方案会使以前棘手的难题消遁于无形。[1]

---

[1] 埃里克·布莱恩约弗森、安德鲁·麦卡菲：《第二次机器革命》，中信出版社 2014 年版。

第3章 归信息化

历史研究证明，财富分布失衡包括内部失衡、国家与外部系统失衡、现在和未来失衡三个方面。文明加速往往导致国家间的失衡，从而引发猜疑，导致战争，引发网络崩塌。

文明加速期，先进文明千万不要忘了落后文明，如果割裂了先进与落后，撕裂了网络的协同性，转而出现失衡、对抗和崩溃，这显然是不经济的。后进者也要努力以开放的心态加入网络中，孤立封闭系统实现底部跃迁是小概率的，显然也是低效率、不经济的。中国对外开放加入全球化，不仅自身获得发展机遇，也为世界经济发展提供了低廉的劳动力、生产要素和广阔的市场，营造了一个全球低通胀时期，双赢。

融合抑或对抗，对所有的差异系统来说，只有合作和妥协才是最优解，相向而行才是经济解。将个体利益和国家利益最大化作为最优解，这不符合现实，阿罗不可能定理已经给出了证明。

在第二次世界大战结束6年后，大半个欧洲依然难以劫后复苏，经济举步维艰。彼时，美国推行"马歇尔计划"的重点是援助欧洲重建基础设施，修复交通网络的节点和边，帮助欧洲经济迅速恢复。从经济的角度来看，外部性效益是巨大的，培育出依托美国的消费市场，是美元国际化和美元货币网络建设的关键步骤。经济的萧条容易造成社会的动荡，稳定的环境是发展和创新的基础条件，马歇尔计划帮助欧洲的复兴缓和了世界冷战态势，相对稳定的政治经济环境为信息科技创新提供了最佳的孕育期。

先富者有必要支持后富者。通过建设重要的共享节点和边完善网络化，有利于发挥共享、协同效应，为加入全球网络体系奠定基础，并带来更广泛、更持久的外部性，为可持续发展带来更坚实的基础。归信息化的普世价值观和传统方式的战争、掠夺、奴役、强占等对立，强调合作、共享、开放。

中国30多年改革开放的历程，实际上也是不断扩网的过程。最初以发展外向型经济为主导，东部沿海地区经济通过对外开放首先发展起来，随着东西部经济实力日益失衡，中部崛起和西部大开发的战略变得更为重要。财富的盘子做大了但分布不均，暴露更多的失衡问题。未来随着城镇化、四横四纵的高铁战略、新丝绸之路和海洋战略的立体交叉实施，众多重要的节点和边将构建一个巨大的网络，一个高效的熵控结构网络正在国家的推动下快速形成，被外媒喻为中国版的"马歇尔计划"[①]。这是承载着实现中华民族伟大复兴梦想的宏大网络。

---

① 邵宇：《观点：中国版的马歇尔计划》，《华尔街日报》2014年3月25日。

向西是推进丝绸之路经济带的建设。在过去的十几年中，中国和中亚各国的关系已经在政治互信的基础上发展为经济上的密不可分，政治和经济已经走入正循环轨道中。现在和中亚四国关系提升为战略合作伙伴关系，则是一次重大飞跃。如果中亚战略继续顺利推进，中亚地区将在能源供应、地缘安全和人民币的国际化领域提供更多战略支持和合作共赢机遇。

从经济上看，中亚地区与中国有着共同的利益。对于中亚资源国而言，中国是最理想的市场。中亚以北与俄罗斯接壤，西部为里海，南部与阿富汗和伊朗接壤，东部则与中国新疆接壤。中亚地区经济除了农业以外，主要以采矿、冶金业等重工业为主，多为资源富国，而中亚周围国家要么经济结构都相似，要么就是经济或政治处在不稳定状态，因此难以找到理想的下游市场，唯中国的需求最为旺盛和稳定，大片接壤的土地也为油气运输提供了良好条件。

向东南则是构建21世纪海上丝绸之路。宋元时期海上丝绸之路将东西方两个文明连接在一起，中国成为当时的世界经济贸易中心。目前，中国和东盟已建成世界上最大的发展中国家自由贸易区，中国连续四年成为东盟第一大贸易伙伴，东盟是中国第三大贸易伙伴。特别是1997年金融危机后，中国以人民币不贬值的巨大代价，换来了亚太区域货币锚的地位，并在实质上取代日本成为亚太雁型模式的引导者。最近的两会政府工作报告则进一步强调，向南推进孟中印缅、中巴经济走廊建设，向东北推进中韩自贸区（中日韩目前存在困难）建设，向中东推进与海湾合作委员会等自贸区合作（见图3-2）。

历经40年的工作后，"泛亚铁路（TAR：Trans-Asian Railway Nelwork）"路线已确定为北部、南部、南北部和东盟4条，总长度为8.1万公里。

图3-2 泛亚铁路构思

资料来源：《新金融观察报》，2014年5月18日。

信道容量扩张是技术半径延伸指向的目标之一,发展的方向是文明之矢。从过去来看,由于建立了庞大而高效的人与人之间的信息互联网,随之而来,人工智能、机器人、物联网都将建立,信道容量不断扩张,形成的体系对传统的颠覆也将是巨大的,颠覆性创新比改进性创新更能推动文明进步。

3.6 颠覆性冲击

行业演化过程犹如生物界的优胜劣汰一样,创新和替代成为演化之舞的永恒动力。互联网时代的创新涌现会造成传统行业的创造性毁灭,只有主动拥抱互联网时代才能引导行业演化的潮流,否则你就有可能成为下一个被颠覆者遍布整个地球的互联网,犹如一股潮流,汹涌而来,摧古拉朽,所有的个体都无法逃脱生与死的抉择。

为了分析互联网的进化趋势,我们构建了对网络价值分析的框架(见图3-3)。

流量入口:建立网络的边。
1. 内容:包括商品(现实和虚拟)、服务(线上和线下),指向人性需求和效率提高;
2. 工具:硬件(PC、平板、可穿戴等),软件(APP、大数据、人工智能等);
3. 形式:例如免费,针对人性的倾向。

建立边的手段

数据

巩固连接关系 ⟷ 网络扩张

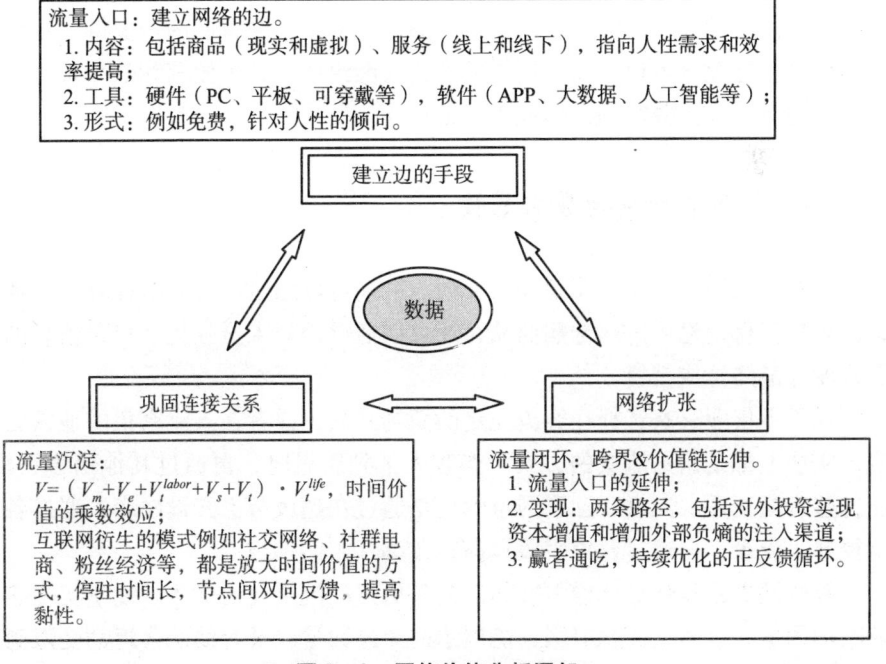

流量沉淀:
$V = (V_m + V_e + V_t^{labor} + V_s + V_t) \cdot V_t^{life}$,时间价值的乘数效应。
互联网衍生的模式例如社交网络、社群电商、粉丝经济等,都是放大时间价值的方式,停驻时间长,节点间双向反馈,提高黏性。

流量闭环:跨界&价值链延伸。
1. 流量入口的延伸;
2. 变现:两条路径,包括对外投资实现资本增值和增加外部负熵的注入渠道;
3. 赢者通吃,持续优化的正反馈循环。

图3-3 网络价值分析网架

互联网时代一个鲜明特点是，行业演化的结果是形成行业中一个顶级大佬，一枝独秀，赢者通吃，我们称之为单峰制。为什么互联网企业或互联网模式的存续和胜出会形成这种趋势？

（1）建立边的手段：相当于形成流量的入口，从内容的角度来看，提供了满足人性需求和帮助提高效率的产品和服务。免费是人性的重要一部分，人性是自然熵增的结果，而人类生命的绝对稀缺决定了行为选择必须注重效率。通过硬件或软件的手段建立免费的流量入口，立即形成了一个超级网络节点。

（2）巩固连接关系：网络节点间的连接有强连接关系和弱连接关系，能够建立起强连接关系的网络价值更大。需求的重要性有差异，我们把多维的因素合成一维的时间标尺来度量互联网的价值，将在后文有详细的阐述和模型。通过建立强连接关系，让用户在网络的停驻时间更长，形成持续的黏性，价值更大。这是超级节点的强化阶段。

（3）网络扩张：高速熵控网络的外部性往往是后效性远大于前效性，例如很多互联网平台开始是不盈利的，难以形成持续的净现金流，但未来可延展性极强。通过价值链延伸，跨界整合，扩张网络流量入口。此时，嗅觉灵敏的资本会通过增值扩股的方式参与分享未来的盛宴，原有股东可以借机选择是否变现。海内外的互联网巨头近几年纷纷加速并购，扩张自己的价值链，提供更多的场景创造流量入口，而且这样的模式又能给用户带来便利和效率提升，提升用户的黏性和停驻时间，形成正反馈循环。

3.6.1 零售业的流量大迁徙

零售业的商业本质是流量如何变现。前期可以通过广告向潜在客户传播信息，客户获得信息后进店选购商品，还可以通过销售人员强化客户对信息的接受程度，最终达成销售。

线下零售业喜欢选择在客流充足的商场开店，或者在人流密集的地铁站开店，实质上都是购买流量的方式。当客人来到店里时，再通过其他销售手段，让这些客流变现。同样，互联网电商也是通过在超级节点开设网店，通过各种途径导入流量，再通过营销手段提高转化率。

互联网电商显然是比线下实体店具备更强的流量变现优势。线下实体店开业时间固定，店面空间也有限，能展示的商品数量以及容纳的客流都受限制。

线上商店营业时间可以全年无休，即使是下班时间和假日，客户都可以直接网上下单，第二天就可以迅速处理订单，随着智能化和自动化程度的提高，订单可以从下单开始就从仓库自动出货配送。

互联网扩大了商户的虚拟库存。零售企业通过互联网展示商品的种类远远超过线下商店，实际大幅增加了企业的虚拟库存，商户不需要真实备货，只要有客户需求，即可下订单让厂家生产，或者把物流中心存货直接配送给客户，信息管理系统及时反馈物流中心的库存状况，及时备货。

生产环节迂回减少，大幅节约成本。传统的零售模式是厂家通过多层次的经销商，再到零售商店，最后才能销售到客户手中。中间每一层级的交易都会形成交易成本，以及会有多余的物流和仓储费用，这些成本最终都会累积到商品价格中，由消费者承担。互联网电商的直接优势是把中间环节大幅减少，导致商品价格明显比实体店优惠。国内如乐视网和小米手机等预售模式，正是减少生产环节迂回和库存的互联网商业模式，提前通过互联网电商进行预定，再按照订单数量生产，产品装配完成后直接向客户配送，或者只存在一道仓储中心的物流成本。商业模式创新还在继续，时尚类综艺电视节目现场设计服装，消费者可通过手机应用软件或电话直接下单，从设计开始销售就直接完成，生产和配送的中间迂回环节反复被压缩。

互联网渗透的速度惊人，全中国已经有6.32亿的网民，7亿台智能终端设备，而且未来万物互联的时代将会产生更多的智能终端。2013年网络零售的规模已经超过1.85万亿元，占零售总额的8%，超过美国的5.8%，网购用户规模突破3亿人，占网民比例的一半。电商企业数量接近3万家，行业竞争激烈，新进入者压力较大。越来越多的传统企业开始触网，除了制造业以外，服务业也加速互联网化。

移动互联网加速渗透，预计2013年中国移动网购的渗透率达到9.1%（按销售额测算），手机网购用户1.44亿，占网购用户数接近一半，2013年增长了将近2倍。和传统PC端相比，20%的消费者更愿意使用手机端购物。低端智能手机的普及，中国三、四线城市和农村地区直接进入了移动购物的时代，大大释放了购买力。

平台级电商形成庞大的网络入口，如果停留在PC互联网的思维，可能在移动互联网时代被颠覆。移动互联网使碎片化时间得到充分利用，如果没有跟上节奏，新的平台出现就形成对原有平台的替代，或者众多垂直电商的崛起，市场份额被侵蚀。社群电商除了提供网络入口外，更注重维持网络中边的连接关系。通过提供社交化的内容，让用户获得参与感，大大提升了用户的忠诚度。

移动互联网促使了线上高速熵控网络和线下经典熵控网络的融合步伐。零售企业如果不改革创新，不拥抱互联网，将逃不开被颠覆的命运。O2O 的商业模式让传统线下企业有机会继续发展下去。传统零售企业解决"最后 1 公里"问题具有优势，通过线上预定，线下自提或快递，实现信息网、资金网和物流网的合作（见表 3-2）。

表 3-2　　　　　　　　　中美互联网发展比较

			中国	美国
消费者	互联网使用	用户（亿）	6.32①	2.77
		普及率（%）	46	87
	网络零售	规模，10 亿美元	295	270
		占零售业比率（%）	7~8	6
	电商平台		淘宝/天猫	eBay
		商品数量（亿）	8	5.5
		活跃买家（亿）	2.31	1.28
	设备普及率	智能手机普及率（占手机总装机量的比例）	54	69
		互联网用户中社交网站普及率（%）	60	73
企业方		云服务渗透率（%）	21②	55~63④
		中小企业运营中互联网使用率（%）③	20~25	72~85

① 到 2014 年 7 月。
② 2012 年麦肯锡中国首席信息技术官（CIO）调查。
③ 采购、销售、营销中对使用互联网的回答。
④ 比例随云计算解决方案类型而变化。
资料来源：2013 年 Kable 信息通讯与技术领域（ICT）客户洞见调查；2013 年中国小企业协会调查；IResearch 中国互联网网络信息中心；国际数据公司；Strategy Analytics；美国人口普查局；Pew 研究中心；中国小企业协会；麦肯锡全球研究院分析。见麦肯锡报告《中国的数字化转型：互联网对生产力与增长的影响》。

技术半径延伸起到很关键的作用。从 PC 端到移动端、从线上到线下、从整段时间到碎片化时间的充分利用，蕴含着一次又一次的信息技术革命，技术半径得以不断延伸。互联网为消费电子类产品释放出巨大的创新动力，如智能家电和网络电视等连接设备。

技术半径延伸推动需求层次的跃升，创造出更多样化的需求。2013 年，大约 70% 的中国网民观看网络视频，有大约 50% 使用移动互联网观看网络视频。互联网渗透领域不断扩大。除了颠覆实体零售商户，旅游、餐饮等服务业和影视、媒体、游戏等文化产业均受到冲击。

3.6.2 来一次说走就走的旅行

传统的旅行社通过旅游产品构建和客户之间的网络，主要依托线下实体门店形成网络的入口，而现在这种传统的熵控结构逐渐被互联网侵蚀。

在线旅游和移动互联网结合后，产品丰富度提升，应用场景变得越来越丰富。旅游产品（内容）是传统模式的重要入口，受空间和时间约束大，当在线旅游的应用及产品诞生后，首先打破了时空的限制，让人们随时随地获得产品和服务，便捷性的提升带来的流量从传统入口转向线上入口。

在商业模式上，OTA 模式（携程代表，旅游产品的线上电商）和搜索平台模式（去哪儿代表，比价平台）正在加速融合，模式在不断发展和创新。例如旅游产品也出现了尾货销售的模式，低价策略依旧符合人性需求的特点。定制化的旅游产品成本更有优势，O2O 的模式加速了传统线下资源和线上的融合，个性化倾向导致定制化产品的需求提升，线上按个性化需求选择需要的产品和服务，再通过互联网组织既有资源形成产品包。

价值链延伸促使网络不断扩张，既增加了网络入口又提高边的粘性。截至 2013 年，移动互联带来的营收占比提升至 30% 以上（数据来自艾瑞咨询），产品从以往单一的产品预订拓展到出行服务，和旅行社相关的产品组合以及游记、门票、社区等发展迅速。不仅线下旅行社不得不通过线上合作来发挥自己产品内容上的优势，旅游产品及相关服务产品都希望触网，来弥补传统熵控结构时间价值的下降。

3.6.3 便捷的餐饮服务

不能说懒惰是人的本性，但是自然熵增的客观现实的确存在，人更倾向于追求便捷的服务，节约更多的时间和成本，从而更多的时间用于休闲娱乐。随着人类财富的增长和技术半径的延伸，越来越多的服务正加速转向更便捷更人性化的商业模式。

传统的餐饮企业和零售企业类似，服务半径受到明显约束，通过购买或租赁流量大的线下节点实现流量变现，通过外卖的方法提升服务半径（空间价值）和延长服务时间（时间价值）。

点评类网站的出现在一定程度上打破了主要来自线下的网络入口约束，在互联网中提供优质产品和服务的商家能够聚集更多的流量，知名度的提升和口

碑传播帮助其网络不断扩大,并形成正反馈循环。人们的需求并不仅仅是想获得更多信息,只要体现人性需求的应用也层出不穷。团购通常是以低价策略的方式聚集流量,在线订座和提前下单都是通过提供更便捷更好体验的服务获取流量的路径。例如应用软件"大嘴巴"提供提前点菜、自助下单的功能。用户可以在家里、公司里或者在路上都可以提前选择想去的餐厅,点想吃的菜,将预定好的菜单暂存于软件内。当消费者到达餐厅入座之后,轻轻扫一下二维码即可完成下单。在服务员异常忙碌的高峰时间,不会因为无暇顾及而丢失顾客或给顾客留下不好的印象,同时还可以减少顾客点菜的时间,提高效率。在软件菜单页面,顾客不仅能看到菜品和价格,还可以看到真实的点菜数量,方便用户找到人气菜品,同时也帮助商户统计菜品的点单率,为菜式调整提供数据基础。软件还提供自助结账功能,形成整个消费体验流程的闭环。

庞大的餐饮消费需求,消费者需求特征差异大,具有典型的长尾市场特征。互联网企业的模式也在不断创新,线下企业不得不选择和线上企业合作,合作使消费者、线下优秀产品和服务的提供者、线上平台都获益,带来的外部经济性。

创新并不仅仅在互联网服务模式,更多体现人性需求的O2O模式也是具有庞大市场的流量入口。例如针对大城市白领提供的配菜服务,线上预定,线下在地铁口和社区便利店自提的模式,给用户节约时间和带来便利,并提供菜谱和营养管理服务提升用户体验,增加和用户的联系。同样针对城市白领,一站式第三方外卖服务的应用解决了用户多点订餐的麻烦,应用平台通过聚集用户增加和商家的谈判砝码,让商家提供更多优惠,对应用的提供商和用户的最终结果上是双赢的。未来陌生人社交变得越来越普及,也可以形成餐饮的P2P平台,餐饮服务的提供方除了餐饮企业外,还可以是千千万万的家庭,在平台软件上实现供给方和需求方的自由配对。

在这个领域里,更符合人性需求,以及更有效率满足人性需求的商业模式也变得越来越丰富,互联网企业以更高效更节约的方式和线下供需双方建立网络的边,提供消费者所需要的诉求。

除了资讯、订座、点餐、团购、外卖等领域全面渗透,不断提供更多的网络入口,处处体现效率倾向和娱乐化倾向。向其他服务业的延伸,年轻人约会除了吃饭,还会去KTV、看电影等,这些互联网企业也逐渐向其他线下服务进行覆盖,既是自身价值链的延伸,也是在网络和网络间建立起新边,创新加速。

3.6.4 文化大繁荣

内容是传媒企业建立和观众之间网络的重要入口,对于内容提供商来说,和观众之间的边联系并不紧密,通常都是一次性的,需要通过不断推出有影响力的内容维护品牌,观众才会愿意持续和企业形成联系。

相比之下,平台型的公司维护网络的成本更低,在没有互联网的时代,电视台是最大的流量入口,电视台提供内容组合,吸引观众流量持续停驻。

娱乐化倾向和个性化倾向引导内容和产品的变化。形成庞大流量入口的内容,例如成功的影视作品或广告设计,可能是针对人性中共性的大众市场,或者是针对个性部分的肥尾市场。在物质文明高度丰富的社会,个性化需求凸显,这种个性化的产生来自于多种因素,包括人口结构、代际财富差异等。众筹模式的引入,使内容制作多元化更具有可实现的条件。以往电影制作的投入都是需要投入大量资本,限制了部分小众化的影片制作,未来通过众筹模式,这样的长尾市场也能通过众筹方式完成影片制作融资,目前阿里巴巴公司的娱乐宝产品已经开始运作,未来会有更多的产品将资源整合制作成影片。

内容要和个性化倾向的特征深度契合。韩剧《来自星星的你》,每一集根据网友的评价修改内容,在全亚洲热播。简短的网络剧《屌丝男士》、《我的前任是极品》、《万万没想到》等也在年轻人的群体中获得极好的口碑,成功在于精准把握大众的笑点。

传统单一的广电网络是内容提供商主要的变现渠道,但随着技术半径的延伸,营销成本的下降使单位营销支出影响力提升,以及多渠道竞争的格局,使满足个性化的内容也具备优异的经济价值。例如音乐的种类越来越多,从古老的乐器奏乐或戏曲传唱,到现在各种风格的流行音乐。传播渠道的竞争实质上是信道间的竞争,单向传播的广电网络,形成有限的中心节点,主要通过收视率来判断用户的需求,来调整自身的内容。在互联网时代和移动互联网时代,传播渠道的信道容量大幅拓宽,强调信息的交互,注重用户的参与感,除了点击率可以给视频网站提供反馈,还可以通过评论及深层大数据挖掘了解用户的真实需求。

行业管制一定程度上减缓了商业模式的演进更替,但这种低效率模式被颠覆的趋势却无法扭转。传统的广电网络,观众被动接受内容,无线网络和广电网络的竞争,视频网站和电视台的竞争,使观众更多诉求能够得到满足。

内容的核心文化属性也受个性化倾向影响,表现出更多元化。有人将各种文化的存在类比物种，优胜劣汰，灭绝或进化。互联网使文化传播的速度加快，内容产品加速迭代，导致文化演进的速度也在加快。

大数据也在提高传媒行业的效率中表现出惊人的能力。美国上市公司Netflix利用大数据技术，挖掘受观众喜爱的要素制造内容，《纸牌屋》大获成功。未来将有更多的大数据的应用帮助内容制造和实现精准营销，提升流量导入的能力。

3.6.5 汽车产业链的生态改造

汽车使人的活动范围大大延伸，解除了人体自我移动的束缚。从汽车产品本身来看，更容易操作、更环保和融入更多功能的汽车可能是未来的趋势，自动驾驶技术、电动车、汽车电子等领域都是汽车技术的发展方向。相应地，更通畅的道路网络和更高的交通管理效率的诉求，促使政府在基建投资和智能交通上进行投资。

从产业链的制造端来看，领先的制造商已经使用实时数据来优化供应链的库存水平及运输线路。互联网还能够通过不断创新的精准营销模式诞生，帮助汽车制造商管理持续攀升的营销成本。

汽车电商目前聚焦一手车销售，卖车价格越来越透明，营销成本越来越高，线下经销商必须和互联网合作，降低营销成本对冲销售价格下降。美国TrueCar模式既是帮助经销商实现精准营销，又帮助消费者降低议价成本的创新模式。首先，为了让用户最大程度打消对价格的顾虑，TrueCar不仅用信息图为用户提供了某车型的价格在当地的走势，而且还可以查询到其他购买此车的用户所支付的价格，让用户做到心中有数。购买前获得定价，这大大节省了购买者的时间，因为他们不需要为了寻找更好的价格而要和经销商讨价还价或货比三家。其次，通过经销商变现，在交易完成后，对每笔交易收取299美元的佣金，尽管这是一条销售线索的15~20倍，相比流量导入的模式，当转换率低至2%（销售线索的流量成本至少要750美元），这实际上是极大地为经销商节约了费用，而且也不需要更多的人员成本来销售产品。这种盈利模式迅速被竞争对手复制，对全社会福利是提高的，汽车电商和线下实体的合作带来巨大的外部性。在中国，汽车之家和易车网也模仿了这种模式。

线下经销实体还需要探索更多盈利模式，以保证不被互联网浪潮淹没。物联网则为售后打开了新市场，如汽车的维修保养提醒和远程车况检测等。另外，它还能追踪甚至锁住拖欠贷款的车辆，这样银行和经销商也更加愿意为信用纪录不足的中小企业主发放车贷。物联网获取的大数据对保险公司非常有价值，帮助保险公司设计更有效的产品。

借助互联网，中国二手车市场也拥有巨大的增长潜力。目前市场年销售量仅300万辆，对比1亿的保有量，二手车市场未来空间巨大。车联网获取的大数据未来能大大降低交易双方的信息不对称，大大降低交易成本。

出租车和豪华车租赁服务开始使用互联网优化车队调度。例如嘀嘀打车和快的打车在中国的高速发展，补贴模式培养了消费者通过手机打的的习惯，在补贴大幅降低后，市场还在继续扩大，分散的供给方和需求方，移动互联O2O的模式具有天然的优势，传统的电召中心效率无法匹敌。在汽车租赁领域，神州租车和一嗨租车等是中心致密网络的模式，依托企业的网络化布局满足分散的消费者需求，而易到用车则是通过所掌握海量的供应方和需求方信息撮合交易。

移动互联网实现了人与互联网的连接，加快了线上和线下的融合。2014年打车软件通过高额补贴快速吸引用户并培养了用户的消费习惯。以嘀嘀打车为例，补贴之前，其用户数约2 200万，日均订单数为35万单，3月27日，用户数就突破1亿，日均订单数维持在530万左右。①

拼车市场不亚于打车、订车，拼车服务在西方社会盛行，环保节能，发展受限主要是线下自由撮合目前无法形成相互信任的基础。拼车服务是一个按需服务的超级O2O平台，它整合了大量闲散的社会交通资源，通过互联网实现了供需双方去中介化、实时、精准、高性价比的对接，实现多赢，而这正是互联网的魅力。

汽车是重要的移动互联网入口之一，人们在驾驶汽车的时间上占用较多，也存在大量的碎片化时间，越来越多互联网企业已经布局这一市场，汽车电子化和智能化也是未来的趋势，在汽车里可以满足人们生活服务、娱乐等各种需求。

3.6.6 工业生产迂回减少

互联网能够高度简化交易环节，降低交易成本。效率倾向明显，传统的模式涉及多层次的经销商和代理商，运输成本和仓储成本冗余度巨大，平台型的电商出现，能够大大缩减交易层级，大大节约重复无效的物流成本。

---

① 数据来自艾瑞咨询。

大数据工具的运用能够有效提升管理效率。通过提供从供应商库存、货运物流到下游客户需求等方面细化的实时数据，互联网可以提高预测的准确度并优化生产计划。互联网还能提升研发能力，促进与客户及外部专家的合作。

3.6.7 互联网与金融的融合

传统的金融服务主要依托线下实体网点，服务半径同样受物理空间约束，标准化的业务实际上可以互联网提供。互联网金融具有成本优势，不用依赖线下实体网点渠道，7×24小时提供服务，方便快捷。典型的长尾市场（资金的供需双方也可以是长尾的群体），利用互联网平台高效撮合。

传统的银行业依赖利差即获得巨大利润，信贷资源更偏向于政府融资平台和国有企业。互联网金融和民营银行的放开，给原来的金融网络创造新入口的机会。

通过对互联网海量的实时数据分析，银行可以降低不良贷款风险，而在线渠道提高了市场营销和与客户互动的有效性。风险管理提升、交易成本下降，银行得以服务更多零售客户和中小企业。

目前，中国消费者有大约60%的金融资产放置于银行存款。随着互联网金融的出现，交易成本的降低、信息透明度的提升，网上货币市场基金、折扣券商和第三方在线市场开始出现在现实生活中。

提供节点，降低网络边连接成本。互联网企业跨界向金融渗透，颠覆性的影响已经震撼传统的金融行业，掌握垄断红利的传统金融机构不得不自我颠覆。否则就有可能步电信运营商的后尘，即使具备垄断优势，也被微信等跨界颠覆。

目前金融市场上产生的互联网金融模式主要有：

模式一，第三方支付。在线支付平台为网络零售交易提供了关键的基础，亦推动了实体零售消费的增长。对抗依托传统金融渠道的银联。

模式二，金融产品线上渠道销售。余额宝等"宝宝"们2013年成功实现屌丝逆袭。

模式三，P2P贷款。传统金融机构的金融资源分配不是公平的，信用定价也不完整。民营企业和个人难以获取和信用风险相匹配价格的信贷资源。P2P平台提供了新的节点，帮助资金双方建立连接。

模式四：众筹。通过互联网展示项目筹集公众资金。

通过大数据技术进行风险管理是未来的趋势。

传统的风险管理方式基于借款人的财务信息、行业信息，对信贷进行定价和风险管理。大数据工具结合其他具有相关性的因素作为风险管理的指标，有效针对传统金融无法覆盖的长尾市场，降低了风险定价的成本。美国 Upstart 公司通过学习成绩进行大数据分析，给予学霸更有利的信贷资源，有效控制风险。[1]

3.6.8 房地产行业的演变

信息化已经渗透到每一个行业每一个环节，连最传统的房地产也不例外。房地产行业从上游的土地转让、中游房地产开发和下游销售环节都在进行信息化改造，降低信息不对称。地方政府现在可以搭建土地招拍挂网上交易平台以增加信息透明度。房地产开发从设计、建造、施工、装饰等环节，计算机技术的运用不断增加，发展具备高效、节能、环保等优点的智能建筑已经成为一种趋势。B2B 电子商务平台让房地产开发商、承包商和连锁酒店可以在各类电子商务平台上采购建筑材料、设施、设备和装潢材料。

互联网更改变了商业房地产的需求，网络零售降低了实体网点的需求，却提高了拥有先进物流的现代仓储地产的需求，部分房地产开发商从原来的住宅开发转向物流地产开发。

销售环节是互联网模式创新的主要领域。中国的购房者和租房者越来越倾向于在网上搜索理想居所。类似搜房网等电子商务平台，提供开发商、经纪人、个人房东的挂牌信息、楼盘广告和搜索功能。开始通过一手房和二手房资源聚集大量消费者用户，形成聚集效应，更多的上游开发商和经纪人加入网络，形成正反馈循环。由于能够更快地找到有诚意的购房人，开发商和经纪人可以优化房地产搜索和交易流程，降低营销和存货成本。

除了功能上优化提升用户的体验，这些互联网的平台入口还不断延伸自己的价值链，转型下游家装电商和生活服务提供商。物业管理环节加速和线上融

---

[1] 在美国，收入、信用卡记录、贷款、罚单、纳税等各项行为，都会跟随着一个叫作"社会保险号"的号码绑定。可以说，这个号码把一个美国人一生中所有的基本信息和信用记录都联结了起来。当你的过往信用记录好，你就能拿到很高的信用分数，那么在贷款时就能拿到很低的利率。但是，问题也出在这里——积攒起一个好的信用分数往往需要好几年的时间，一开始的积累过程非常痛苦。P2P 借贷公司难以通过信用分数来撮合信贷供需双方。运用可靠的代替信息来进行预测，GPA 可以说是最好的衡量信用分数的标准之一。

合，具备强大的网络入口价值，而且围绕生活服务可以形成庞大的价值链。物业管理凭借其平台优势，接入生活服务相关内容，提供一站式服务。

3.6.9 大健康信息化管理

在人口老龄化的趋势下，未来医疗行业的需求空间广阔。解决健康管理问题和提升医疗效率是医疗信息化的趋势。

传统熵控网络需要建立医疗机构的节点提供服务。在高速熵控结构的时代，入口并不仅仅只有线下的医疗机构，从软件和硬件两条路径实现网络的扩大。例如可穿戴设备能够实现实时的健康监测，对风险事件进行提醒和预警，智能终端的功能也会不断提升，实现线上即时的健康咨询，医疗服务提供的时间从原来的医疗机构和人员的工作时间延伸至全天候覆盖。网上的电商平台、社区论坛、专业垂直化网站能够提供真实可靠的医疗和药品信息，专业的医生还能在网上提供低成本和便捷的医疗服务，提升了全社会福利。

互联网和大数据工具将可能成为提升医疗系统效率的重要工具。中国80%的资源集中在城市，患者哪怕是小毛病也要千方百计到大医院治疗。区域健康医疗信息网络（RHINs）则可以将大医院和社区诊所联网，协调转诊和治疗事宜，从而缓解这些问题。同时远程医疗和远程检测在病人和医学专家之间建立起全新的联系，突破空间约束，实现线下分散布局，有利于闲置资源的充分利用。

当前国内的知名医院普遍存在挂号难看病难的问题，等候时间长，体验相当不好。归信息化的手段能够帮助病患快速匹配合适的医院、诊疗科室和医生，预约、排队、挂号、支付等流程更便捷，提升病患的消费体验。

病患的费用下降是人性刚需的指向。从病前的健康管理，病中诊断治疗增效降本，合理的用药实现性价比的提高，到病后康复的管理，服务的全流程实现信息化改造，帮助病患降低成本。

医疗市场化的背景下，医疗服务提供者（医院、医生）如何巩固和需求方的连接关系也是价值链的重要一环。

互联网能利用电子健康记录和临床决策支持系统等创新技术提升医疗质量，而病人可以通过在线预约工具和点评平台了解医疗服务提供商的资质评级，信息的双向互动，提升服务质量和消费体验。准确、及时和有效的数据可以帮助保险公司提供更有价值的产品。

万物互联是未来的趋势之一。除了更多的智能终端能够全天候监测病患的健康状况，实现医疗服务供需双方互联互通以及远程服务外，在药品研发、生产及监管也会出现高度信息化的趋势。以往的研发获取的数据量低频不连续，运用大数据以及开放的公共数据平台，大大节约了全社会的研发成本，提升了研发效率，更多的工具和方法产生并应用到研发过程中。在生产和监测环节，药品电子监管码的应用可以有效监督药品供应链。

医疗的信息化有助于解决信息不对称的问题，合理医疗的资源配置（而不是当前国内医疗资源分配结构失衡的现状，大型医院越来越呈现出供不应求的状况），减少资源浪费，提高使用效率。基于智能终端、大数据等软硬件工具，提供可靠的诊疗决策，减少医患矛盾，合理用药结构。互联网医疗能够形成正反馈循环的路径，取决于其能够给患者带来更好的体验，这种体验来自于人性的需求倾向和效率提高倾向。

3.6.10 知识无界限

归信息化趋势下的社会结构发生巨大的变化，传统的教育网络在人才培养上跟不上劳动力结构的调整。在没有现代技术的辅助之下，教育的效率非常低下。孔子的弟子相传有三千，然而仅有七十二个弟子成才。作为中国历史上最杰出的教育家之一，孔子不仅有着渊博的知识和丰富的思想内涵，他还通过言传身教来教授弟子。对于教育如此尽心尽力，何至于最后成才的人数少之又少？科举制度下衍生的私塾教育更多的局限在富裕家庭之中，优秀的私塾先生甚至被名门望族所垄断。

在现代社会，人们可以通过互联网参与到世界著名学府名师的讲课，很方便地听到名人学者的讲座。名师的弟子可以千千万万，即使远在大洋彼岸。知识的传播速度和范围远超历史上任何时候，对人类社会进步具有极强的加速效应。

教育和互联网结合是必然的趋势，2013年在线教育的规模达到840亿元，用户数6 720万人。①

传统教育模式依赖线下的学校和教育机构提供服务，存在服务半径约束。优质的师资是稀缺资源，传统的教育模式下显然供不应求。知识的传播是推动文明进步的动力，提升教育效率，优化教育资源配置，对人类的意义重大。互

---

① 数据来自艾瑞咨询。

联网在教育领域的渗透已经覆盖学前、K12、高等教育，以及兴趣爱好专项教育、职业教育和培训等。

免费和公益性 MOOC 的模式推动了互联教育的发展。苹果的 iTunes U 提供来自 800 多所大学的公开课程，让学生有机会接触到大量顶尖的机构，这其中包括诸如斯坦福、耶鲁、麻省理工学院、牛津等一流的大学，也包括如纽约现代艺术博物馆、纽约市立图书馆、美国公共电视台这样的社会服务机构。在播出视频的同时，还提供幻灯片、PDF 文档等多媒体内容。随着社交媒体的发展，近些年出现了一些更为新颖的学习体验。伦敦商业金融学院（The London School of Business and Finance）就在 Facebook 开发出一款全球 MBA 教学的应用。[1] 基于学生对学位依然是驱动其参与高等教育的重要动力，国内外知名学府也都推出了自己的 MOOC 学位课程，学生完成制定课程的学习并参加考试，可以获得相应学位。

内容和平台依然是主要的流量入口，内容的形式也不局限于传统的教育资料，娱乐化倾向和个性化倾向明显，寓教于乐的商业模式往往比较容易在短时间内聚集用户。传统的教育资源供应方也得到延伸，借助 C2C 的平台（例如 YY 教育、技能互换平台等）将分散化的教育资源接入网络，长尾市场能够使这些分散的教育提供方能够持续运营。

社交化应用和教育融合，例如百度应用"作业帮"构建的社交平台。利用开放的社交功能，通过荣誉和奖励制度激励学生间互相帮助，相当于利用了群体的智慧，部分用户会主动到平台上帮助解决作业难题，更多的学生用户也会愿意到平台上寻求帮助，同时也提供了封闭圈子满足同学间的私密社交需求。在大学生群体中，也存在这种社交化的学习互助组织。有大学成立协会将会员配对实行一帮一，通过 morning call 等手段监督对方不要过度玩游戏，按时睡觉，有充足睡眠，保证有精力完成明天的课程和自习。

在互联网教育的市场，竞争非常激烈通过最初的教育资源平台，以低成本的内容迅速满足用户，互联网打破了传统教育市场的宁静，例如娱乐平台公司 YY 等；阿里巴巴、腾讯和百度也纷纷借助平台流量优势快速切入，实现价值链的延伸。最终谁能胜出还不得而知，但传统线下企业如果不加速转型，市场份额将会被不断蚕食，走向毁灭。

---

[1] Online Education：互联网教育发展概况。

3.6.11 大数据魔力

信息对企业的经营和管理非常重要。企业信息化水平的提高会促进业绩的提高。大数据优化企业运营的各环节，比如在压缩采购环节降低成本、生产流程改进、精准营销等方面，发挥了重要作用。

大数据并非只是海量数据，即使在互联网和移动互联网没有产生之前，也存在海量数据，但没有办法通过信息赋值和人的行为关联起来。智能终端和传感器技术突破，产生海量实时的数据，可以更高频的对人或物体的行为进行赋值，利用云计算技术，在云端对海量数据进行分析。

以沃尔玛为例[1]。早在1969年沃尔玛就开始使用计算机来跟踪存货，1974年就将其分销中心与各家商场运用计算机进行库存控制。1983年沃尔玛所有门店都开始采用条形码扫描系统。1987年沃尔玛完成了公司内部的卫星系统的安装。该系统使得总部、分销中心和各个商场之间可以实时双向的数据和声音传输。持续的信息化投入，优秀的供应链管理和企业管理系统，帮助沃尔玛长期盘踞世界500强第一位。尽管如此，沃尔玛的信息化步伐仍然不够快，更多的竞争对手通过创新正在蚕食它的市场。"大数据"推动了企业对数据管理的庞大需求。除了供应链管理、客户关系管理等传统模块需求外，海量数据还被应用于企业的舆情监控、营销管理、战略管理、产品设计等各方面。

企业的数据可以分为3种类型：结构化数据、半结构化数据和非结构化数据。其中，85%的数据属于广泛存在于社交网络、物联网、电子商务之中的非结构化数据。这些非结构化数据的产生往往伴随着社交网络、移动计算和传感器等新的渠道和技术的不断涌现和应用。企业用以分析的数据越全面，分析的结果就越接近于真实。大数据分析意味着企业能够从这些新的数据中获取新的洞察力，并将其与已知业务的各个细节相融合。

大数据已经应用到很多领域。例如有研究机构利用Google生成的搜索词内容，构建了预测房价走势的模式，发现效果很好，比美国房地产经纪人协会的预测专家公布的预测结果还要准确23.6%。印第安纳州大学信息和计算机系教授约翰·博伦（Johan Bollen）设计了一套程序，随机抽取10%的Twitter消息，然后利用两种方法整理数据。首先，比较正面评价和负面评价；再次，利用谷歌设计的程序确定人们的六种情绪：冷静、警觉、确信、活跃、友好和

---

[1] 商业价值：大数据蓝海，凤凰网。

高兴。用这套程序来预测纽约道琼斯指数的走势，结果准确率达到了 87.6%，已经有对冲基金应用到实际投资当中。在中国，百度联合广发证券推出"百发 100"指数运用了金融大数据进行投资，回测自 2009 年以来，已经取得了 545% 的累计收益，远高于同期沪深 300 取得的 19% 的累计收益，更高于上证综指 12% 的累计收益，也远远战胜了全市场业绩基准中证全指 56% 的累计收益。大数据已经应用到流感传播预测的模型、电影票房预测的模型等等。未来大数据技术会给人类展示其更强大的威力。

  国际上，大部分知名企业都在"大数据"领域增加投入。

  沃尔沃通过在卡车产品中安装传感器和嵌入式 CPU，收集从刹车到中央门锁系统等形形色色的车辆使用信息。这些信息源不断地被传输到沃尔沃集团总部。通过对这些数据进行分析，沃尔沃优化其生产流程制造性能更好安全性更高的汽车，从而提高客户们的使用体验。将来自不同客户的使用数据进行分析，可以让产品部门提早发现产品潜在的问题，并在这些问题发生之前提前向客户预警。产品设计方面的缺陷，此前可能需要有 50 万台销量的时候才能暴露出来，而现在只需要 1 000 台就能发现潜在的缺陷。

  eBay 的分析平台每天处理的数据量高达 100PB，超过了纳斯达克交易所每天的数据处理量。为了准确分析用户的购物行为，eBay 定义了超过 500 种类型的数据，对顾客的行为进行跟踪分析。

  在早期，eBay 网页上的每一个功能的更改，通常由对该功能非常了解的产品经理决定。判断的依据主要是产品经理的个人经验。而通过对用户行为数据的分析，网页上任何功能的修改都交由用户去决定。

  更显著的变化反映在广告费上。eBay 对互联网广告的投入一直很大，通过购买一些网页搜索的关键字，将潜在客户引入 eBay 网站。为了对这些关键字广告的投入产出进行衡量，eBay 建立了一个完全封闭式的优化系统。通过这个系统，可以精确计算出每一个关键字为 eBay 带来的投资回报。通过对广告投放的优化，自 2007 年以来，eBay 产品销售的广告费降低了 99%，顶级卖家占总销售额的百分比却上升至 32%。

  科技巨头在大数据领域的布局值得关注。自 2005 年以来，IBM 投资超过 160 亿美元进行了 30 次与大数据有关的收购。Oracle 和 SAP 也通过一系列收购来推动大数据战略。2011 年，Oracle 推出了大数据机和 Exalytics 商务智能服务器；SAP 推出了 HANA 平台。这两家公司都在构建各自的大数据平台解决方案。

在资本市场上,大数据相关的公司也受到市场的追捧,企业数据软件公司 Splunk[①]以每股17美元的价格在纳斯达克进行IPO,融资2.3亿美元,市值达到惊人的15.7亿美元。

国内企业对大数据的趋势非常重视。

淘宝网推出淘宝魔方业务。作为国内最大的电子商务企业,淘宝网的数据量价值巨大。淘宝魔方为卖家提供了数据分析的工具。通过淘宝魔方的数据分析,卖家可以掌握商品销售情况、买家的性别、年龄、地域分部,甚至连买家的星座都能区分。卖家根据数据分析的结果作出不同的促销策略。

百合网分析注册用户的年龄、地域、学历、经济收入等数据挖掘背后巨大的商业价值。例如它曾经对海量注册用户的头像信息进行分析,发现那些受欢迎头像照片不仅与照片主人的长相有关,照片上人物的表情、脸部比例、清晰度等因素也在很大程度上决定了照片主人受欢迎的程度。数据分析发现对于女性会员,微笑的表情、直视前方的眼神和淡淡的妆容能增加自己受欢迎的概率,而那些脸部比例占照片一半、穿着正式、眼神直视没有过多造型的男性则更可能成为婚恋网站上的宠儿。

国内的大数据应用也在加速,在零售、汽车、房地产、金融等行业都已经投入到实践当中。数据分析师职位的需求一路走高,也反映了大数据应用的热度。

3.6.12 国家治理数字化

政府这只看得见的手,一方面通过税收手段参与GDP的分配,一方面利用手中的资源提供公共产品服务。尤其是航空、铁路、公路、通信的基础设施的建设,构造了遍布国家的经济网络,经济中的节点和边由此诞生。秦修驰道、隋修运河对中国的统一发挥了重要作用。政府作为经济主体之一,加大基础投入不仅能够拉动经济增长,更重要的是搭建了经济网络,为经济进一步发展提供了更广阔的舞台。

信息技术的发展使公共节点的建设从传统的熵控结构延伸至高速熵控结

---

① Splunk是商业智能软件提供商,其软件可用于监控、分析实时的机器数据以及TB级的历史数据,且数据来源不限,可以是本地也可以来自云。比方说,Splunk可以实时对任何app、服务器或网络设备数据进行索引并提供搜索,这些数据可以是日志、配置文件、消息和告警等。利用Splunk可监控分布部署在多个数据中心的成千上万台服务器,可以管理PaaS云的基础设施,可监控云交付SaaS解决方案的性能,并可监控SaaS与托管混合型的中心。

构，不仅如此，互联网的高速发展增加了国际融合，信息网络的边界模糊了国家强制力的边界，信息安全已经成为国家治理的重要领域。

电子政务的出发点是提高政府的办公效率，更好地服务于企业和居民。面对日益复杂的社会，简单的政府门户网站已不能满足公众需要。政府网站应增加更多互动的功能和信息化处理政务的功能。

其他政府管理的领域也需要信息化的辅助，包括反腐问题、食品安全、安防、环保等问题。随着智能手机和微博等社交网站的崛起，自媒体的威力巨大，信息传播的速度大大加快。网络舆情在政府管理中变得日益重要。网络舆情监控系统关注热点问题，能否妥善迅速地解决相关问题关系到政府的管理效率及公众形象。根据中国传媒大学网络舆情监控数据，2011年反腐倡廉领域负面消息占比达81.0%，网民通过自媒体举报官员贪腐等问题，已成为一种常态途径。

网络舆情的监管在食品安全问题也发挥着作用，自2011年开始，食品安全问题不断出现，甚至引起了国人的恐慌，引起了政府和相关企业的极大关注一旦食品安全问题被质疑，企业形象及经营都会受到冲击。

环保治理需要信息化的手段提高效率。

2013年，北京的雾霾牵动了全国人民的神经；全国主要水源严重的污染状况也让国人忧心忡忡。互联网及移动互联网的传播效率极高，人人都是自媒体，环境问题被互联网推到了舆论的浪尖风口。环境问题被提升至民生建设的层面，成为政府不得不重点解决的问题之一。环境治理也离不开互联网的贡献。中国环境保护部在全国建立环境监测点，通过网络对监测数据进行实时收集、监控、传输和分析，随时掌握监测区域的环境状况。

发展智慧城市，管理人们自由度提高带来的稀缺约束。

近年来全国大规模兴建高速公路网。国道、省道以及农村公路的建设也日益完善。由于制度和历史原因，目前中国的车辆购置附加费和养路费主要投向了城际道路，而用于城市道路的建设较少。但是城市才是私人汽车的真正主要活动空间。这种资金的使用方式一定程度上造成了大中型城市道路拥堵、城市土地利用率低、汽车停放困难、交通配套设施相对滞后的状况。北京、上海、广州的人均道路面积仅为7.72平方米、6.62平方米和8平方米，均低于国际拥堵城市之最的东京（10.7平方米/人）和纽约（12平方米/人）。中国城市中汽车高昂的使用成本和行驶的时间成本，成为目前中国城市交通的一大难题。

面对日益严峻的交通问题，各发达国家尝试了多种政策措施，主要包括科学地设计规划城市、建设交通设施和提高交通管理水平。然而，城市规划对于大部分国内大城市来说为时已晚。

信息化的手段，在一定程度上能解决交通管理的问题。交通部门通过建立智能化的平台，对交通管理进行合理规划，借助信息化的手段，向公众及时传播交通信息，避免交通过度拥堵的问题。

在国内，政府信息化建设才刚刚起步，现阶段着重于信息的公开，而没有深入利用信息的价值。而国外政府在这一领域已经先行一步，他们对信息创新运用的经验十分值得我们借鉴。对于政府信息化来说，民众除了希望数据的公开度和透明度有所提高，还希望政府能够提供开放的数据平台。因为获得并对这些数据能加以运用能够创造更大的价值。

政府对信息网络公共节点的建设能够推动创新，更多的节点愿意接入到政府提供的网络中，借此开发出更多的满足人性需求的应用

美国纽约市在2012年2月通过了《开放数据法案》。根据开放数据法案，到2018年，除了涉及安全和隐私的数据之外，纽约市政府及其分支机构所拥有的数据都必须实现对公众开放。法案还规定，使用纽约市政府及其分支机构所拥有的数据时不需要经过任何注册、审批程序，数据的使用也不受限制。这些数据既包括按邮政编码分区域的人口统计信息、用电量、犯罪记录、中小学教学评估等历史数据，也包括地铁公交系统的动态实时运行数据；既包括也包括小区噪音指标、停车位信息、住房租售、旅游景点汇总等与公众生活密切相关的数据，也包括饭店卫生检查、注册公司基本信息等与商业密切相关的数据。所有数据中，受到关注最多的是Wifi热点位置数据。

放在开放平台上的数据能被深度挖掘，从而变成有用的信息。更多有效信息的传播通常能使社会运行更加高效。

信息化的手段可以提供交通拥堵、社会治安、城市卫生等问题的解决方法。例如，社会治安曾一度是纽约市政府最为棘手的问题，每年要花费大笔的财政经费在警察和警务装备上。而随着详尽犯罪记录数据的开放，不仅公众和商业机构开发出了提示公众避免进入犯罪高发区域和提高警惕的手机应用程序，从而起到了降低犯罪发生概率的作用；而且纽约市警局还将犯罪记录信息和动态交通数据结合起来，指导调配警力，从而提高了出警的效率。公共交通系统的动态数据公布后，也随之出现了很多的学者和商业机构对其进行深度挖掘。不仅创造出了为公众出行提供实时建议的手机应用程序，而且为地铁系统在客流高低峰时段、热点站和普通站之间的调配提出更优的方案。这些程序和方案的实现，在原来警察局或交通部门各自垄断数据的情况下是不可想象的。

除了提高社会运行效率外，开放数据平台还蕴含着巨大的商业价值，公共信息节点和数据的提供，推动企业创新产品和服务。关于空气质量和噪音的数据可以被用来估测房价；Yelp、大众点评之类的线下商户点评类网站上关于饭店的菜品及卫生的信息也可以同时纳入质监部门卫生检疫的测评；而这些又会反过来促进环境治理、刺激饭店提高卫生标准。

另外，开放数据平台还能起到激发创新的作用。纽约的实践已经证明，开放数据平台会吸引大量高科技人才和企业的关注，激发前沿的创新和应用。虽然成立仅有一年，但围绕着纽约开放数据平台而产生的应用开发团队已有几百个。

一个可比的例子是 GPS（全球定位系统）的开放。1983 年，美国将原本用于军事的卫星定位系统 GPS 向公众开放使用，并且在 2000 年后取消了对民用 GPS 精度的限制。从汽车导航、精准农业耕作到物流、通讯等领域，GPS 开放后不仅服务了生产和生活，同时还创造了大量的就业岗位。据估算，仅美国国内就有约三百万的就业岗位依赖于 GPS。

建设智慧城市的本质是推动城市向更高层次的信息化发展。其最有效的推动力一定是无数的活跃个体。只有大量的个体才能实现对社会运行信息不断创造性地、深度地挖掘和应用。公共部门要做的只是建设维护好一个开放数据平台。纽约市已经初步建立起了一个基于城市社会运行数据的"生态系统"。这个生态系统虽然还很简单，但却是到目前为止对"智慧城市"最真实也最有推广前景的实践。

3.6.13　跨界融合的颠覆性

根据科斯理论，企业的形成逻辑在于组织成本低于交易成本。归信息化的趋势下，交易成本被大大降低，企业原来的组织模式变得越来越不经济，企业和行业为生存而展开的大规模重组将不可避免。

高速熵控结构下，信息以光速传播，连接成本被迅速摊薄。各经济主体的活动、宏观经济结构都将面临天翻地覆的调整，竞争更加激烈，行业的演化的速度更快。

2012 年年底和 2013 年年初，随着《泰囧》和《西游降魔传》两部电影突破 10 亿元票房，整个电影市场瞬间被点燃，随后很多影片都轻松取得过亿的票房。行业大爆发归结于多种因素的促进，但网络化以及信息化的作用功不可没。借助网络媒体和社交网络持续的营销攻势，电影票房开始井喷。《泰囧》

和《致我们终将逝去的青春》两部影片搅扰了电影界,行业的竞争环境也出现了新变化。导演都是演而优则导的明星,影片的内容见仁见智,票房的飙升可以看到跨界的优势已经非常明显,网络的边界被跨界瞬间扩大。

"天下武功,唯快不破"是武侠小说里的经典台词。放在技术日新月异的社会中也得到了应验。各自的价值链都在交错和融合,线上向线下快速融合,线下积极拥抱线上,谁停住脚步,不思进取,谁就有可能被淘汰。

中国大部分的商学院和培训机构都收费,而和君商学院却实施免费招生。不仅是免费学习对学子有吸引力,和君商学院还拥有实战性极强的教育资源。商学院聚焦于企业管理和投资、投行领域,教学内容由"管理+产业+资本+国势"四个知识板块构成。其特色是把知识学习与实战应用、商学研修与职业生涯紧密地结合起来,讲究知识学习的系统性和实战应用的有效性。通过免费的商学院,和君为自己招募了大量人才,同时也为其他企业输送了优秀人才。和君商学院正在改变商学院和培训机构的商业模式,其吸收人才的能力可与国内最一流的大学相媲美,从原来的非教育行业跨界进入教育行业,和君商学院颠覆了传统的模式,竞争优势明显,搅动了教育行业未来的竞争格局。

跨界竞争正越演越烈。柯达发明了数码相机,却没有重视其颠覆作用,导致其传统胶卷相机业务被淘汰。柯达的葬礼已经被人快要遗忘,摩托罗拉、诺基亚、东芝、索尼、爱国者都在排队等候死亡。智能手机集成了数码相机和MP3等功能,彻底淘汰了功能手机。跨界竞争之下,传统的数码相机企业和随身听生产企业也难以支撑下去。平板电脑市场日益强大,笔记本电脑市场却日益式微。终端设备市场的更新还会继续吗?现在占据竞争优势的企业就江山稳固了吗?恰恰相反,优势企业的危机感愈加强烈。互联网巨头谷歌、Facebook、亚马逊终端也在向终端设备领域渗透。

在互联网时代,电子商务对传统零售业态的冲击已经深入人心,倒逼线下通过移动互联实行O2O的融合来进行反击。当当网的出现,把线下实体书店推向悬崖。已经接近垄断的家电连锁行业中的双寡头:苏宁和国美原以为可以高枕无忧——行业进入成熟期,盈利稳定,但宁静被京东商城打破。从线上的3C类产品销售开始,扩展至所有家电,京东商城领头,其他电商纷纷跟进,严重冲击了苏宁和国美的实体渠道。已经下沉至三、四线城市甚至县城的渠道无法弥补一、二线城市的下滑,网络的渗透速度远超预期——小城市的居民也越来越习惯网购了。在前所未有的危机中,苏宁和国美终于幡然醒悟,发力线上电商渠道,不得不革自己的命。更多的线下企业必须进行改革,积极拥抱互联网,延伸自己的价值链,例如提供个性化的服务和定位人性需求的精准营销。

淘宝的出现更是冲击了广泛的实体零售渠道。当网购已成习惯，消费体验已经发生变迁，如果仍故步自封，对发生的一切变化视而不见，最终走上的终将是不归路。

互联网企业不仅仅冲击了零售行业，已经向各行业开始全方位渗透：从零售行业到服务行业，从日常消费品到销售房子汽车等耐用消费品，无所不包。互联网企业又开始发力金融业，民营银行的成立，打破了传统金融机构对信贷供应的垄断，以互联网企业主导的民营金融企业日益壮大。这促使企业的经营方式也在发生改变——银行借贷变成线上借贷，企业融资方式更加方便快捷。在阿里巴巴集团的"小微信贷日"上，1.8万家淘宝小卖家2个小时内抢走了阿里小微信贷的3亿元淘宝信用贷款。受到冲击的不仅仅是传统的银行信贷业务，银行的表外业务也受到了来自淘宝的挑战。淘宝利用支付宝推出了购买理财产品的功能，该功能完全可以利用零散的闲置资金实现。将投资账户整合到实名认证的支付宝账户中，原来相当烦琐的开户手续被取消，每个账户已经成为潜在的理财产品客户，淘宝余额宝的业务创新把整个交易关系进行了重新组织，大量的人工环节变成虚拟的操作，植入了互联网的特性，比如准入门槛低、实时性、碎片化等，实现了互联网对传统理财投资的改造。这种形势下，国有银行的密集渠道优势能保证避免和家电连锁相同的境遇再现吗？恐怕是黄粱美梦而已。

除了银行业务，保险、证券等金融机构的业务就不能被重构吗？标准化的车险、旅游险等保险产品已经在网上卖的风风火火，银行的销售渠道还能持续强势吗？国内的证券公司高度依赖经纪业务的收入，非市场化手段最终将难以阻挡历史前进的洪流，变革创新必将致其灭亡，放开互联网券商会成为趋势，低成本快速聚集流量会让行业的巨头不得不重视，如果不能及时改革，增长将会受到约束，固守的市场也会被蚕食。

倚仗政府后盾，通信运营商巨头们在过去一直强势，环视周围，无与之能匹敌者。却不料一个微信能让他们战栗不已，微信足以让传统的电话和短信业务慢慢消亡。可惜他们依然希望能固守待援，而不是创新来抵御竞争。

过去的商业巨头也逐渐失去了光环。沃尔玛关闭了多家超市，这家曾经的世界500强之首，也面临着电子商务带来的冲击，同时需要积极寻求出路。微软还始终固守着PC操作系统软件的市场，把平板电脑也视作PC的一种形式，而不重视背后人们生活方式和智能终端使用方式的改变。因此，当微软企图推出具备触摸屏兼容的Win8系统抢夺失去的市场时，不难想象，其新产品在全球各大市场面临屡屡受挫的下场。在应用软件方面，杀毒软件企业曾经坚持出售软件的商业模式，而不曾想到360杀毒参与竞争后实行全部免费的商业模式，让整个杀毒软件市场翻天覆地。这样的案例还有很多，很多企业对前途迷茫，不知如何变革，很多企业还没意识到正面临的危机，还在原来的路上继续前进，继续扩张。坚持错误的方向前行必将加速衰亡。

企业正在摆脱传统的经营模式。采购、生产、营销、管理、渠道等环节都正在变革创新，人们也正在从家庭和办公室走出来，进入一个广阔的社交需求时代。你会发现，人们常常不是注意路边的风景或广告牌，而是低头摆弄你的智能终端设备。人们能够随时都能接入互联网，在社交网络上随时分享所见所闻，现在的手持式智能终端可能被穿戴式终端所取代，或者更高层次技术进步将再一次导致人们的生活方式发生彻底改变。这世界变化太快，一不留神就会发现你已经走下坡的路了，再不留神会发现你要死了。被冲击的实体书店、线下零售商、银行等传统行业如果不创新变革，参与跨界竞争，未来有可能进入万劫不复的境地。大浪淘沙已经开始了，苦守等来的就是死亡。

归信息化的趋势下，高速熵控结构和传统熵控结构加速融合，原来的领域内的企业竞争演进成跨界的竞争，市场变革之快远超人们想象。即使原来是非专业的企业，创新仍能帮助其颠覆传统的商业模式和交易关系，先发优势被弱化。在过去几年，互联网发展之快，让行业间的边界变得模糊，传统的行业都有可能被逐一击破。更便利、更关联、更全面的商业系统正逐步形成，传统的商业模式逐渐被拆解，新的商业模式不断涌现。

归信息化的大潮下，商业模式不断创新。未来10年，中国商业领域将经历一轮又一轮大规模的变革。归信息化的趋势下，政府、企业和居民的运作方式或生活方式会发生根本性的变化。来不及创新的企业，必定遭遇前所未有的劫数。类似淘宝、腾讯这样的企业未来会遍布各个领域。归信息化接下来是重构商业，提高网络覆盖率。网络致密度的提高带来流量的爆发。流量改变未来，一个个领域都将经历推倒重来。

网络外部节点一旦建立新边接入网络，尤其高速熵控结构的边，对经典熵控结构的边形成有效的替代，对经典熵结构形成巨大冲击。

免费模式深入人心，线上企业努力延伸价值链的长度，线下企业不甘被彻底颠覆，加大与线上的融合。企业的网络边界在不断扩大，网络间重合、颠覆与被颠覆每天都在上演。

3.7 本章总结

人类社会的快速发展依赖网络化和信息化的进程。信道容量加速了信息的传播。知识传播加速推动了人类社会的进步。在电子计算机和互联网诞生的这几十年里,人类创造的信息量远超过去两千年,进步的幅度也超越历史。

货币的产生就是信息化的过程,货币形式的演进也是信道容量拓宽的过程。货币中央发行制存在天生的缺陷,无法准确计算真实的货币需求量,其自身也存在超发货币掠夺大众利益的冲动。未来货币形式预计通过网络化的分散布局和归信息化解决,逐渐从去中心化演进至去货币化。

基于共享、合作、开放、民主、自由、平等、全局、环保、边际递增、与自然和谐、非物质幸福与非物质尊严的普世价值观,归信息化是未来人类之路的指向之一。

归信息化是高速熵控结构的基础,网络构建成本低,降低交易成本。自由度大幅提高,网络回路组合爆炸加速创新,带来巨大的外部经济性。

归信息化可总结为三个:人性欲望倾向、满足人性欲望的效率倾向和成本节约倾向。

我们构建了互联网价值分析框架,分析互联网的演进趋势。各领域正加速和互联网融合,模式持续创新,颠覆不断上演。

归信息化,改变了企业竞争的格局,使得行业的边界变得更模糊,更多的跨界竞争出现。市场格局变化极快,推动创新的涌现。

第4章 经济问题的熵控分析

4.1 商品价值与价格

4.1.1 商品价值

4.1.1.1 价值的细分维度

对于人类社会，我们认为它的总价值就是人与自然之间的"互信息"。人类对自然系统了解越多，自然系统相对于人类社会的不确定越小，不确定性减少的部分就是人类社会的价值。

如果用 X 来表示自然系统，用 Y 来表示人类社会，自然系统的不确定性是 $H(X)$，人类通过学习、探索等对自然系统进行了认识之后自然系统的不确定性是 $H(X|Y)$，则人类社会的总价值就等于

$$H(X) - H(X|Y) = I(X;Y) \tag{4-1}$$

即，人与自然之间的互信息。

在经济系统中，商品价值是一个基础问题，人们希望得到商品价值的本质属性。在这里，我们认为经济系统的商品使得人类社会更加有序，商品价值 V 等于不确定性减少的部分，即为商品与人类社会之间的互信息。商品价值 V 可以细分为物质价值、能量价值、空间价值、时间价值和信息价值。

（1）物质价值 V_m：大多商品都是物质产品，它的价值必然与其原材料的储量相关，因此商品价值必须包含物质价值。假设某商品的生产耗费了 n 种物质，第 i 种物质耗费量占该种物质已知总储量的比例为 p_i，则该商品的物质价值 $V_m = -\sum_{i=1}^{n} \log(1-p_i)$，当 $n=0$ 时，令 $V_m = 0$。

(2) 能量价值 V_e：大多商品的生产都伴随着能量的消耗，而目前地球上可用的能量是有限的，因此必须考虑商品的能量价值。假设某商品的生产耗费了 k 种类型的能量，第 i 种能量耗费量占该种能量已知总储量的比例为 q_i，则该商品的能量价值 $V_e = -\sum_{i=1}^{k} \log(1 - q_i)$，当 $k=0$ 时，令 $V_e = 0$。

(3) 时间价值 V_t：几乎所有商品的生产都耗费生产者一定的社会必要劳动时间，因此商品价值必须包含劳动时间（这里的"劳动时间"指体力劳动时间，脑力劳动的价值以信息价值的形式表现），这也是马克思主义政治经济学中商品价值的主要组成部分。除了劳动时间，商品的生命周期也非常重要。试想即便一个商品其他方面的细分价值都非常高，但是生命周期很短，这样的商品价值应该也是有限的。因此，商品的时间价值应该包含劳动时间 V_t^{labor} 和生命周期 V_t^{life}。

(4) 空间价值 V_s：大多商品占据一定的空间，而空间本身所处的地理位置和空间大小等都会影响该商品的价值，比如房屋的大小和地理位置就会影响它的商品价值，因此商品价值应包含空间价值。假设一个商品的体积为 P，C 为一个与地理位置等相关的常数，则该商品的空间价值 $V_s = CP$，当该商品没有空间价值时，$C = 0$。

(5) 信息价值 V_i：几乎所有的商品都凝结了人类的智慧，从而使得该商品能够拥有特定的功能，完成特定的工作，我们将商品中凝结的人类智慧称为商品的信息价值。在古代，商品中的信息价值较小，因此常常受到人们的忽视；随着科学技术的飞速发展，商品中信息价值的比重也越来越大。在如今的互联网时代，甚至出现了许多几乎只拥有信息价值的商品，如网络游戏、QQ 秀等。

显然，商品的价值应该是效用度与耐用度的乘积，根据上面细分价值的讨论，效用度包括物质价值、能量价值、劳动时间、空间价值和信息价值，而耐用度可以用商品的生命周期衡量。因此，商品的价值可以写成：

$$V = (V_m + V_e + V_t^{labor} + V_s + V_i) \cdot V_t^{life} \qquad (4-2)$$

在商品的信息、物质、能量、时间和空间价值中，信息是王者，它是对物质、能量在时间、空间中分布的回答。物质承载信息，能量推动信息流动，时间、空间是信息的标度。没有信息，对人类来说，一切都没有意义。下面我们将进一步讨论这五种细分维度。

(1) 物质价值

古人使用物质这一概念来高度概括我们生活的这个世界，认为世界的本原是物质的，并执着于把物质不断的最小化拆分，从分子、原子、电子、中子、

第4章 经济问题的熵控分析

质子、夸克。直至今天，我们还在努力使用大型粒子对撞机来寻找上帝粒子——玻色子。

物质是能量的聚集形态，物质是能量存储和表现的一种形式。爱因斯坦的能量方程 $E = mc^2$ 告诉我们质能等价。物质是凝固的时间，对人类来说，财富的存储本质上更是时间的储藏，是对生命延续的一种准备；物质是空间的具体，生命以及社会本身就是高维结构的，因此需要相容的高维空间，也需要空间来承载有序，来对抗自然的无序以及熵增。

物质是信息的承载。离开物质，信息就成为无本之源，也无的放矢。生命和社会本身就是物质的，生命以及社会的延续都依靠物质，我们依靠物质组成有序，来抵御自然的混乱和无序的冲击。

物质是我们认识世界的开始，是差异的发端，是辨别的基础。在物质的一切属性中，运动是最基本的属性，物质遵循物质不灭及质量守恒定律。

总之，物质是负熵的组成部分，物质价值是最重要的价值形式之一，它是其他价值的载体，但是区别于能量价值、空间价值、时间价值、信息价值。

（2）能量价值

能量是生命以及社会远离平衡态并且维持稳定、抵御熵增的重要负熵。能量是我们所属的世界运动的原动力。任何一种事物，包括物质、信息等，如果没有这种原动力的推动，就无法产生运动。

能量分布在物质和时空中，并来自于物质的释放。能量与运动的关系是推动与被推动的关系，实质上是一种能量供求的因果关系。

能量是守恒的。在所有能量转换的过程中，总能量保持不变，原因在于总系统的能量是在各系统间做能量的转移，当某个系统得到能量，必定会有其他系统损失能量，导致失去和获得达成平衡，所以总能量不改变。能量守恒定律可以应用于任何一个孤立系统。

能量守恒定律、物质不灭定律、质能等价定律等都可以应用于经济系统的分析。能量、物质具有不可共享性，然而，在自然条件下，熵单调递增，这是导致能量、物质稀缺的根本原因。

（3）时间价值

时间与空间是关于能量、物质的分布的信息标度。能量、物质在空间上的分配称为交换，在时间上的分配称为存储。

时间有绝对稀缺的属性。无论生命及社会，还是能量、物质、企业、商品，可用时间才是有意义的，可用时间就是生命周期，在熵增下走入死亡的不可用时间是没有意义的。

人类及社会在从事信息/知识发现、信息利用乃至社会生产、制度设计的人类活动都贡献了人类的劳动时间，这些劳动时间就是时间价值的体现。

（4）空间价值

生命及社会自身就是能量、物质叠加的空间结构，因此，也需要相容的空间来承载。

生命与社会的存在与发展，需要知道能量、物质在空间中的分布。同时，需要知道如何从空间中获得能量和物质，还需要知道如何将能量、物质储存在空间中。

生命及社会的存续与发展需要优良的环境，优良的生存空间也是经济系统的稀缺要素。

运动是物质的属性，能量是运动的原动力，运动需要空间，没有空间，就没有运动，变化和差异就无从谈起。

空间是生命及社会最基本保障。空间是自由的承载，没有空间，自由就无从谈起。

（5）信息价值

物质是信息的载体，能量支撑信息的传输，时间、空间是信息的标度，离开信息，其他就没有意义。

信息的目的和本质就是合作、共享，这一点完全不同其他几个价值形式，也体现了其更高的价值形式。信息可以以光速传播，这决定了信息的高效性，同时，信息方式是人类最节约能量、物质、空间的解决方式，信息的合作与共享本质，使得社会中人人平等。

能量、物质、空间、时间、信息都是效用的体现，总的来说，能量、物质、空间、时间、信息是可以度量的，这代表了价值的客观性。商品价值是对上述蕴藏在商品中的细分价值属性的压缩表达，其中对信息价值的计算以及对价值的压缩计算更体现了偏好的主观性和群体意志性。因此，我们对价值的理解时，既包含对价值效用的客观认识，也包括了偏好和群体意志的主观性。

4.1.1.2 五种细分价值的对比

通过上面的论述，我们可以总结出物质价值、能量价值、时间价值、空间价值、信息价值的特点，如表 4-1 所示。

第4章 经济问题的熵控分析

表 4-1　　　　　　　　　　五种细分价值特点对比

细分价值	稀缺性	排他性（公平性）	高效性	外部性
物质价值	是	是	否	负
能量价值	是	是	否	负
时间价值	是	是	否	负
空间价值	是	是	否	负
信息价值	否	否	是	正

在表 4-1 中，"稀缺性"是指该价值受环境系统（地球）物质、能量的储量、时间、空间等物理条件的限制，不能永无止境地获取。"排他性"是指该价值的使用不能同时用于多种商品。当一种价值具有排他性，不同商品不能同时具有该种价值，就导致了不公平的现象。因此，"排他性"也体现了"公平性"。事实上，一种价值具有排他性，也就注定了该价值的稀缺，它们都受制于物理条件，排他性与稀缺性是正相关的。"高效性"则指示该价值的使用、传播等是否高效。"外部性"是指该价值的创造对外在环境是否产生影响，这种影响可以是有益的，也可以是有害的，因此，"外部性"又分为正"外部性"和负"外部性"。

物质、能量、时间和空间价值受到人类所生存的环境系统（地球）上物质和能量储量、时空等的物理条件的限制，因此具有稀缺性。信息价值依赖于人类的智慧和创造，不依赖于具体的物理条件（当然，人类的生存受制于物理条件），并且随着大量信息的产生，人们创造信息价值变得越来越容易，从而形成正循环反馈。因此，只要人类存在，信息价值就可以源源不断地创造出来，没有稀缺性。

物质、能量、时间和空间价值由于受物理条件限制，一种商品占有了该价值，其他商品就不能再共享，因此具有排他性。信息价值可以复制和共享，共享成本低廉，共享之后所有参与者都拥有该价值，且信息提供者的信息价值并未受损。因此，信息价值没有排他性，信息的共享体现了公平。

物质、能量、时间和空间价值都受制于物理条件，其生产、使用和传播效率都较低下。信息价值还可以以光速传播（在通信网络中），传播速度非常快。同时，信息的传播还是指数级别的，一个信源可以将信息广播给 n 个信宿，n 个信宿中的每一个都可以分别将信息广播给 n 个新的信宿。因此，信息价值具有高效性。

一般来说，物质、能量、时间和空间价值的创造和生产都要求有持续不断的负熵流入，从而增大环境系统的熵，因此会对环境系统产生负的外部性。相反，信息价值能够被用来降低环境系统的熵，比如高新技术的出现可以降低商品的生产所造成的污染，因此信息价值对环境系统产生的外部性一般是正的。

在人类发展的历史长河中，人们一直在致力于解决表 4-1 中列出的商品价值的稀缺性、排他性、低效性和负外部性，彻底解决这些问题也是人类永恒的追求。比如，针对物质和能源的稀缺性，人们在不断地寻找新的、储量更丰富的、成本更低廉的物质和能量来替代原来的稀有的、成本高的物质和能量，如用铁代替铜制作生产工具。再比如，针对火力发电对环境造成的巨大的负外部性，人们正逐步用风、水、核等新兴清洁能源发电。

容易发现，在解决上述问题的过程中，人类依赖的只有人类的经验、知识和新发现，这都属于信息价值的范畴。因此，归信息化是解决上述问题的根本途径。我们认为，未来的商品应该不断加大其信息价值的比重，未来社会的商品生产应该不断地归信息化。

4.1.2 商品价格

商品的价格主要受三方面因素的影响：商品价值、供需关系和货币投放量。我们将排除货币投放量的商品价格称为商品的本征价格，它只与商品价值和供需关系有关。对于考虑了货币因素的商品价格，我们则称之为商品的市场价格。

4.1.2.1 本征价格

我们认为某一同质商品的本征价格依赖于该商品的价值大小和稀缺程度。上面我们已经对商品价值进行了详细讨论，下面我们将利用商品的需求合熵和供给合熵来描商品述稀缺，从而对商品的本征价格进行描述。

设社会中有 n 个消费者，其需求（已满足的需求）分别为 $x_1, x_2, \cdots, x_n$ 比特，则该社会中消费者

总需求 $\qquad S_X = \sum_{i=1}^{n} x_i,$

需求分布 $\qquad X = \left(\dfrac{x_1}{S_X}, \dfrac{x_2}{S_X}, \cdots, \dfrac{x_n}{S_X} \right),$

需求分布的熵 $\qquad H(X) = - \sum_{i=1}^{n} \dfrac{x_i}{S_X} \log \dfrac{x_i}{S_X},$

需求合熵 $\qquad CH(x) = \log S_X + H(X).$

设社会中有 m 个生产者，其供给分别为 $y_1, y_2, \cdots, y_m$ 比特，则该社会

第4章 经济问题的熵控分析

中生产者

总供给 $\quad S_Y = \sum_{i=1}^{m} y_i,$

供给分布 $\quad Y = \left(\dfrac{y_1}{S_Y}, \dfrac{y_2}{S_Y}, \cdots, \dfrac{y_m}{S_Y} \right),$

供给分布的熵 $\quad H(Y) = - \sum_{i=1}^{m} \dfrac{y_i}{S_Y} \log \dfrac{y_i}{S_Y},$

供给合熵 $\quad CH(y) = \log S_Y + H(Y).$

定义1：商品的本征价格为 $\tilde{P}$ 商品价值 V 与稀缺 S 之比，即
$$\tilde{P} = V/S \tag{4-3}$$

命题1：如果定义商品的

$$\text{本征供给价格} = \text{商品价值}/\text{供给合熵} \tag{4-4}$$

和商品的

$$\text{本征需求价格} = \text{商品价值}/\text{需求合熵} \tag{4-5}$$

则商品的本征价格应该满足

$$\text{本征供给价格} \leqslant \text{本征价格} \leqslant \text{本征需求价格} \tag{4-6}$$

即

$$V/[\log S_Y + H(Y)] \leqslant \tilde{P} \leqslant V/[\log S_X + H(X)] \tag{4-7}$$

性质：

（1）当商品被某一厂家垄断时，本征供给价格仅受该厂家的产量影响，产量越少，商品价格越高。特别是，当产量为1时，该商品可以任意定价，比如文物、古董等的定价。当厂家数目最多，而且产量分布为均匀分布时，本征供给价格最低。厂家最多的情况对应每个生产者都是厂家。

（2）当产出分布接近均匀分布时，本征供给价格较稳定，不易出现明显涨落；否则，涨落较明显。

（3）技术进步或管理创新会影响平均产出，从而使本征供给价格下降；自然条件的涨落也会影响平均产出，从而使本征供给价格涨落。

（4）在自然条件下，生产者之间会产生竞争。如果市场份额较大的厂商（巨头）止步不前，则小厂商会通过不断扩张，使得 $H(Y)$ 向着最大熵的方向发展；如果巨头也同时扩张，则会使得 S_Y 不断增大。因此，无论如何，在自由竞争的情形下，$\log S_Y + H(Y)$ 会自然增长，如果商品价值不变，商品本征供给价格会不断降低。

（5）当商品被所有人拥有，且每人拥有的量相同时，本征需求价格最低；当无人拥有该商品时，本征需求价格最高。

(6) 当多数人拥有该商品，且拥有数量大致相同时，本征需求价格较稳定；否则，涨落较明显。

(7) 商品本征供给价格降低或商品本征需求价格降低都可能引起商品本征价格的降低。否则，商品本征价格有升高的可能。

可以看出，类似于温度，本征价格是一个强度量，是商品价值和稀缺性这个二维结构的一维表达。价格的出现使得不同价值和不同稀缺性的商品有了可比性，方便了商品交换。当将一个高温物体与低温物体放到一起时，由于整个系统的熵会向最大熵方向发展，热量会由高温物体传向低温物体，从而拉低高温物体的温度。类似地，当市场上出现一款与现有高价商品功能相似的低价商品（看作同一商品）时，商品销售量会从高价商品逐渐向低价商品转移，商品总供给熵和总需求熵同时增大，拉低高价商品的价格。

4.1.2.2 市场价格

货币的出现使得商品交换的复杂度大大降低，现实生活中人们进行商品交换时几乎全部使用货币。然而，在现实生活中，市场中的货币量并不会完全与经济状况相匹配，常常会出现通货膨胀（通胀）或通货紧缩（通缩）的情况。按通常的货币主义的解释，当实际通货量大于所需的通货量时，便会导致货币贬值，形成通胀。反之，就会导致通缩。因此，商品的市场价格必须与货币发行量相结合考虑。

我们认为，一种商品的市场价格主要受该商品所处的行业中的货币总功率影响。所谓"货币总功率"是指单位时间周期内，市场上商品交换所使用的货币总量。一般认为，货币总功率等于通货量 M 与货币平均流通速度 V 的乘积（费雪交易方程）。事实上，货币总功率不应该用简单的 M 与 V 的乘积来表示，M 与 V 之间相互影响，V 不是简单的常数，它与特定商品所属行业和该行业中的通货量等都有着复杂的关系。

比如，2014 年下半年，中国的股票市场迎来了一大波行情，也几乎正式宣告了未来几年一个大牛市的到来。2014 年 7 月 22 日，上证指数（000001.SH）报收于 2 075.48 点，在不到五个月时间里，截至 2014 年 12 月 19 日，上证指数涨到了 3 108.60 点，涨幅达到 49.8%。尤其是在 11 月 20 日到 12 月 8 日这短短的 12 个交易日，上证指数更是暴涨 568 个点，涨幅高达 23.2%。2014 年下半年的这波牛市行情其速度之快，涨幅之大让众多以公募基金为代表的机构投资者、大户、散户等措手不及、目瞪口呆，大部分机构和股民都纷纷表示"满仓踏空"，赢了指数却没有赚钱。试想能有哪种商品（这里可以把股市中的股票看作是一种商品）的市场价格能有如此疯狂的涨速呢？这波行情又是为什么速度如此之快，涨幅如此之大呢？我们认为，其中很重要的一个原因就是不像房地产等传统市场，股票市场货币没有黏滞性，流通速度非常快，而且流速的变化速度也很快。与此同时，通货量 M 和货币流通速度 V 两者相互影响，"天下苦秦久矣"，场外"大妈"纷纷进场，推动了 M 的大幅增长，巨大的涨幅和巨量的资金进一步推动货币流速 V 的不断增大，股票换手率迅速提高，这些都导致了 A 股的成交量屡创新高，成交额也屡屡突破万亿元大关。股市行情的火爆不断吸引着场外资金，不断推高着货币流通速度，形成一个正反馈循环回路，最终使 A 股成了 2014 年全球最牛的市场（截至 12 月 19 日收盘，上证指数今年来累计涨幅大 46.91%，居世界第一）。

容易看出，一种商品的实际市场价格背后实则蕴含了众多的人的因素，人与人之间的博弈非常重要，它可以极大地影响商品的供需关系，影响市场的货币流量和流速，从而最终影响商品的市场价格。比如，很多奢侈品（如 Vertu 手机）原料并不稀缺，制作工艺也可能并不复杂，但是如果其生产者通过广告等营销手段将其包装得非常高端，同时控制生产数量，使其供远小于需，从而极大地推高了商品的实际价格。再比如，在 A 股这波行情火爆起来之前，几乎没有一家上市公司的基本面发生了巨大的变化，正是由于 2014 年 11 月 21 日晚的那次央行降息消息，催生了最近 A 股市场的爆发，再加上新媒体的快速传播，添油加醋，最终导致了 A 股市场上股票（尤其是以证券、保险、银行为代表的蓝筹股）的实际价格不断创出近几年来的新高。

命题 2：设一个行业中的货币总功率为 E，该行业中共有 l 种商品，第 i 种商品的本征价格为 $\tilde{P}_i$，数量为 Q_i，则该行业中第 j 种商品的市场价格为：

$$\tilde{P}_j = \frac{E}{\sum_{i=1}^{l} \tilde{P}_i Q_i} \cdot \tilde{P}_j \qquad (4-8)$$

4.2 互联网时代的价值与价格

4.2.1 免费与收费

在互联网时代，我们发现生活中有太多美好的事情了：每天早上起床，打开手机就可以看到免费的新闻，中午约朋友吃个饭，直接使用免费的微信和朋友打个招呼，晚上工作累了休息一下，打开电脑有免费的视频节目可以看，有免费的游戏可以打……

那么，每天都在享受各种免费的互联网服务时，你们有没有想过这些服务免费的机制是什么呢？真的是所有人都很傻，费力地开发一些软件产品和服务让你免费使用么？他们这些开发者们又是怎么生存下来的呢？

事实上，当我们用多了这些产品之后就会发现，你看新闻、视频时常常跳出来一些广告，你想要屏蔽这些广告，那就交点钱成为 VIP 会员吧；你用微信时发现有一些特别萌的表情，想给朋友发过去开心一下，这个时候对不起，请交费；你打游戏时始终有一关打不过去，这个时候会跳出一个对话框，想过关，买个道具吧！当然，如果你觉得这些钱花出去不值得，你完全可以不交，继续忍受这些恼人的东西，免费使用着其他的服务；如果你是一个经济压力不大，对生活品质有着极高要求的人，花点小钱买个开心也无偿不可嘛！读到这里你就会发现了，其实软件开发者都不是傻子，他们自有生财之道。

那么，他们为什么要这么做呢？免费和收费分布代表了什么呢？下面，我们用总量加分布的思想体系来详细分析一下这个话题。

设一个互联网产品有 n 个用户，每一个用户给该产品贡献的利润为 x_1, x_2, $\cdots$, x_n，那么该互联网产品的

总利润 $\qquad\qquad S_X = \sum_{i=1}^{n} x_i$

利润分布 $\qquad\qquad X = \left(\dfrac{x_1}{S_X}, \dfrac{x_2}{S_X}, \cdots, \dfrac{x_n}{S_X} \right)$

利润分布熵 $\qquad\qquad H(X) = - \sum_{i=1}^{n} \dfrac{x_i}{S_X} \log \dfrac{x_i}{S_X}$

那么，这个互联网产品的利润合熵可以定义为：

$$CH(x) = \log S_X + H(X) \qquad\qquad (4-9)$$

（1）当产品免费时，认为 $x_i = 1$（1 表示非常小的利润，可以忽略不计），$i = 1, 2, \cdots, n$，那么产品的利润合熵为 $2\log n$；即该产品的利润合熵与产品的用户数有关，用户数越多，合熵越大；

（2）当产品收费时，产品的利润合熵由公式（4-9）表示。

在上面定义的合熵中，用户数和用户实际贡献的利润都很重要。我们用利润合熵来反映这个产品可能的收益，合熵越大，产品可能的收益越大。事实上，免费代表了公平，我们用利润分布的熵 $H(X)$ 来刻画，收费则带来了效率，它可以激发产品开发者更好地完善产品，我们用 $\log S_X$ 的形式来刻画。一

第4章 经济问题的熵控分析

般来讲，公平和效率往往是难以同时达到最优的，每一个阶段，我们只能将公平和效率混合，使其达到帕累托最优。

在这个最优问题的解决上，互联网给出了一种非常卓有成效的解决方法：在产品的初始阶段，开发一些简单实用的功能，这些功能完全免费，方便所有人使用，以吸引最大数量的用户，合熵中总利润很小，但用户数的增加可以导致合熵不断增大。随着时间的推移，开发一些复杂的、吸引人的可选性功能，这些功能只对收费用户开放，同时不同级别的收费用户享受的特权也不同。由于前期免费阶段已经积累了海量的用户，这些人里面总是有一部分人能够负担并且愿意支付这额外的费用的，从而给产品带来利润。这体现了效率，利润分布熵可能会有所降低，但是总利润在不断增大，利润合熵也在稳步增长。

在互联网领域，几乎大部分产品都是遵循这一思路发展并存活下来的。在这个模式中，免费是为了汇聚大量的用户，为后续收费打下坚实的基础；收费则可以更好地改进产品，提高免费和收费用户的用户体验，无论是前期的免费，还是后期的收费，都会让利润合熵增大。可以说，免费为了更好地收费，收费则催发了更高质量的免费，它们相互配合，共同促进产品的进步。实践表明，这种帕累托最优的优化路径非常有效，也极大地拉动了互联网产业的发展，推动了社会和人类文明的进步。

4.2.2 互联网时代的商品价格

互联网时代的颠覆性是巨大的，信息互联网的高自由度可以使得商品生产、流通、销售等各个环节加速反馈，从而加深对整体的了解，大大减少信息不对称，降低各个环节成本。最终，我们前所未有地享受到了低价商品，大大提高了生活品质。进一步地，这些商品价格的降低还一定程度上缓解了通货膨胀压力，对社会的稳定起到了非常重要的作用。

根据公式（4-7）和（4-8），商品的市场价格取决于商品的价值、稀缺程度和整个社会的货币总量。在传统社会，我们购买商品往往是在自己所处位置的周围的某个商店购买，此时，商品的价格受到该地区该商品的稀缺程度的影响。事实上，很多商品可能在我们所处的地区是稀缺的，但是在其他地区并不是稀缺的，其价格也要远低于我们所处地区的同样商品的价格。比如，在大航海时代之前，原产于东方的香料在东方是一种非常廉价的商品，但是，在欧洲地区，由于他们不生产香料，而香料又常常是餐桌上的必需品，因此，香料在欧洲的价格极高。如果我们自己跑到不稀缺的地方购买这种商品，虽然商品本身的价格下降了，但是我们在两地之间的往返成本可能要远高于购买商品本身所消耗的花费。此时，商人和贸易出现了。在条件允许的情况下，商人将 A 地稀缺但 B 地充足的商品大量地运往 A 地销售，从而降低该商品在 A 地的稀缺程度，即公式（4-7）中左边式子分母增大，商品的价格可以得到有效的降低。注意在这里，公式（4-7）中商品供给分布 Y 可以是相对地域的分布，$H(Y)$ 和 S_Y 可能同时增大，$H(Y)$ 的增大由商品在地域间分布的均匀化趋势导致的，S_Y 的增加则是由商品产量的增加引起的。但是，这种传统的方式还是有可能引起某地商品价格的虚高。比如，商人甲将商品从 B 地运输到 A 地后为了谋取相对较高的利润，虽然该商品稀缺性大大降低，他还是以相对较高的价格销售。此时，即便有商人乙也将同样的商品从 B 地运输到 A 地销售，但甲乙之间如果彼此都心照不宣地以同样的价格销售商品，消费者还是只能以相对较高的价格购买该商品。如今，有了互联网，几乎一切商品贸易都可以在网上进行，并通过快递将商品寄到消费者手中。显然，这样 A、B 两地同样商品的价格差异会迅速抹平，即商品的稀缺性降低，公式（4-7）中左边式子分母增大。同时，由于网上有非常多的商家，这些商家联手将某种商品价格维持在远远偏离正常水平的概率会大大降低（几乎可以降为0），此时商品的价格会非常接近商品的本征市场价格。因此，互联网大大减轻了商品的稀缺性，降低了商品贸易中的信息不对称性，有效地推动了市场的充分竞争，从而充分降低商品价格。

  除此之外，由于互联网的大数据特性，它还可以有效降低商品在生产、流通等各个环节的成本。笔者在读大学的时候经常会遇到需要去打印店打印电子书或者老师上课的课件等情况，彼时在学校打印很便宜，A4 纸双面打印只要 1 毛钱。现在读研究生所在的地方打印却比较贵，A4 纸双面打印要 2 毛钱。这种价格的差异是怎么形成的呢？原来，大学时代本科生比较多，学校里打印店也很多（打印服务稀缺性低），打印店之间充分竞争，价格被压得很低。同时，因为学生多，打印的需求旺盛，打印店经营平均成本可以降得很低。研究生时代校园比较小，只有一两家打印店（打印服务稀缺），价格被抬得较高；同时学生也较少，打印需求不大，打印店成本相对较高。如今，由于互联网的出现，在"万能的淘宝"上有成百上千家网上打印店，如果不着急看且打印内容较多的情况下（比如打一本外文大部头著作），就可以选择在淘宝上打印，A4 纸双面打印只要 8 分钱，然后打印店会将打印好的书籍寄过来，大大降低了花费。这是怎么做到的呢？显然，淘宝上打印服务价格很低是因为淘宝上打印店太多，存在足够大的竞争空间，为了拉住客户，各店家只能把价格压到几乎最低。然而，这只是表象，更深层次的是网络的大数据特征/长尾特征在起作用。首先，虽然在所有网上购物的人群中需要打印服务的人比例很低，但是，由于网购人群的大数据特征，实际需要打印服务的人数的绝对值却很大，每家网上打印店实际上服务的人群是要远大于传统的打印店，这样打印服务的销量就会很庞大，从而可以有效地降低单件商品（这里实际就是打印出的一张纸）的成本，从而能把商品价格降低。其次，可以发现很多网上打印店竟然是包邮的，显然这又是由于该店的打印服务销量大，每天会通过快递公司寄出大量的快递，从而对快递公司拥有了足够的议价能力，从而把邮费的成本降低。

4.2.3 互联网的估值

4.2.3.1 梅特卡夫定律

在网络领域，有一个非常著名的关于网络价值的定律——梅特卡夫定律（Metcalfe's law）。梅特卡夫定律由乔治·吉尔德（George Gilder，美国著名未来学家、经济学家，被称为数字时代的三大思想家之一）于1973年提出，但以计算机网络先驱、3Com公司的创始人罗伯特·梅特卡夫（Robert Melancton Metcalf）的姓氏命名，以表彰他在以太网络上的贡献。其内容是：一个网络的价值等于该网络内的节点数的平方，而且该网络的价值与联网的用户数的平方成正比，即网络的价值

$$V = k \times n^2$$

其中，k 为价值系数，n 为网络中的用户数目（即节点数目），对于不同类型的网络，价值系数 k 可能不尽不同。

那么网络的价值为什么是与节点数的平方成正比呢？梅特卡夫定律认为，网络的价值主要体现在网络的边上，所以网络中边的数目就表征了网络的总价值。容易知道，一个包含 n 个节点的网络，它边数目的最大值是 $n(n-1)/2$，是 n^2 的级别，如图 4-1 所示。在图 4-1 中，2 部电话之间只有 1 条边，5 部电话之间有 10 条边，而 12 部电话之间却有高达 66 条边，边的数目的增长远快于节点数目的增长，因此网络的价值也随着边数目的增长而急剧增大。

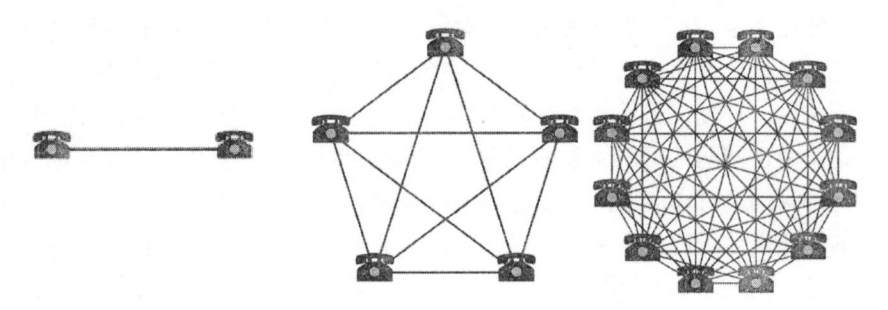

图 4-1　网络中边的数目与节点数的平方成正比

梅特卡夫定律非常好地验证了互联网在过去十几年的一些经验。比如，在传统的消费品行业，一般都会有老大、老二，区域市场还有老三、老四、老五。但是，唯独在互联网领域，这些情况几乎就从来没有过，因为它是和节点相关。老大拥有足够多的节点，剩下的一些竞争者可能也能拥有一些用户，但是其与老大的价值差距却是节点数差距的平方那么多，根本不能与老大相提并论。随着时间的推移，由于马太效应，只有老大会存活下来，其他的都会慢慢消亡。这也是腾讯做微博，阿里、推来往都失败，MSN 也黯然退出中国市场（中国有腾讯 QQ）的主要原因。

但是，在移动互联网出现以后，我们发现梅特卡夫定律开始变得力不从心了。比如，同为腾讯旗下的社交产品，QQ 拥有月活跃用户数量 8.20 亿，微信（包括海外版 WeChat）月活跃用户数只有 4.68 亿[1]，但是 QQ 的价值并没有远远超过微信的价值，甚至有观察者认为微信的价值即将甚至是已经超过 QQ 的价值。显然，在移动互联网时代，移动互联网产品的价值的增长速度已经超过了其用户数平方的增长，这个现象当然不能再用梅特卡夫定律来解释了。

4.2.3.2　曾李青定律

为了更好地解释移动互联网时代产品价值的发展趋势，2014 年 10 月 8 日，原腾讯五大创始人之一，现德迅投资董事长曾李青在深圳 3W 咖啡召开的"天使会深圳创业者交流会"上公开提出了一个"曾李青定律"。曾李青定律主要模仿万有引力定律的形式：

$$F = G \frac{m_1 m_2}{r^2}$$

---

[1]　腾讯 2014 年三季报，http://www.tencent.com/en-us/at/pr/2014.shtml。

第 4 章 经济问题的熵控分析

提出网络的价值与节点数目 n 的平方成正比，与节点之间的距离 r 的平方成反比，即：

$$V = k \frac{n^2}{r^2}$$

其中，网络节点之间的距离 r 与四个因素有关：连接时长 T（Connect Time）、连接速度 S（Speed）、连接界面 I（Interface）、连接内容 C（Content）。曾李青认为，在移动互联网时代，3G 和 4G 通信网络由窄带到宽带的变化带来了 S 和 T 的飞跃，所以移动互联网的规模远大于我们当年所看到的 PC 互联网；（大屏）智能手机的普及极大地提升了 I；未来个人身体有更多的 C 可以连接网络，更多的信息带来了并将继续带来超级巨大的产业。

曾李青定律对梅特卡夫定律进行了补充和完善，通过引入节点之间的距离 r 来讨论未来万物互联、移动互联网与旧的 PC 互联网之间的区别，从而解释为什么万物互联和移动互联网为什么会比 PC 互联网更有价值。

但是，无论是梅特卡夫定律，还是曾李青定律都存在一个问题：网络的价值真的与网络中边的数目的平方成正比吗？我们知道，这个结论主要基于网络中最大边的数目为 $n(n-1)/2$，是随着网络节点数 n 的平方增长的。对于互联网来讲，由于连接速度非常快，任意两个节点之间的连接都近乎光速，并不会存在物理世界中的距离感，同时，互联网的连通性非常好，几乎不可能出现两个节点之间不存在一条路径相连的情况。因此，可以认为互联网是一个全连接形网络，其（虚拟）边的数目可以达到 $n(n-1)/2$，即随着 n 按 n^2 的速度增长。然而，这些边只是存在着，并不是每条边都能给网络带来实际的价值。无论在什么时候，所有边都会同时给网络带来价值的情形几乎是不可能出现的。比如，我与美国总统奥巴马之间肯定存在一条路径相连，如果我有需求，肯定有办法与他建立连接并以某种形式对话。可是，可能在我这一辈子中，我都不会有这种需求，我也就没有意愿去花心思把这条边激活，这条边可能沉睡并将一直沉睡着。因此，我们考虑网络价值时，应该主要考察那些已经带来价值或者未来可能带来价值的边。

细心的读者可能会发现，梅特卡夫定律和曾李青定律中不都是还有一个价值系数 k 吗？把网络中有价值和未来可能有价值的边占总边数的比例包含进 k 中这个问题不就解决了吗？我们认为，即便是这样，仍然不能很好地反映网络的价值，其根本原因在于：网络的价值应该与网络中正反馈回路（产生价值的回路才能被称为正反馈回路）的数目成正比，而不是边的数目或边数目的平方。在第二章中，我们已经提出了这个观点，网络中的正反馈回路数目至少是

随着节点数 n 以指数形式（$p \cdot 2^n$，p 为常数）的速度增长的，网络中的（双向）边只有一种特殊形式的、只包含两个节点的回路，除此之外，网络中还存在许多其他的、包含更多节点的回路。事实上，过去一二十年互联网的迅猛发展也反映了网络的这种指数增长特性，指数增长的幅度事实上是远超平方的增长幅度的，如图 4-2 所示。在传统的梅特卡夫定律和曾李青定律中，我们也常常只能通过不断调大 k 来适应这种指数增长，但实际上这是不科学的。

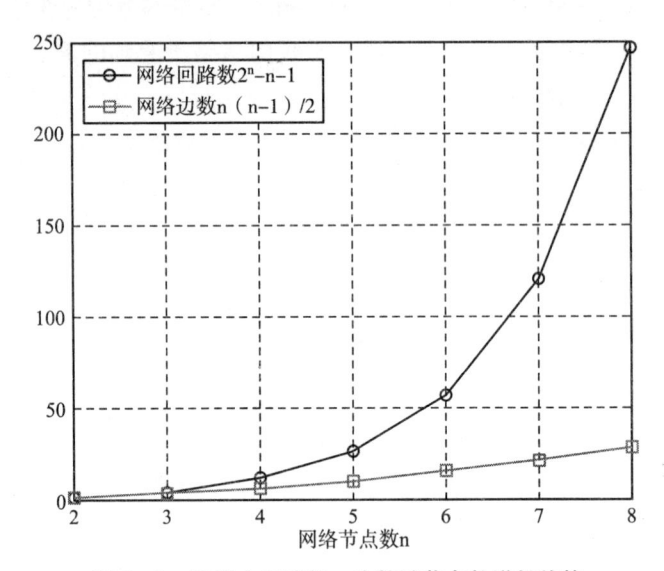

图 4-2 网络中回路数、边数随节点数增长趋势

4.2.3.3 熵控定律

既然梅特卡夫定律和曾李青定律都不能很好地反应网络的价值，什么样的公式才能刻画网络价值呢？网络价值的描述中最核心的因素又是什么呢？下面，利用本书的核心思想体系——总量加分布的体系，我们提出表征网络价值的熵控定律。

考虑一个具体的网络，比如社交网络，网络中共有 n 个用户，取一个时间周期 P，比如一个月，来考察该网络的价值。设每一个用户在该时间周期内花在该网络上的时间为 t_i，$i=1, 2, \cdots, n$，那么所有用户花在该网络上的

总时间 $\qquad S_T = \sum_{i=1}^{n} t_i$

时间分布 $\qquad T = \left(\dfrac{t_1}{S_T}, \dfrac{t_2}{S_T}, \cdots, \dfrac{t_n}{S_T} \right)$

时间分布熵 $$H(T) = -\sum_{i=1}^{n} \frac{t_i}{S_T} \log \frac{t_i}{S_T}$$

网络的价值合熵为

$$CH(t) = \log S_T + H(T)$$

在实际衡量网络价值时，我们可能需要基于合熵进行一定的变换，比如用 $e^{\log S_T + H(T)}$ 当作网络的价值。

下面，我们解释一下为什么使用用户花在网络上的时间这个核心变量来刻画网络的价值。

首先，我们注意到，网络中最重要的因素是用户，梅特卡夫和曾李青定律都用网络中边的数目来刻画网络的价值，用户之间的连接（即边）归根结底还是需要双方用户花时间来维系，如果连接两边的用户都不投入时间，这条边也就慢慢凋零，失去了其意义和价值。类似地，网络中的回路也依赖于这条回路上的所有用户花时间维系（双向边是一个包含两个节点的特殊回路），这样回路才有可能产生价值，成为正反馈回路。因此，我们可以用一定时期内用户使用网络的时间来刻画网络在数量上的价值（对应于合熵中总量部分），这种刻画方法相对于边数或者回路数可以更准确、更真实地描述网络使用量上的价值。

其次，在曾李青公式的分母部分，网络节点之间距离 r 包含的四个因素：连接时长、连接速度、连接界面和连接内容，无一不可归结到用户使用网络时间的增长上来。在移动互联网时代，连接速度加快了，使得用户减少了等待，从而更加愿意使用网络，否则，用户会在无尽的等待中失去耐心而离去；连接界面上，大屏智能手机的出现使得用户可以在手机上处理更多的事情，从而花费更多的时间在手机及其背后所连接的网络上，传统 PC 互联网虽然屏幕更大，但是总归不方便携带，不可能随时随地使用，用户也只能在特定的时间特定的地点使用 PC 互联网；连接内容上，正是有了有意思、有价值的内容，无论是给人带来娱乐的内容，如游戏，还是关乎人健康的内容，如身体监控信息，人们才愿意花时间使用网络。总之，连接速度、连接界面、连接内容的提高都最终导致了用户使用网络时间的增长，从而曾李青公式中的所有因素都可以浓缩到一维的时间因素上来。

最后，受目前医疗水平的制约，人类的寿命都是有限的，因此时间是天然稀缺的，这种稀缺是绝对稀缺，不是相对稀缺，没有替代。同时，受生理条件的约束，人类每天都需要花一定的时间休息和做其他一些必须要做的事情，比如工作赚钱养家，从而人的时间又可分为可用时间和不可用时间，可用时间则是受总量约束的。如果用户将宝贵的可用时间花很大一部分在某个网络上，足以说明该网络对于这个特定用户的重要性。

我们多次提到，世界的本质是总量与分布，总量代表数量，分布代表质量。考虑网络的价值时，仅关注用户使用该网络的时间总量还不够，还要考察这些时间的分布。在合熵的公式中，我们用 $\log S_T$ 来表征时间量，用 $H(T)$ 来刻画时间分布。由于熵具有可加性，我们既可以从宏观又可以从微观上来分析时间分布。比如，我们既可以从宏观上考察所有用户使用该网络时间的分布，即每个用户花在该网络上的时间占所有用户使用该网络的时间的占比；我们还可以从微观的角度分析某个特定用户一天内在哪些时间段是在使用该网络的，每个时间段持续的时间占总持续时间的比例。

在实际应用中，除了网络管理者本身，在一个时间周期内网络中每个用户的使用时间很难得到精确值。因此，我们构建一个三层框架来阐述网络估值，从而在不同的条件（可得到的数据是否充足）下相对准确地估计网络的价值。

我们知道，假设网络中共有 n 个节点，与节点相连的边数就是度，如果将每个节点的度排在一起，就会得到一个 n 维向量，即度向量；假设某节点的度数为5，那么该节点5条边上的权重（这里边的权重就表示边两端的节点使用这条边的时长）就排成了一个5维向量，即为该节点的权重向量，有100条边的节点其权重向量就是100条边的使用时长，它们的和就是该节点的使用时长。每个节点的权重向量决定了它的度，反之则未必；而度向量决定了边数 M，反之则未必。显然，边数 M、度向量、每个节点的权重向量是对网络中边集越来越精确的描述。

令 $w = (w_1, \cdots, w_m)$ 表示网络 G 中所有 m 条边及其使用时长，设 $S = w_1 + \cdots + w_m$，由于一条边连接两个用户，故 $2S$ 为用户使用时长总量。

命题：log 刻度下的网络价值 Ω 为 $2w$ 的合熵。

第一层：估算总边数和边上权重的平均值，或者估算整个网络的节点数和节点使用时长的平均值，相乘以得到总量 $2S$。此时 $\log 2S \leq \Omega \leq \log 2S + \log n$，估算复杂度低，但对合熵的逼近较粗糙。我们取下界作为估算结果，即 $\Omega^{(1)} = \log 2S$。

第二层：估算度向量 d 并将节点根据度分组，估算组内节点数和组内节点使用时长的平均值。分组导致估算复杂度增加，但对合熵的逼近较准确。此时 $CH(d) \leq \Omega \leq CH(d) + \log 2m/n$，我们取下界作为估算结果，即 $\Omega^{(2)} = CH(d)$。

第三层：估算每个节点的权重向量，复杂度高，但既能得到总量的准确估计，又能得到分布的准确估计，所以其结果就是网络价值，即 $\Omega^{(3)} = \Omega = CH(2w)$。

· 206 ·

第 4 章 经济问题的熵控分析

上述分层模型考虑 log 刻度下的网络价值 Ω，注意每一层合熵估算的总量部分理论上都等于 $\log 2S$，但分布部分则大不相同；其次，每一层的估算相对于下一层来说，数据采集的复杂度较低而估算的准确度较差。

下面，我们利用熵控定律来分析一下 PC 互联网和移动互联网的差别。

在传统的 PC 互联网时代，人们只能借助于台式或者笔记本电脑连接网络。显然，无论是台式电脑还是笔记本电脑，我们只能在特定的地方，如公共机房、办公室、家里使用它们（台式电脑不方便携带，笔记本电脑虽然方便携带，但网络接入并不是很方便，且续用时间短），因此使用时间可能并不会很长（工作使用除外）。同时，传统 PC 的数量也有限制，除去公司、学校、政府等部门为了办公、学习、行政等用途配置的 PC 外（有些 PC 为了保密甚至都不会接入互联网），真正能够用于为商业网络（如电商，社交等网络）创造价值的 PC 数目并不是很多，主要是家用 PC，而且一般一个家庭三口人常常只会配置一台 PC。总之，人们在传统的 PC 互联网中花费的能创造商业价值的时间总量并不多。然而，在移动互联网时代，智能手机已经大量普及，尤其是在城市里，可以说几乎大部分人都拥有一部智能手机，从而人们相比于 PC 互联网时代更容易接入网络。相对于 PC，智能手机更便于携带，而且人们为了联络方便，甚至每时每刻都会将手机放在身上。更重要的是，这种便携性大大增加了人们的可用时间，许多过去不可用的碎片时间，比如等公交，坐地铁，排队的时间，现在都变得可用了。一有闲暇，人们就会掏出手机，接入网络，做自己喜欢的事情。因此，在移动互联网时代，人们花在网络上的时间更多了，即合熵公式中的 $\log S_T$ 增大了。

除了使用网络的时间总量上的差别外，时间的分布在移动互联网时代也发生了变化。在 PC 互联网时代，从宏观上看，可能一部分人使用网络的时间特别长，而很多人由于时间的限制，使用网络的时间会比较短（比如，笔者上大一的时候每周只会去网吧上一次网，一次大概半天的样子，而同时期一个大二的师兄则由于自己有笔记本电脑，可以每天都花很长的时间上网），网络中用户使用时间分布很不均匀；从微观上看，由于 PC 的不便携带性，很多人过去使用网络时常常是一整段一整段时间地使用，一天之内可能就那么一两个小时使用一下，剩下的时间都不会使用，网络中每个特定用户使用网络的时间也很不均匀。相反，在移动互联网时代，智能手机和 3G、4G 网络的普及，使得几乎每个人都可以随时随地上网，人与人之间上网时长的分布差别不再像 PC 互联网时代那么大，每个人上网时间的分布也变得更加分散（一有闲暇就会玩手机）。因此，在移动互联网时代，人们使用网络的时间分布更加均匀了，即合熵公式中 H(T) 增大了。事实上，这种时间上的均匀分散使得网络以极高的频率持续不断地反复影响着用户，用户对网络的依赖性越来越强，用户也越来越离不开网络，从而增大了网络的价值。比如我们常常有这样的经历：如果我们每天只看一次微博，每次花一个小时，我们在这一天的其他时间里可能并不会想太多关于微博的事情；然而，如果我们每天看十次微博，每次花 6 分钟，我们可能每看一次都会想一些关于刚才看到的微博的事情。显然，每天看十次，每次 6 分钟微博对我们的影响要比每天看一次，每次一小时的影响来得大得多。

移动互联网使得合熵公式中的 $\log S_T$ 与 $H(T)$ 同时得到了增大，从而移动互联网的价值必然比传统 PC 互联网的价值大。进一步地，在未来万物互联的时代，由于物联网、可穿戴、人工智能等技术的普及，我们每时每刻都生活在网络中，都在使用网络，使用的时间分布也极度均匀，网络的价值将会发挥得淋漓尽致。

4.2.3.4　互联网公司的估值

根据上一节提出的熵控定律，我们可以评估一个互联网产品的价值。基于此，我们分析一下互联网公司的估值方法。

前面我们指出，商品的价值应该是效用度与耐用度的乘积，效用度包括物质价值、能量价值、劳动时间、空间价值和信息价值，而耐用度可以用商品的生命周期衡量。因此，商品的价值 V 可以写成如下的形式：

$$V = (V_m + V_e + V_t^{labor} + V_s + V_i) \cdot V_t^{life}$$

V 分为物质价值 V_m、能量价值 V_e、空间价值 V_s、时间价值 V_t（时间价值又进一步细分为劳动时间 V_t^{labor} 和生命周期 V_t^{life}）和信息价值 V_i。

考虑一个拥有一个核心互联网产品的互联网公司，由于互联网产品是高度归信息化的产品，公司的物质价值、能量价值、（物理）空间价值可能都比较小，而公司的虚拟空间价值则很大，因为在互联网上，每一款产品能够容纳的用户数几乎都是无限的，只要增加相应的硬件设备支撑就可以了，这种虚拟空间价值我们将其归结到信息价值中（实际上本质也是后面提到的网络价值合熵）。互联网公司的劳动时间价值主要是脑力劳动时间，而这部分价值同样可以划到信息价值中。除了虚拟空间价值，脑力劳动时间价值，互联网公司信息价值的主要部分应该是其核心产品的整体网络价值合熵，这种网络价值合熵体现了用户使用时间的总量和分布情况。总的来说，互联网公司的价值主要体现在其信息价值上，而信息价值则又主要体现在其核心产品的网络价值合熵上，

第4章 经济问题的熵控分析

其他物理相关的价值比重都很小。可以说,这也是我们在股市中给予互联网公司相对于传统公司高得多的一个重要原因。另外,对互联网公司来讲,生命周期尤为重要。因为互联网公司的价值主要体现在信息价值上,信息价值是虚拟空间的价值,一旦该公司生命周期结束,这些信息价值就会因为没有依托的主体也会迅速消失,从而公司变得几乎一文不值。这也是很多互联网公司迅速崛起又迅速消亡的一个主要原因。比如,2014 年 3 月,深圳快播科技有限公司因为涉黄被相关主管单位处罚并查封,生命周期终结,这个拥有数亿活跃用户的互联网公司迅速垮台,CEO 被拘,员工纷纷散去,很难东山再起。

综上所述,互联网公司的价值可以大体上表示为如下的形式:
$$V \approx [\log S_T + H(T)] \cdot V_t^{life}$$
在上式中,我们忽略了除以核心产品网络价值合熵之外的信息价值、物质价值、能量价值、体力劳动时间价值、(物理)空间价值,只保留了合熵 $\log S_T + H(T)$ 和生命周期 V_t^{life}。

前面我们指出,商品的本征价格 $\tilde{P}$ 为商品价值 V 与稀缺 S 之比,即
$$\tilde{P} = \frac{V}{S}$$
同样地,对于互联网公司来讲,其本征价格也应该是其价值与稀缺之比。这里,用同一(细分)行业同类公司的数目和分布来刻画该行业互联网公司的稀缺程度。假设某一个行业中共有 m 家同类公司,同时假设这些公司是均匀分布的,那么该行业公司的稀缺合熵就可以退化为 $S = 2\log m$ 的形式。那么,某一个特定的互联网公司的本征价格应该为:
$$\tilde{P}_i = \frac{V_i}{S} = \frac{[\log S_T + H(T)] \cdot V_t^{life}}{2\log m}$$
从上面的互联网公司的本征价格公式可以看出,当一个行业内只有一家公司时(分母为 0),该公司的本征价格几乎可以随意定价,这也是阿里巴巴、腾讯、谷歌等互联网企业可以拥有极高的估值的原因,它们在各自的行业内都占据了几乎整个市场,一家独大;当行业内出现了很多同类公司,这些公司本征价格的差距主要体现在它们的价值上,一个公司的产品网络价值合熵越大(对应着越多的用户,越长的用户使用时间和越均匀的使用时间分布),(预期)生命周期越长,该公司的本征价格就会越高。

在市场价格方面,类似于其他商品的市场价格,在估算互联网公司的市场价格时,应该要考虑市场的货币总功率,该公司的市场预期生命周期,预期网络价值合熵增长幅度等多种因素。

最后,我们利用本节提出的互联网估值方法简单对比分析一下阿里巴巴和

中石化两大巨头的估值。中石化是我国油气领域的行业巨头，阿里巴巴则是中国电商领域的大腕，两者在稀缺性上具有旗鼓相当的竞争力。同时，无论是阿里还是中石化，它们的用户都在几乎遍布了中国的每一个角落，形成了一张广阔而密集网络，在用户分布上两者也不分伯仲。在生命周期上，我们也很难预测谁能活更长的时间。进一步地，中石化的销售额每年都远超阿里巴巴，但是，其市值却远低于阿里巴巴。这里我们认为一个很关键的原因在于：中石化的用户使用中石化产品和服务的时间和分布是要远差于阿里巴巴/淘宝的。一般情况下，用户只有在车子没油时才会考虑去中石化加油（商品品种单一），因此使用时间短，分布不够均匀；相反，在使用淘宝时，我们几乎想要买任何可以在网络上买到的东西（商品品种广泛）时都会想到逛淘宝，甚至有时候在闲得无聊，而且没有任何购物的需求时，都会去淘宝上看一看，激发一些已经沉睡很久的需求，因此用户使用淘宝的时间长，分布相对于中石化要均匀得多。这也就造成了以阿里巴巴为代表的互联网公司的估值水平常常要远高于以中石化为代表的传统公司。

4.3 分工网络与经济增长

4.3.1 分工是经济增长的源泉

早在 18 世纪，亚当·斯密在其著作《国富论》中就已观察到分工能够提高手工业生产效率。他将效率提高的原因归结于三点：（1）熟练程度的增加；当一个工人单纯地重复同一道工序时，其对这道工序的熟练程度会大幅增加，表现为产量和质量的提高。（2）如果没有分工，由一道工序转为另一道工序时会损失时间，而分工避免了这中间的损失。（3）由于对于工序的了解和熟练度的增加，更有效率的机械和工具被发明出来，从而提高了产量。[①]

古典经济学认为分工是经济增长的源泉，"看不见的手"协调分工网络，分工、货币出现、商业扩张和资本累计之间存在内在联系。这是其思想核心，不主张政府干预，"只需要维持和平、宽松的税收和公正的司法管理"。

一般均衡论认为至少存在一个价格和数量系统使得每个商品的供给和需求

---

① 资料来源：维基百科。

平衡，如果给定现有财富分配，市场供求决定的不同商品之间的相对价格和数量有效地配置资源（帕累托最优）。20 世纪 30 年代的大萧条对古典经济学和一般均衡论提出了挑战，资本主义世界产出严重过剩，需求持续萎靡不振，失业率大幅上升并长期处在高位，美国失业率从 1920 年初 5% 上升至 20 世纪 30 年代初超过 20%，并连续几年处在 20% 左右的水平，这种高失业率的状态显然不是资源有效配置的结果。

4.3.2 合理的国家干预促进经济增长

杨小凯对危机和发展一般均衡机制进行超边际分析，认为均衡的分工网络和网络协调失败的风险会同时提高。大的分工网络的稳定性会降低，发生破坏性危机的风险会提高，凯恩斯鼓励从原来资本主义自由经济回到国家干预的路径上，避免大危机的风险再次发生。

凯恩斯主义的盛行也与当时苏联工业化的成功有关。资本主义市场化的成功经验是来自保护私有化的产权基础，分工网络自发形成创新机制。苏联在中央计划体制的指导下，模仿发达资本主义的工业化模式，并取得成功。两种不同的制度下，最终均能实现成功的工业化，显然，制度并不是驱动经济增长的原因。分工依然是经济增长的动力，自由资本主义或国家计划经济模式只是两种不同效率的模式选择，本质上的区别在于分工网络是通过市场化的机制形成或者有效的国家干预形成。

国家干预的经济需要政府建立网络关键的节点和边，熵控结构促进经济的繁荣，这样的国家干预是有效率的。凯恩斯主张"挖坑再填上"的创造需求方式形成无效支出，消耗资源具有负外部性。国家干预也存在边界约束，过度的干预会导致债务结构失衡，债务货币化的过程推升了长期通胀，潜在需求不足导致产能过剩严重，倒逼企业去杠杆，失业率高企，进入滞胀阶段。20 世纪 70 年代，西方发达资本主义国家普遍出现了滞胀问题，美国在 1975 年失业率达到 9%，通胀率到 13%，高失业和高通胀并存，凯恩斯主义失灵。

4.3.3 降低网络连接成本提高分工水平

凯恩斯主义信用破产后，里根时期降税和放松管制主导创新，产业领先全球，高利率和贸易逆差吸引全球资本进入美国市场，新一轮的美元强势周期。放松管制给予市场更大的自由度，边的连接成本降低，连接和反馈速度加快，更多回路形成，组合爆炸激发创新。美元的资本自动流向了这些创新能力最强的领域。

新古典经济学实质上回到更强调市场的力量为主、政府调控为辅的思想。自由经济主义催生美国金融创新过度，次级贷款隐藏了按揭贷的风险，大量不具备还款能力的群体通过债务获取资产，在资产增值过程中提升了消费能力，但是也加速了债务结构和偿债能力的分布失衡。当系统进入混沌边缘之后，细微扰动就导致了系统的崩塌，这就是美国2007年次贷危机的本质。

因此，我们认为"总量+分布"的平衡持续发展方式在国家经济管理中更合适。货币政策不能全面解决经济问题，需要结合财政政策，不主张无效过度的国家投资，也不主张完全市场化的方式，保持合理的政府干预程度，抓住关键机遇期，集中国家力量进行网络建设，分工效率提升，加速创新，推动经济平衡健康发展。

4.3.4　全球经济现状概述

全球主要经济体走向出现了分化趋势。美国经过三轮的量化宽松，经济呈现企稳缓慢复苏迹象，失业率不断下行，货币政策进入宽松末期，开始进入加息讨论的周期。实际上复苏的根基真的稳固吗？欧洲显然没有走出欧债危机的阴霾，经历了经济短暂恢复后，经济疲态再显，连火车头的德国也开始出现衰退的苗头，货币统一而财政自主，实际上欧元区各国貌合神离，小国企图搭便车而迟迟不愿意改革，倒逼大国接受债务货币化的现实，经济实质性复苏还很遥远。日本企图通过量化宽松和货币贬值来摆脱通缩，达到经济复苏效果，汇率调整对出口的修复是短期的，对长期竞争力提升效果有限，无法通过全球市场变现的结果是国内过度债务货币化，实质相当于对国民征铸币税，经济回调的压力开始加大。中国需要消化4万亿元投资带来的产能过剩和过度负债的问题，经济增速也在逐步走低，融资成本居高不下，也面临通缩风险的威胁，倒逼货币政策宽松，所幸政府改革决心坚定（见图4-3）。

全球央行先后实行量化宽松的货币政策，但显然和节节下降的商品价格和通胀指数形成明显的背离。量化宽松使资金更多进入虚拟经济，拥有更多资产者财富增值的速度更快，贫富差距拉大，政策短期促进经济反弹之后，后期反而抑制了实体经济需求，导致商品价格和通胀指数不断下跌。

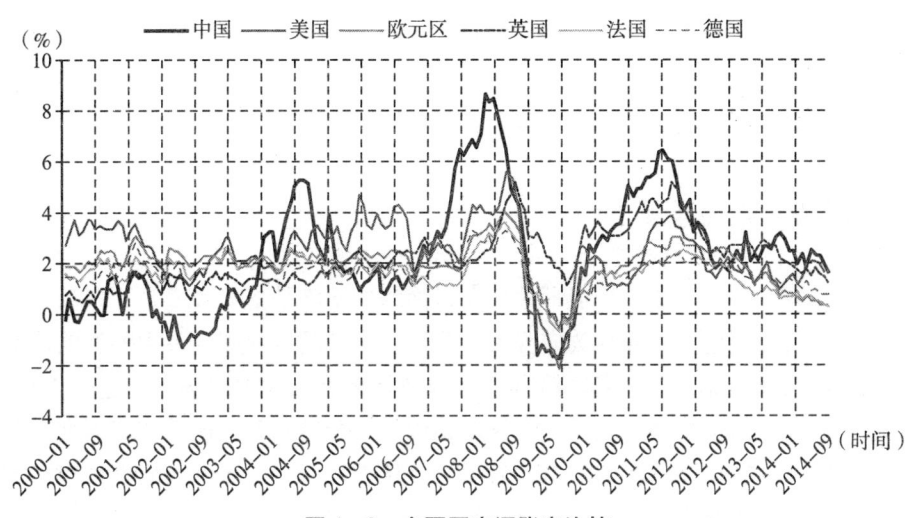

图 4-3 主要国家通胀率比较

资料来源：Wind。

零利率成为趋势。长期利率趋势和劳动力人口变动一致，美国、欧洲、日本、中国都进入劳动力人口衰退期，金融危机暴露了过度负债问题和美元中心的脆弱性，全球经济向下的引力大，利用量化宽松的货币政策避免进入通缩，导致利率持续下行（见图4-4）。

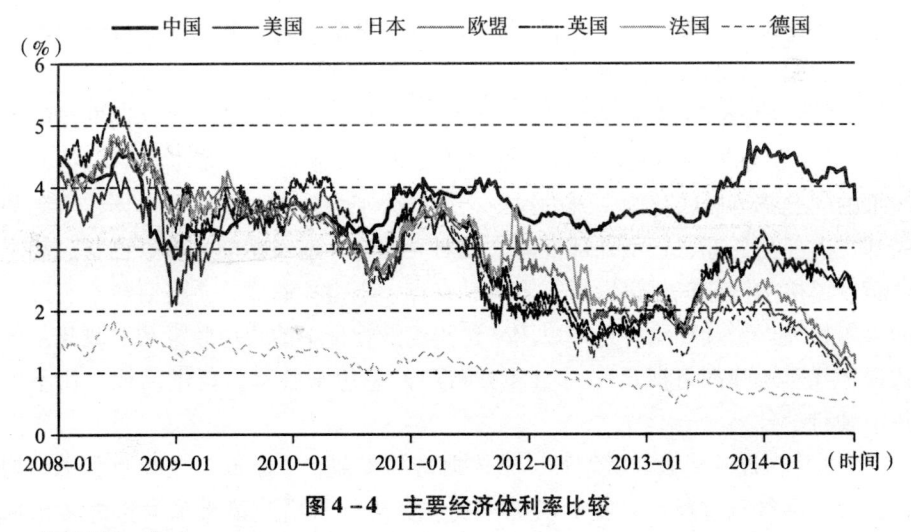

图 4-4 主要经济体利率比较

资料来源：Wind。

中国当前所面临的经济问题不能仅依靠货币政策来解决,增长和环境的失衡、债务结构的失衡、区域失衡、财富分配的失衡、国有和民营的失衡等一系列问题,需要结构化的全面改革措施。

4.3.5 政策建议

熵控网络的节点和边呈现幂率分布,网络的回路是指数级增长,正反馈迭代加速创新,网络的外部性效应巨大。我们主张利用目前国内及国外的低成本资金和较低的资源价格机遇,抓紧进行网络超级节点和边的建设,包括能源、交通、资金、信息网络的建设。不仅仅是中国,全世界都应该抓住机遇期进行网络建设,网络化能够促进共享、公平、合作和发展,带来巨大的外部性。大型的基建网络建设会带来资产泡沫化的问题,但网络建设带来后效性远大于前效性。凯恩斯主张"挖坑再填上"的创造需求方式不是我们所提倡的,将政府力量用在网络化的建设更有意义,正如京杭大运河和都江堰水利工程泽被子孙后代,所带来的外部性远超建设者想象。

人民币国际化是建立全球网络体系的重要组成部分,实现货币提款权,全球央行储备人民币是资金和货币网络化重要步骤。国家建设"一路一带",以及和金砖国家建立更紧密的金融联系机制,这种网络化的建设有助于形成更多更紧密连接的边,国家的交流更加频繁和密切,有助于促进国家紧密度的提升,网络体系致密度的提升有利于提高效率和分散风险,我们认为目前中国制定这样的国家战略非常正确!

"总量和分布"是我们的核心思想之一。大小和分布是人类认识世界的方法,"总量和分布"把两者合成一维,帮助我们去解释和度量世界。二维甚至高维的问题都可以转化为一维的讨论,例如公平与效率、全体和个体、全局和局部、内部与外部、正负外部性等二元对立问题,道家阴阳、佛家色空、儒家中庸、黑格尔辩证等哲学思想,黑洞、奇点、宇宙大爆炸、希格斯粒子、过冷的水等物理理论及现象,还可以用来讨论经济管理中的货币政策和财政政策的选择,甚至桥牌都可以用"总量和分布"的思想来解释。哲学已死,比不上数学和科学!

"总量"提升代表经济增长,整体财富的丰盈,"分布"强调有质量的增长,过度的贫富差距不是我们所追求的。宽松的货币政策带来大量的货币供应,需要经济改革和适当的财政政策对货币分配进行管理。权衡资源和资金在现在和未来的分布,当前的过度负债和压榨对未来的稀缺影响;权衡贫富差距的影响和地区差异的影响；权衡公平与效率的取舍，中国经济经历30年的加速增长，效率优先兼顾公平，过分强调效率稳定性的问题，接下来的增长在考虑效率的前提下应再提升公平的权重。稳定是发展的基础，"均值"才能持续增长，控"熵"促进发展创新。只有稳定的基础才能发展创新，发展创新又是为了社会的持续稳定，提升"均值"获得改变分布的力量。未来人类的发展之路应是分散布局的网络结构，归信息化降低稀缺约束，分散布局提供稳定的基础，网络化和归信息化实现发展创新。

4.4 政治制度选择

资本主义和社会主义，一党专政或者多党制，可类比效率与公平的二元对立。分工效率的提高，促进了技术进步，人的自由度提高，人性和欲望的约束减少，追逐自由、公平。但绝对的公平是对效率的损害，人们追求摆脱束缚的动力减弱，创新变动并不积极，反过来制约效率的提升。人们选择在原来的路径上继续发展下去，导致企业产能过剩，制约经济增长。

稳定性和创新发展要有合理的度，多党制往往只关注政党利益、短期利益（是否能够连续执政），却忽略了长期利益。真正的政治家应该具备"总量+分布"的执政战略，权衡全局与局部、现在和未来、稳定和发展。

4.5 就业困境

技术进步，导致收入在劳动力和资本拥有者之间的分配结构发现变化，企业家用更多机器替代人工，实质上变成了资本的投入替代了劳动力的投入，国家会出现结构性失业的问题，而且财富分配的失衡会加剧，资本拥有者获得持续财富增值，而依靠人力资本投入获取收入的人群实现财富增值的难度越来越大。仅有少数精英能够通过自身人力资本变现财富爆发性增长，大部分不掌握高级技能的劳动力被机器替代。

面对技术进步和就业问题的冲突问题，我们如何解决？

分散布局是很好的解决方式，例如不容易被机器替代的服务业技能，可以通过众包①的模式，人们通过互联网获取分散化的服务。幸运的是，互联网、移动互联网、万物互联的时代，众包模式已经有越来越多的创业公司涌现，建立服务交易平台，让更多的人获得就业的机会。国内已经有很多创业公司在从事这方面的业务，未来很多服务业都可以采用这种模式，例如家电维修、家政、美容美甲等等。

站在国家治理的层面来看，财政政策向教育培训倾斜，在人口红利减弱时提高人力资本。部分复杂程度高，更依赖人的主观能动性的工作短期内难以被机器替代，增加这部分有需求技能的教育和培训投入，对抗人工被替代的趋势。

4.6　房地产约束

房地产价格存在三方面的约束：

一是，本征价格的约束。

房子的建造需要投入大量的物资和劳动力价值，而且生命周期很长，本征价格的特征决定了房子价格的体量本身较大。

二是，供需关系形成的稀缺特征影响其市场价格。

从需求端来看，中国正处于刚需释放期。1985~1990年的出生人口高峰，将在2012~2017年进入结婚高峰，家庭数量的增长带动房地产需求的上升。

然而，从购房者的购买能力来看，房价上涨抑制了需求的释放。根据波士顿咨询的数据，财富在10万美元以上的家庭占总家庭数量仅为1%，却占据了超过70%的家庭财富，除富裕人群外，剩下的家庭仍然有购房能力的是居住在城市中相对宽裕的家庭，从房价财富比的情况来看，这部分家庭的财富也仅仅足够支撑首付。

降低首付比例的政策并不能释放潜在需求。除了房价财富比之外，房价收入比也抑制了住房需求。中国的整体房价收入比接近8倍，高于其他发达国家的水平。除了住房支出外，人们还需要衣食住行、子女教育、养老、医疗等刚性支出，过高的房价让原本就捉襟见肘的家庭难以承受。

从城市结构上来看，房价收入比也存在较大的差异，根据2011年的数据

---

① 众包指的是一个公司或机构把过去由员工执行的工作任务，以自由自愿的形式外包给非特定的（而且通常是大型的）大众网络的做法。（就是通过网络做产品的开发需求调研，以用户的真实使用感受为出发点）。众包的任务通常是由个人来承担，但如果涉及需要多人协作完成的任务，也有可能以依靠开源的个体生产的形式出现。

计算，一线城市的超过 16 倍，二线城市 10 倍左右，三线城市约为 8 倍。城市吸纳人口的能力差异是导致城市房价分化的原因。基于对一线城市住房供不应求的格局，市场预期房价还能继续上涨，但一线城市的财富不均匀的问题更加突出，高房价会改变人口净流入的速度，需求放缓反过来抑制房价的增长。三、四线城市存在供过于求的问题，同时个别城市人口净流出或者净流入的速度远低于房地产的建设速度，需求在弱化，房价难以上涨。

提高居民购房金融杠杆刺激潜在需求的解决路径充满隐患。需求增加带动房地产销售增加和房价上涨，经济一片繁荣。一旦经济衰退，房价下跌，冲击会更大，类似于香港 1997 年金融危机之后出现大量的负资产案例，金融体系受到冲击，进一步打压实体经济，形成负反馈循环。

城市间分化正在加剧，一、二线城市房价继续上涨，"地王"频现；而三、四线城市已经出现房价下跌的苗头，供应过量和需求放缓两者作用同时叠加的结果。

为什么城市之间有分化？网络节点的重要性不同导致的。重要性分布不一致的原因有多种。地理位置的差异，港口城市自然集聚出口产业，更能吸引劳动力的流入。基础设施完备性有差异，铁路城市或者高速公路的枢纽城市这种经典熵控网络的节点，劳动力、物资、资金自然经过这些节点，带动城市的繁荣，劳动力的流入增加了对房地产的需求。行政资源倾斜的城市，例如北京，国家首都是权力中心，这个超级节点尽管不处在港口等优势地理条件，但全国各省主要城市都必然和其建立交通网络，尽管环境不尽如人意，但权力资源的吸引力让其具备超级节点的地位，网络建设的外部性使城市不断扩张，吸引更多的劳动力输入，房子的需求日益膨胀。同样，上海金融中心和深圳口岸城市的战略布局也是政治资源的倾斜，既有地理条件的优越性，使其形成了重要的一线城市。各省会城市同样是省内主要权力资源的中心节点，也会存在劳动力的虹吸效应，导致省会城市的房价较高。

三是，货币总量约束。

除自身供需关系影响外，还有来自货币的因素影响。行政性的限购令和银行限贷约束，实质上是人为的阻碍货币向房地产行业的流入，容易导致房地产价格的回调。但实际上需求并未发生变化，当政策取消，房价又迎来新一轮的上涨，有了"越限越涨"的诟病。货币的供给是保障房地产泡沫不会破裂的重要因素，一、二线城市受房地产按揭贷的制约，维持购房者的购买能力更关键，而三、四线城市受开发商融资能力的制约，需要保证开发商的资金链安全，不至于出现崩溃。

终篇 熵控网络

人类对科学世界的认识是从确定性开始的。从文明诞生之时起，人们就通过观察自然界中各类可重复的现象进行规律的总结，是为"归纳"；而从具体的事实或抽象的假设出发，利用数理逻辑推演出确定的结果，是为"演绎"。对于较为复杂的系统，人们的研究往往遵循近代科学中的"牛顿—爱因斯坦力学体系"，从基元或局部出发，利用简单、线性、对称、连续、因果、可逆的思想构建整个体系。爱因斯坦的广义相对论是这一思想体系的巅峰之作，几个简洁漂亮的方程就揭示了宇宙的大尺度规律，他曾不止一次地说过，"上帝不掷骰子"。

进入20世纪以来，统计物理和量子力学的发展使人们对世界本质的认识逐渐产生了改变。面对经济、生命、人类社会、互联网、大数据、人工智能等诸多复杂巨系统，传统的以确定性为基础、以局部/简单/线性/可逆等为特征的思想方法和研究体系显得力不从心。越来越多的科学家认为，世界的本质是随机的，确定性只不过是随机性的一个特例。从整体或全局出发的系统论思想正在成为科学研究的主流方向之一，复杂、非线性、突变、自组织、自相似、随机涨落、不可逆等特征在复杂巨系统中俯拾皆是。与爱因斯坦不同，我们认为："上帝是掷骰子的，复杂系统很难用几个简单方程描述。"

动力学的微观推演以及系统论的宏观视角各有其优缺点，动力学方法通常从局部出发，通过一个或几个方程对简单系统进行刻画，但对复杂系统的整体性质和演化机理缺乏认识；系统论方法通常从整体出发，注重系统的类别、层次、结构，但往往只能定性而不是定量地解决问题，缺乏实用性。这在某些领域中会产生宏观研究与微观研究的割裂问题，目前的经济学就是一个典型的例子。

因此，我们倡导融合与创新，通过新的研究视角和理论方法建立"熵控网络"理论模型，一方面对有关宏观与微观或整体与局部的已有研究进行融合，另一方面对快速变化的诸多领域现象及重要问题进行解释、分析和预测，其中用到的主要工具就是信息论和网络。下面，我们详细阐述熵控网络理论的几个主要方面。

两块基石：熵和稀疏性

香农在 1948 年创建了信息论，在概率统计基础上提出了"熵"和"互信息"的核心概念，用来解决通信系统中的数据压缩和可靠传输等问题。香农信息熵是描述概率分布不确定性的度量，其本质与克劳修斯的热力学熵以及玻尔兹曼的统计熵是相同的，统计熵实际上是均匀分布的熵。热力学第二定律，即"熵增定律"，是现代物理学的基石，作为热力学熵和统计熵的推广，信息熵的应用早已从通信系统延伸到生命科学、信息科学、经济学和社会学等领域。

对于一个复杂系统，人们对局部或整体的认识都是不完备的，如何利用所有的已知认识对系统进行推断？信息论给出的答案是在所有满足已知条件的概率分布中选择熵最大的那个，这就是著名的"最大熵原理"。可以证明：系统的最大熵解是存在并且唯一的，一般情况下也是最稳定的，从"熵增定律"角度看它是系统自然演化的必然结果。信息论及相关领域的学者对于最大熵模型及其求解算法做了大量研究和改进，极大地降低了求解算法的复杂度，目前从语音识别到网络搜索甚至股票投资等，最大熵算法的表现几乎都是最好的，应用十分广泛，例如，美国文艺复兴技术公司的西蒙斯是一个数学家，他率领一个做语音识别技术的团队利用最大熵原理等信息论方法在量化投资领域创造了一个传奇，其旗下的大奖章基金从 1988 年成立至今，净回报率高达平均每年 34%，换句话说，1988 年每投入 1 美元在 2008 年的回报已经超过 200 美元，远远超过巴菲特的伯克希尔哈撒韦公司，在 2008 年股市暴跌中，文艺复兴公司的回报高达 80%！20 世纪初期的著名股市操手利维摩尔说过，"价格总是沿着阻力最小的路径运行"，我们认为阻力最小即能量消耗最少，其本质是向着最大熵的方向运动。

在信息论中，无约束条件下均匀分布具有最大的不确定性（即最大熵）；信息使得概率分布偏离均匀分布，从而减少了不确定性、增加了有序度，这实际上是某种规律的体现。系统的整体规律体现在概率分布相对于均匀分布的偏离，往往表现出某种"稀疏"特性，利用这种稀疏性人们可以对系统进行简单表达，常见系统通常都是稀疏或近似稀疏的。某些简单系统，例如机械系统，往往只用一个或几个微分方程即可表达，这代表着系统稀疏性的极端情况，某些貌似复杂实则简单的混沌系统或分形系统也是这样。一方面，一般的复杂巨系统无法稀疏到只用几个微分方程即可描述的程度，即使是随机微分方程也不行；另一方面，个体要服从整体规律，它是整体在局部上的投影，"压缩感知"理论指出：对于稀疏系统，只要少量（数目与稀疏度正相关）的针对个体的均匀随机采样即可通过快速算法精确重建或近似重建整个系统，其思想符合我国传统的"天人合一"哲学理念，不同之处在于提供了解决问题的整套科学工具，压缩感知是目前信息论领域的研究热点之一，刚一出现就被评为2007年美国十大科技进展，近年来广泛应用于医疗、图像处理、模式识别、军事等领域。薛定谔说过，"生命赖负熵为生"，生命系统从无序到有序、从简单到复杂、从低级到高级的演化过程就是开放系统在能量和信息等负熵的输入和作用下走向规模膨胀和规律稀疏的例子，人类社会乃至整个宇宙也是类似的。

最大熵和最稀疏这两者是貌似对立、实则统一的，是一个系统从两种不同角度下的刻画。最大熵原理求解的是系统在已知约束下最可能（或熵最大）的状态分布，即诸多可能的状态分布满足约束，但系统会选择熵最大的那个分布作为趋势走向，而最稀疏原理给出的是系统在已知状态下约束的稀疏解，即诸多约束（或规律）可能生成目前的系统，压缩感知求解个数最少的那些约束，符合"奥卡姆剃刀"原理。因此不难看出，最大熵和最稀疏实则是一组"对偶问题"。在熵控网络理论模型中，熵和稀疏性（或最大熵和最稀疏）是整个模型的两块基石，用来定量地刻画整个系统的表示、发展和演化。

网络、幂律与熵控网络

网络由节点和节点之间的边构成，如果边有方向则为有向网络，否则为无向网络；节点之间没有重边的网络称为简单网络，与节点相连的边的数目称为该节点的"度"，没有边相连的节点称为孤立节点，如果将孤立节点排除在网络之外，我们可以假设网络中没有孤立的节点；每条边上都可以有数值来表示边的性质，称为权重（缺省为1），网络中多条边组成的首尾相连的路径称为回路。

众所周知，大多数系统及众多科学问题都可以用网络来进行等价描述，复杂系统即复杂网络，例如，系统中的个体对应网络中的节点，个体之间的联系对应节点之间的边；针对一个多变量函数，我们可以将其视为函数值为根节点、自变量为子节点的简单树形网络，更复杂些的向量值泛函数同样对应一个更复杂些的网络。再看一个具体问题，考虑对拥有一种商品的公司进行估值，我们可以使用网络对其进行描述，其中节点由所有用户（公司视为特殊用户）组成，如果用户与用户之间通过使用商品发生了联系，我们就在相应的节点之间连一条边，联系的时间长度为该边的权重，节点的度为该用户的联系次数，这样对于一种拥有大量用户的商品，尤其是软件和互联网应用，我们将商品估值转化为网络估值。

几种典型的网络：（假设网络中有 N 个节点，M 条边）

(1) 致密网络：即任何两个节点之间都有边相连的简单网络（完全图），边数 $M = N(N-1)/2$，放松一点条件，我们将边数随节点数平方增长的网络都称为致密网络。

(2) 星型网络：即中心节点与所有其他节点之间有边、而其他节点之间没有边相连的简单网络，$M = N - 1$。

(3) 幂律网络：度为 k 的节点出现的概率大致为 $c \cdot k^{-r}$，$k = 1, \cdots, N-1$，即幂率分布，其中 c 为常数，$r > 1$ 称为幂指数。可以证明

$$边数\ M = \begin{cases} 随\ N\ 线性增长, & 若\ r > 2 \\ 随\ N\log N\ 增长, & 若\ r = 2 \\ 随\ N^{3-r}\ 增长, & 若\ 1 < r < 2 \end{cases}$$

当网络规模 N 较小时，致密网络的形成是可能的，但通常网络中边的建立是有成本的，故对于中大型网络，保持网络的致密性一般是不可能的。星型网络广泛存在，如新浪等门户网站。大型网络经常具有幂律和小世界等特性，例如，新浪微博等社交应用、互联网的路由器或网页链接、电子邮件等等。幂律网络形成有如下动力学解释：当新节点加入网络时，它倾向于同超级节点（即度很大的节点）建立新边。幂律网络通常包含若干个超级节点，随机移除多个节点不会影响网络的连通性，但如果移除超级节点则连通性将受到较大的影响。

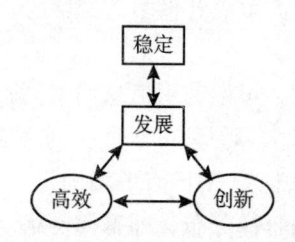

下面，我们讨论何种网络是"好"的？从而给出熵控网络的三个基本特征。考虑一个有物质/能量等负熵持续有限输入的开放系统/网络，一个好的网络应该具有以下性质：

(1) 稳定：没有稳定一切都无从谈起，网络的稳定主要体现在连通性和健壮性两个方面。连通性是指网络中没有孤立的节点，且任何两个节点之间存在一条路径，平均路径较短或小世界特性是连通性好的体现；健壮性是指当负熵流入波动、极少数超级节点损坏或部分节点随机损坏等"灾难"发生时，系统还能正常地运作，表现为节点或边没有被大量移除，且仍能基本保持网络的连通性。

(2) 发展：没有发展一切都死气沉沉，网络的发展主要体现在节点数和边数有随时间增加的趋势，即吸引更多的节点加入，并建立更多的边。显然边越多网络连通性越好，但通常边是构建网络的成本，依赖于系统外负熵的流入，是有边界的；在负熵稀缺的约束下，降低建边成本等价于实现更节约能源/物质、更节约和保护空间、更高效率的生产组织方式。一个健康的网络会在稳定中发展，同时发展又促进了稳定。

(3) 高效：在基本层面主要指任何两个节点之间存在一条较短的路径，且可以通过该路径较快地进行联系；在高级层面主要指节点通过边向网络发出的请求可以在较短的时间内得到反馈。节点的分工和网络的分层可以提高效率。在子网之间建边是提高网络效率的重要手段。高效能促进稳定和发展，可由创新实现，反过来又促进了创新，除依赖网络的结构外，还依赖于节点和网络的智能。

(4) 创新：网络中存在着众多的正反馈回路，产生多种多样的非线性自组织现象，这通常意味着涌现或创新。节点间的自组织现象增加了网络的有序性，减少了网络管理成本。创新的前提是网络中存在巨量的回路，这不仅依赖于节点和边的数目，还依赖于网络的结构。创新是非常重要的，可能吸引更多节点的加入，可能降低建边成本，可能增加物质/能量/信息等负熵的流入或减少负熵流入的波动，可能提高节点和网络的智能等，这些创新对网络的发展和高效都大有裨益。

网络结构决定网络功能，可以利用信息熵来刻画，在没有负熵流入（算术平均固定）的条件下，由最大熵原理可以证明网络度分布将走向均匀分布，即均匀随机网络；在负熵流入恒定（几何平均固定）的条件下，由最大熵原理可以证明网络度分布将走向幂律分布，即幂律网络。针对一个有负熵持续有限输入的开放网络，我们称具有以下三个特征的网络为"熵控网络"，它刻画了一个好的网络。

(1) 节点数目多，且有随时间增加的趋势；
(2) 边的数目随节点数目 N 的增加而以（近似）$NlogN$ 的速度增加；
(3) 建立新边的成本低廉，且建立新边的规则具有一定的随机性。

这样的网络不断有新的节点加入，不断有更多的新边产生，具有良好的连通性和成长性，容易形成回路，且回路数目随节点数 N 的增加以指数增长，保证了其中必有部分回路形成正反馈，从而不断地产生涌现或创新，新边产生的随机性使得很多创新是完全出乎意料的，这些创新又进一步促进了网络的良性增长，没有正反馈的回路会在自然熵增时逐渐消亡，而旧边的移除和新边的产生又孕育了新的回路，以致循环往复。在一个规模日益膨胀的超大型幂律网络（如互联网）中，边数以 $NlogN$ 的速度增加是健康的，此时幂指数恰好等于2，这可以从两方面来理解。一方面，假设初始网络是一个星型网络，它效率最高、稳定性最差（中心节点损坏将导致网络崩溃），在网络规模膨胀时，一个高效健壮的网络必然会用一个中心致密子网代替星型网络的中心节点以提高稳定性，这将导致网络的分层，继续演化的结果会使边数以近似 $NlogN$ 增长；另一方面，对于一个超大型幂律网络，如果幂指数大于2，总边数将随 N 线性增长，此时网络度分布过于乖离，边过于稀疏，较难形成回路从而缺乏稳定、发展和创新，而如果幂指数 $r<2$，总边数将随 N^{3-r} 增长，此时虽然网络欣欣向荣但往往对负熵的消耗过大，在负熵总体稀缺的条件下很难持续。熵控网络在发展初期，边数可能以超过 $NlogN$ 甚至接近 N^2 的速度增加，而在中后期网络达到超大规模后发展速度会逐步下降至 $NlogN$ 的水平。

熵控网络给出了大型系统的分散布局和网络化指向，分散布局首先能促进系统的稳定和发展，节点和边的分散使得网络中节点和边的数目增加，而时间空间的分散、物质能量信息等负熵的分散都有助于节点和边的分散，移动互联网随时随地的分散特性是一个很好的例证；节点的分散布局使系统更稳定，但要发展仍需要边以更快的速度增加，即网络化，中国封建社会小农经济持续了几千年但发展极为缓慢，说明只节点分散而没有网络化是不够的。网络化的一个必要前提是智能节点之间、子网之间的妥协、合作和融合，对抗的结果往往是节点甚至子网被消灭，不是熵控网络的价值取向，我们认为：没有妥协就没有合作，没有合作就没有边的产生和网络化，子网之间在妥协和合作基础上进行融合才可能产生一个更大且更好的网络。

熵控网络给出了超大型系统（如人类社会）的归信息化指向，这主要是因为利用信息手段在节点之间建立新边最快、最容易、成本最低。在人类社会中，在物质/能量等负熵稀缺的限制条件下，做到近似人人平等/自由有希望吗？换句话说，在负熵稀缺的约束下，如何实现更节约能源、更节约物质、更节约和保护空间、更高效率的理想生产组织方式？答案必然指向"归信息化"。我们认为商品价值可以划分为物质价值、能量价值、时间价值、空间价值和信息价值五个部分，只有信息价值占比高也就是说商品的价值归信息化时，上述理想才能实现，这是因为信息区别于物质、能量、时间和空间的本质特征为可光速传输、可复制、可共享、可编码，前三个特征保证了人们能以极低的成本极快地得到信息，第四个特征可使得信息存储/发送/传输/接收的效率更高。我们目前正走在归信息化的路上，例如：腾讯QQ/微信、谷歌搜索/地图等商品对物质、能量、时间、空间等资源消耗极少，信息价值占比极高，已经实现了人人免费使用的理想结果。因此，当绝大部分商品归信息化时，我们就接近实现了在物质/能量等负熵稀缺约束下人人平等/自由的终极理想。

节点的分工协作与网络的分层

分散布局和网络化自然带来节点的分工协作和网络的分层，这对降低系统复杂度、扩大网络规模并推动网络发展、降低成本并提高效率、促进创新等都具有重要意义（前面几章有许多这样的例子），下面我们予以分别阐述。

分工能降低系统的复杂度，这首先体现在一个复杂的、个体（或节点）无法完成的任务通过分工往往可以由群体（或子网）完成，这是一个从无到有的过程，例如，狮群通过分工往往可以捕猎大型动物，而单个狮子是对付不了斑马群的。其次，分工能使一个困难问题变得相对容易，正如笛卡儿的科学研究方法论所言："首先要把复杂的问题分解为细小的问题，直到可以圆满解决的程度为止，然后再从简单的细小问题出发，逐步上升到对复杂对象的认识。"时间或空间上的分工体现为分步或分段，所谓几十年如一日的愚公移山精神或千里之行始于足下。我们可以用网络来描述这个降低复杂度的过程，设网络中有 N 个节点，假设某个复杂问题需要节点之间进行交互，那么其复杂度为 N^2，而如果该问题可分，即把节点平均分为两组，每组有 $N/2$ 个节点，那么每组的复杂度为 $N^2/4$，总体复杂度下降为 $N^2/2$；类似地，在分为 M 组之后，总体复杂度将下降为 N^2/M。

分工能吸引新的节点加入网络，协作产生更多的新边，从而扩大了网络的规模并推动了网络的发展。节点的处理能力各不相同，分工后低处理能力的节点可以大量加入网络，而没有协作分工就变得没有意义，故分工必然导致节点之间更多的协作，使得新边以更快的速度产生，换句话说，分工促进分散布局，协作促进网络化。

分工可以降低成本并提高效率。在杨小凯的经济学理论中，认为分工理论对于发展经济学的贡献最大，分工降低个体的学习成本、提升个体的学习能力和专业化水平。由于个体的学习能力有限，只学一部分更容易提高效率，专业化程度更容易提升。例如福特首创的流水线汽车生产方式改变了整个汽车工业，希腊文明和诸子百家传诸后世的哲理证明那时的人不比今人笨，但生活物质条件差距巨大，其中科学化的分工起了重要作用。从理论角度来看，分工是节点负熵流入不对称、处理能力不对称、信息不对称等条件下系统优化的必然结果。

分工本身就是一种创新，一个科学的分工对应着网络中的某条正反馈回路，由于分工促进了网络中节点和边数的增加、提高了节点的能力和网络的效率，故网络中回路数目大幅增加，从而扩大了产生新的正反馈回路或创新的机会，这些创新往往带来更科学、更细化的分工，形成迭代创新和分工细化机制。

当然，分工也会带来一定的挑战，分工过细会带来协作的困难和管理成本的增加。科学的分工依赖于有效的协作，没有协作分工没有意义，但如何协作很多时候不是一个容易解决的问题，这是因为分工增加了节点数目，但可能的边数和回路数目分别以平方和指数增长，我们需要从中找到一条正反馈回路以证明协作的有效性和分工的科学性；换句话说，分工会产生资源的优化匹配问题，而过细的分工往往使得资源的可能配置方法产生组合爆炸，从而很难得到最优解，另外管理成本也会急剧上升，因此分工的粒度需要进行一个折中，如何选择这样的折中是一个值得思考的问题，科学的分工方法类似于其他创新往往需要在网络中进行多次试错、多次迭代才能获得，有些是通过人为设计得到的，有些是在好的网络中自组织生成的。

节点的分工自然带来网络的分层，分层可看作更为高级的分工。例如，两个原始部落各自通过分工提高了生产效率，就需要进行商品交换和贸易，如果没有货币，A 部落的 M 种商品与 B 部落的 N 种商品进行交换需要 $M \times N$ 次计算，而如果有共同的货币 C，则只需要 $M+N$ 次计算，显然效率得到大幅提高，随着贸易规模的扩大，货币数量和种类都会增加，这本质上可以描述为：子网 A 和子网 B 通过中介网络 C 进行相互作用，并导致了网络的融合和分层，其结果不仅扩大了网络的规模（包括节点数、边数和回路数目），而且提高了网络的效率。

另外，对于一个系统或网络，因为结构决定功能，所以我们总想更深入地了解其结构，或用比较简单的特征对该网络进行表示。此时，分层就起着至关重要的作用，如何对系统或复杂对象进行分层表示是一个很有难度的重要课题。众所周知，人脑的信息处理是一个非常复杂而且高效的过程，1981年的诺贝尔生理与医学奖表明大脑皮层对视觉信息是分层处理的，这个发现启示人们对神经系统的进一步思考，即人脑对视觉信息的处理或许是一个不断迭代、不断抽象的过程，从而引发了近十年来机器学习领域的革命性创新——"深度学习"理论的创立。深度学习又称为"无监督的特征学习"，它的主要思想是使用分层来表示一个系统对象，首先在第一层（底层）进行特征抽取，并使用其中尽量少的特征对系统对象进行稀疏表示（这种稀疏表示的方法恰好就是前文介绍的压缩感知算法），然后在第一层的基础上进行抽象，得到第二层的特征并再次进行稀疏表示，不断迭代即可得到多层的表示方法，深度学习可以建立少则三层多则十数层的表示模型，每一层都是系统对象不同的稀疏表示，简单地说，压缩感知加上分层就是深度学习，特点是越底层的特征越多、表示越具体，越顶层的特征越少、表示越抽象，例如在一副肖像图片的深度学习表示中，底层的特征是许多碎小片段，似乎与方向或边缘有关，看起来没什么意义，而中层的特征往往由眼睛、鼻子等部分面部区域组成，最后在顶层的特征中已能看到人脸的轮廓，每一层都可以由该层的特征组合生成原始图片。再看一个人脑学习的例子，普通中国人很容易区分周围的中国人，但对区分一些黑面孔的非洲人却显得不那么自如，而对于在非洲长期经商的中国人来说区分当地人是很简单的一件事，这说明在非洲的中国商人与普通国人不同，他们在头脑中或许已经建立了非洲人面孔的顶层抽象表示。我们认为，如何对一个复杂系统进行恰当的分层表示，依赖着同时代表着人们对该系统的认知程度，也是衡量算法智能程度的一把标尺。

总量—分布、合熵与熵控网络

当考察一个包含多个个体的系统时，假设系统总量等于个体分量之和，人们经常对总量感兴趣而容易忽视（个体分量的）分布对系统的影响，例如我国前几年盛行的唯GDP论，就是只管系统总量不管发展质量的典型，而发展质量往往与分布紧密相关。众所周知，分布对系统的稳定性起着至关重要的作用，一般情况下均匀分布时系统是最稳定的，所谓均衡发展系统更健康就是这个道理，当分布偏离均匀情形过大时往往会导致系统崩溃，各种泡沫（如股市泡沫）崩溃之前，总量越来越大但分布越来越乖离是常见现象。这说明衡量一个系统的经济价值仅考虑总量是不够的，分布也是一个重要因素，融合总量—分布的综合考量才是更为合理的方法。

如何对总量—分布进行融合呢？首先，我们设法对分布进行刻画，假定两个系统总量相同，则分布的差异决定了系统价值的不同，通常节点多的系统稳定性好而且潜力较大，从而价值也越大；分布均匀的系统比分布乖离的系统价值要大。何种数学量会随着个体数目的增加而增大呢？何种数学量能适用于前述分层网络框架呢？无疑就是信息论中的"熵"。熵是概率分布的非负值函数，它有以下几个重要性质：

- 均匀分布时熵值最大，而且分布越均匀熵值越大，分布越乖离熵值越小。

- 多数情况下，概率分布的维数越高熵值越大；当把一个分量拆解为多个的时候，总量不变但维数增加，则熵值会增加，即碎片化或分布式导致熵增。

- 可加性，高维概率分布的熵值可通过合并分量进行降维计算。

然后，我们再将总量与分布进行融合，由于刻画分布的熵是 log 刻度的（以比特为单位），故总量也应该用 log 进行表示，再由熵的可加性就自然引出了下面合熵的定义。

定义：对一个分量非负的实向量 $x = (x_1, \cdots, x_n) \neq 0$，总量—分布二元组 (X, p) 与 x 等价，其中总量 $X = x_1 + \cdots + x_n$，分布 $p = (x_1/X, \cdots, x_n/X)$，其合熵定义为

$$CH(x) = CH(X, p) = \log X + H(p)$$

其中，$H(p)$ 为分布 p 的熵值

合熵包含两个部分，前一部分是总量的对数，反映了系统总量，后一部分是（个体分量的）分布的熵，反映了分布乖离程度。当总量为 1 时，合熵退化为熵。

在考察一个系统时，人们的习惯思维常常是这样的：第一步寻找影响系统的关键因素，如 $x_1, \cdots, x_n$；第二步寻找某个依赖于上述关键因素的函数关系，如 $f(x_1, \cdots, x_n)$，用来作为对系统进行刻画的数学基础。这种从局部出发寻求系统整体性质的思路在遭遇复杂系统时经常失灵，可能有以下几个原因：

- 人们找到的所谓关键因素往往是不完备的，总有若干因素没有被涵盖，而这些起初不显眼的因素随着系统的演化可能会掀起巨大的波澜，产生"蝴蝶效应"或"黑天鹅"现象；
- 各个因素之间往往是相互关联的，如 x_2 的变动会显著影响 x_2 的变动，而且这些关联未必简单线性，此时分析起来会相当复杂，局部之间的相互作用很难用精确的数学进行描述；
- 函数关系 f 不易发现，即使有了明确的 f，但由于自变量之间复杂的依赖关系，其数学性质也很难刻画。

此时，我们的熵控网络理论框架就体现出明显优势，其核心思想如下：

- 用分层网络对系统进行表示：影响系统的因素作为节点，各因素之间的关系作为边；关键因素在上层，普通因素在下层；某个因素可以进一步分解，用下一层的子因素进行表示，好的分层使得上层因素是下层因素的抽象；即使有未考虑到的新的因素产生，也可以很容易地加入网络。
- 用总量—分布二元组对关键因素向量进行替代：合熵定义中的总量—分布 (X, p) 二元组是关键因素向量 $(x_1, \cdots, x_n)$ 的等价描述，由 (X, p) 可导出 $(x_1, \cdots, x_n)$，反之亦然；但总量—分布二元组是从整体的角度出发的，无须考虑因素之间的复杂依赖，而且总量—分布这对整体量相对来说是容易获得或可以估计的，从而大大简化了数学描述。
- 用合熵对系统总量进行度量：前文阐述过仅考察系统总量往往是片面的，合熵度量既考虑了总量又兼顾了分布具有整体优势。另外，合熵继承了熵的可加性，在分层网络的各层次间能方便地进行定量计算，从而可以很自然地应用于从局部到分层到整体的复杂系统，这是微积分等其他数学工具很难做到的。

总量—分布二元组往往蕴藏着深刻的含义，人类认识世界也可用总量和分布来刻画，只不过这个重要的道理被日常所见所闻掩盖了，如，效率—公平，大多数时候人们都既想要总量保持增长（反映了效率增加），又想要分布保持稳定（即与均匀分布更接近而不是更偏离，反映了公平增加），合作、融合一般来说是好的解决方案，例如，重效率兼顾公平，或者重公平兼顾效率，如何进行政策选择已经是国家治理不能回避的难题。例如改革开放之初，中国的社会环境非常公平但缺乏效率，故强调效率优先的"猫论"和"发展是硬道理"等政策取向显然适合当时的国情；而近年来中国经济长期高速增长，基尼系数不断增大，房地产一家独大、国进民退等经济失衡现象愈演愈烈，此时再强调效率优先就有些不合时宜，或许重公平兼顾效率的国家政策会更加适合当前的形势。如何定量地更准确地进行分析呢？也许合熵及熵控网络理论框架是一个好的候选工具。

万物互联、智能网络与超生命体

熵控网络的三个特征总结为一句话就是"一个开放网络，节点多、边更多、边的连接容易且有一定的随机性"，应用到现实社会就自然给出了万物互联和智能网络的发展趋势指向。

信息互联网和移动互联网的蓬勃发展已经将全世界大部分的计算设备和人联系到了一起，组成了一个规模空前的巨型网络，是一个典型的、运行良好的熵控网络，完全满足稳定、发展、高效、创新等重要特性，仍在不断扩大、发展和进步之中，其中一个重要发展方向就是物联网和更进一步的万物互联。物联网（IoT, the Internet of Things）是近年来兴起的概念和技术，顾名思义就是物物相连的互联网，其核心和基础仍然是互联网，在用户端延伸和扩展到了任何物品与物品之间进行信息交换和通信。万物互联（IoE, the Internet of Everything）将人、计算设备、数据、流程和事物等结合一起使得网络连接变得更大更好，从而也更有价值。梅特卡夫定律指出网络的价值与用户数的平方成正比（下一节我们有专门讨论），这与我们熵控网络"节点多且随时间增加"的要求是一致的，互联网融合更多的节点向物联网乃至万物互联发展必然是一个确定性的趋势。

万物互联的基础是节点通过边连接到网络中来，即物与物之间需要进行信息交换和通信，但仍需面对两大挑战。一方面，好的物联网表现为节点数的大量增加，例如一个家庭通常只有电脑和手机等几个计算设备，而物物互联将家用电器甚至家具等物品连接进来，节点数目可能增长 10 倍，这显然带来可管理性问题；另一方面，熵控网络要求网络中边的增加速度比节点的增加更快，每个新增节点平均发出的新边数目应达到 $\log N$ 的级别，而新边的建立是有成本的，如何高效建边对物联网和万物互联的发展深化同样提出挑战。为应对互联网等巨型网络的扩张，解决扩张带来的可管理性和成本可控性等问题，为保持稳定、发展、高效、创新等特性，网络的日益智能化必然是一个确定性的趋势。

什么是智能？节点或子网或整个网络的智能如何度量？这是一系列十分难于回答的重大问题，智能涉及意识、自我、心灵等，目前人们对动物智能、群体智能、人工智能的了解不多，唯一了解的智能是人本身的智能，但对其形成机理的理解也非常有限。网络智能由节点的智能和网络结构所决定，即使组成的节点智能程度很低，一个良好结构的网络如熵控网络是可以具有中等甚至较高智能的。例如，单个蚂蚁或蜜蜂的智能程度很低，无法单独生存，可蚁群或蜂群却能做出很多令人惊讶的事情，在地球上已经有了几千万年的历史；维基百科作为互联网的子网具有较高的智能，一方面它们能对各式各样的提问给出回答，从旁观者角度看其输出结果极为多样，另一方面从提问者角度看，它们往往能迅速地给出令人满意的答案，所以我们认为一个结构良好的有规模的子网其智能通常会远远超过单个节点的智能。下面我们试图从熵控网络的角度对于智能给予多方面的理解和解释。考虑一个包含多个节点和边的网络，信息在网络中流动，每个节点通过边从其他节点处获取信息，并结合该节点自身存储的信息进行处理，然后将信息通过边传播出去。我们认为，节点或子网的智能具有以下三个特征：

（1）高熵输出：即可能的输出结果很多且难于预测。若节点没有信息处理的能力，如节点的输出就等于输入，则该节点显然是没有智能的；相反则具有一定程度的智能，一方面，若节点的输出容易（根据其输入和存储）预测，如输出为输入的线性组合，则该节点的智能程度较低；另一方面，智能程度高的节点其信息处理过程通常是非线性的，该节点的输出或行为在旁观者看来很难预测。例如，蚂蚁的智能很低，其行踪循规蹈矩容易预测，而狗的行踪预测就相对难一些；对于人来说也是这样，许褚和曹操是两个典型例子。从"旁观者"看来，节点的输出构成一个概率分布，我们认为该分布的熵可以用来刻画该节点的智能程度，熵越大智能程度可能越高，反之则越低。设想有人如上帝般对股票的走势了如指掌，那么其最优选择在常人看来必如噪声般随机难测（处于最大熵状态），这与行为经济学中的"海纳模型"是一致的。

（2）稀疏输入：不是指节点的输入信息少，而是指它能对输入信息给出稀疏表示、抓住主要矛盾。如果一个节点能较好地预测其输入或其他节点的行为，则该节点的智能程度较高，反之则较低。例如，海豚群捕猎鱼群或牧羊犬管理羊群；聪明人如曹操等往往了解或预知周围别人的想法或行为。在处于一个纷繁复杂的局势中时，人们接收到大量各式信息，高智能往往体现在能否抓住主要矛盾并作出最优决策。类似地，我们认为，一个节点通过边从大量邻近节点处获得信息，其智能程度可由节点对全体输入信息的表示来刻画，表示越稀疏智能程度越高，反之则越低。少数政治家如诸葛亮毛泽东等之所以伟大，在于他们往往能在困难的情况下敏锐地抓住重点（给出最稀疏的表示）并付诸行动，其中认清局势或稀疏表示是最重要的。除了依仗伟人，能否有其他方法呢？我们认为分层的稀疏表示是提高节点智能的关键。

（3）高效反馈：如果人们对节点或子网提出一个问题，高智能往往体现在节点或子网能够很快给出一个具有较强确定性的反馈，即高效反馈。另外，智能网络总是可以尽可能快地在节点或子网间建立关联并形成正反馈回路，智能与创新或涌现是紧密相连的，常常具有非线性、自组织和正反馈等特性，智能促进创新，而创新提升智能。让家电等物品节点拥有智能是发展物联网乃至万物互联的关键，巨量新节点的加入带来的可管可控等问题必须依靠节点和子网的智能特性来解决，智能程度越高则融合程度越深，从而带来整个网络的稳定、发展、高效和创新。

人作为智能生命，是构成人类社会网络的智能节点。人脑是一个由上千亿神经元节点组成的一个熵控网络，每个神经元具有成千上万个树突可以与其他神经元建立连接。生命科学表明，目前在人脑中没有发现类似于硬盘之类的存储介质，那么记忆是如何形成的呢？我们猜测，人脑是以分层网络中的回路形式对信息同时进行存储和表示的，其中分层表示很可能是逐层抽象的，有利于大范围的分类和识别。换句话说，信息并非存储在脑细胞中，而是存储在由某些神经元构成的回路子网之中，记忆的形成和强化是回路的形成并通过正反馈加强的过程，记忆的减弱和重现也是回路衰减和重新激活的过程。创新性思维类似于网络中的涌现，将原本无联系的小级别回路连接成新的大级别回路，即所谓"灵光闪现"；而某些错误连接则可能导致幻听幻视等精神疾病现象。

人类社会是由智能节点组成的更高一级的网络，一般地，我们称由智能节点组成的网络为"超生命体"，超生命体往往具有比其智能节点更高级的智能、更强的生存能力和更长的生命周期，好的超生命体是一个熵控网络。例如，生物种群特别是人类社会都是超生命体，国家、民族、某些大型社团/党派也是超生命体，股市、互联网及其某些子网如维基淘宝等不仅是超生命体，还同时是熵控网络。超生命体有以下几个特征：

（1）反身性和不可预测性：超生命体由智能节点组成，每个节点的行为对整个系统产生影响，具有反身性，且常常难于预测其他节点的行为，本质原因是个体不了解、也不可能了解全局。然而在很多情况下，非理性的群体洪流却能神奇地裹挟着这个超生命体向前发展。股市是这样，人类社会、国家、经济系统往往也都是这样。国家宏观调控经常不达预期，很多情况下就是因为调控者本身就是国家经济系统这个超生命体的一部分，他很难掌控全局信息，基本无法预测超生命体中的每个智能节点会如何应对这种调控，导致大部分调控或改革最终以失败告终。

(2) 1+1>2：超生命体中的智能节点个体能力可能不是很高，但是一旦这些智能节点连接在一起形成熵控网络，整个群体的智能可能会发生飞跃，激发出令人难以理解的进步力量。例如，蚁群的物流系统令人惊叹，而万能的淘宝几乎能满足一切稀奇古怪的需求，2014年10月16日，阿里巴巴将其旗下业务整合并成立了"蚂蚁金融服务集团"，拥有支付宝、支付宝钱包、余额宝、招财宝、蚂蚁小贷及筹备中的网商银行等品牌，之所以选择这个名字，也许是因为超生命体个体普通整体强大的特性。

(3) 自组织，自我进化，有强大的生存能力和很长的生命周期：无论是股市、蚁群、雁阵、还是淘宝，它们都有强大的生命力。超生命体中的每一个个体可能会随着时间的流逝而消亡，但是又总是会有新的智能节点加入进来，超生命体始终处在一个动态平衡和进化的稳定状态。超生命体本身有自组织、自进化特性，熵控网络强大的力量从根本上维持了超生命体的生存，使其具有无比长的生命周期。例如，股市处处体现人性，无论时间如何变化，人性不会变，贪婪与恐惧不会变，这样就保证了股市不会让所有人赚钱，那样股市迟早要崩溃；也保证了有一小部分人赚钱，从而不断地吸引人们把资金投入到股市中来。股民们进进出出，而股市这个超生命体却岿然不动地生存了数百年并将继续生存下去。

人们对超生命体异常复杂的结构和特性了解甚少，也许合熵及熵控网络理论框架是一个好的候选工具。超生命体通常具有分层的架构，不同层次的自组织特性可能导致某种自相似性。人脑是一个熵控网络，我们猜测信息的表示、存储和处理在神经元网络中以分层、回路、反馈等网络形式存在，而习俗、文化、知识等特征信息在族群这个超生命体中也是类似的，多个族群可能组成国家、多个国家组成人类社会，形成了超生命体的分层架构。超生命体要想稳定发展高效创新，也应该是一个熵控网络。个体可以低智、弱小甚至可以死去，但其价值无论大小已经以信息的形式存在于超生命体中，对超生命体的演化产生或多或少或长或短的影响，而超生命体则相对高智、强大甚至长生。人类社会这个超生命体如何演化？我们认为熵控网络是一个正确的方向。

高附加值商品的价值评估——
熵控网络理论的一个简单应用

如何对一种商品或服务（以下简称商品）进行价值评估是几百年来人们一直探讨的一个重大课题，特别是近年来互联网应用的崛起，对净资产、未来现金流贴现等传统估值方法构成了极大的挑战。在熵控网络估值模型下，我们把用户使用时长作为高附加值商品的价值压缩度量，建立网络模型刻画商品价值，然后针对"总量—分布"二元组给出了逐层递进的三层估值框架——总量、节点分布、边分布，最后为融合总量与分布对网络价值的影响，提出"合熵"的概念来定量地计算网络价值。与传统模型相比，熵控网络估值模型可以更好地解释大型网络优于小型网络、互联网应用优于传统软件、移动互联网应用优于桌面互联网应用、社交软件优于门户网站等系列重要估值问题。熵控网络估值模型还指明了网络价值增长的方向，在个人可用时间即将耗尽的今天，很多时候片面追求总量增长是代价极高的，优化分布才是提升网络价值的关键手段，时间碎片化、节点碎片化和边碎片化是导致网络价值裂变性增长必要而又经济的法宝，而利用多个网络的相互依存相互影响和相互促进，更有可能带来网络价值的聚变。

（1）价值压缩度量：时间

时间是绝对稀缺的，每个地球日在过去、现在乃至可预见的将来只有 24 小时，没有人能够延长哪怕一分钟。对于人类而言，追求健康长寿、提高工作效率都是延长个人可用时间的体现；可以想象，假设一种商品能大幅延长个人可用时间，如在不影响健康和体验的情况下压缩每天睡眠至 4 小时或将人类平均寿命有质量地延长至 120 岁，那么其潜在价值无疑将超越任何一种已有商品。

移动 APP 占用了人们大量的零散时间，近期调查发现多数人已长时间不再使用新的 APP，这正是人们闲暇时间即将耗尽的征兆！用户在一种商品上的使用时长显然与该商品的价值具有正相关性。对一种普通商品而言，影响其价值的因素很多，例如，消耗的原材料、能源、人工、场地、供需等，衡量标准很难压缩到一维。但对于一个拥有大量用户的高附加值商品来说，因为成本可被摊薄至很低甚至可以忽略的程度，所以上述因素可能都不再重要，用户喜不喜欢、体验如何、有无黏性成为人们评价商品好坏的常用指标。因此，对于一家轻资产的高科技公司而言，如果其商品的软件附加值高，则用户使用时长是衡量该商品价值最好的一种压缩度量。

（2）商品价值的网络描述

考虑只拥有一种商品的公司，该商品服务于多个用户，我们可以使用网络对其进行描述，其中节点由所有用户（公司视为特殊用户）组成，如果在一个时段内用户与用户之间通过使用商品发生了联系，我们就在相应的节点之间连一条边（节点间可有多条边），联系的时间长度称为该边的使用时长（或权重），节点的度为该用户的对外联系次数。对于一种拥有大量用户的商品，尤其是软件和互联网应用，我们通过该网络将商品估值转化为网络估值。显然，网络价值由网络中的边及其使用时长确定，一个自然的想法就是计算网络中每个用户的使用时长，然后进行求和，以此来衡量其商品价值/网络价值。当网络规模 N 较小时，致密网络的形成是可能的，但对于中大型网络，保持网络的致密性一般是不可能的，此时大多为星型网络（如 Winzip 等桌面软件和新浪等门户网站）和幂律网络（如微博微信等社交应用）。

（3）多层估值框架

我们把用户使用时长作为商品价值的压缩度量，这说明网络中所有的边及其权重可以用来刻画网络价值，为建立分层估值架构，我们引入度向量和节点权重向量的定义。我们知道，网络中共有 N 个节点，与节点相连的边数就是度，而将每个节点的度排在一起，得到的 N 维向量就是度向量；假设某节点的度数为 5，那么该节点 5 条边上的权重就排成了一个 5 维向量，即为该节点的权重向量，有 100 条边的节点其权重向量就是 100 条边的使用时长，它们的和就是该节点的使用时长。每个节点的权重向量决定了它的度，反之则未必；而度向量决定了边数 M，反之则未必。显然，边数 M、度向量、每个节点的权重向量是对网络中边集越来越精确的描述。据此，我们构建一个三层框架来阐述网络估值，顶层是边数，第二层是度向量，第三层是每个节点的权重向量。

乔治·吉尔德（George Gilder）在 1973 年提出网络价值的梅特卡夫定律（Metcalfe's law），指出一个网络的价值 Ω 与节点数 N 的平方成正比，即 $\Omega = c \cdot N^2$，其中 c 为价值系数（对不同类型的网络 c 可能不同）。梅特卡夫定律认为，网络的价值主要体现在网络的边上，所以网络中的总边数就表征了网络价值 Ω，这与我们上述的第一层估算方法不谋而合。梅特卡夫定律在刻画小型网络的价值和解释互联网市场上赢者通吃等现象时非常重要，容易看出它实际对应了致密网络总边数的估算方法，并隐含了度向量和每个节点的权重向量都很均匀这样一个假设，但这导致以下几个缺点：

（1）对于中大型网络的估值不准确：例如腾讯微信2014年9月有4.68亿活跃用户，此时致密网络的假定不合理，总边数远小于N^2，导致$c \cdot N^2$可能大大偏离市场估值。

（2）公式仅包含节点数N，无法反映边数M的重要性：例如Yahoo作为一个门户网站，其用户数与腾讯微信的用户数相当，但市场估值相差甚远。

（3）假定度向量分布均匀不尽合理：例如对于腾讯微信来说，分别有200位朋友和50位朋友的用户群占比都不容忽视，此时并不均匀，用户使用时长也会有较大差异。

（4）假定每个节点的权重向量分布均匀不尽合理：例如对于腾讯微信来说，一个用户有30位好友，一周内使用了300分钟，但假定该用户与每个好友交谈10分钟显然是不合理的，很可能与大多数好友交谈仅有1分钟，而与少数好友交谈了很长时间。

容易看出，以上几个缺点都与总边数、度向量、每个节点的权重向量紧密相关，说明网络估值仅考虑致密网络或仅考虑节点数或仅简单假定均匀分布都是不足够的。更合理的方法是使用前述三层框架对网络价值做越来越精确的评估，其中一个很自然的想法就是，求出用户使用时长总量并以此衡量网络价值。这在上述三层框架中对应三种估算方法：

第一层：估算整个网络的总边数和边权重的平均值，更简单常用的方法是估算整个网络的节点数和节点使用时长的平均值，相乘即得。

第二层：估算度向量并将节点根据度分组，估算组内节点数和组内节点使用时长的平均值，分别相乘后再对所有组求和。

第三层：估算每个节点的权重向量，对分量求和得到该节点的使用时长，然后再对所有节点求和即得。

分层的思想可以进一步深化，例如单位时间内视频相对于图片、图片相对于文字等可以给个人节点带来更大的信息量，我们可据此引入第四层，对网络进行更合理更细致的划分，这也是视频网站估值通常高于文字网站的一个重要因素。这几种估算方法显然越来越复杂，但也越来越精确。仅估算总量就能完全反映网络价值了吗？我们认为还不足够。

（4）合熵计算模型

衡量一个系统的价值仅考虑总量是不够的，分布也是一个重要因素。对于网络估值的很多情况，我们发现只计算使用时长的总和是不够的，必须把分布的影响也定量地包含进来，例如：对一种移动APP商品，一个用户每周使用60次每次5分钟，另一个用户每周使用2次每次150分钟，通常人们认为前一个用户贡献了更大的价值。事实上,使用时间碎片化或分布式对网络估值有着重要影响,即使用户使用时长总量相等,移动互联网应用估值也会明显超过桌面计算机应用,就是这个道理。

我们知道,在包含多个节点的网络中,所有的边及其权重刻画了网络价值,一方面所有节点的使用时长总量很重要,另一方面节点使用时长分布也很重要,所以我们的合熵价值刻画融合了总量与分布的影响。令 $W = (W_1, \cdots, W_M)$ 表示网络 G 中所有 M 条边及其使用时长,设 $S = W_1 + \cdots + W_M$,由于一条边连接两个用户,故 $2S$ 为用户使用时长总量。

命题:log 刻度下的网络价值 Ω 为 $2w$ 的合熵。

结合上节的分层模型考虑 log 刻度下的网络价值 Ω,注意每一层合熵估算的总量部分理论上都等于 $\log 2S$,但分布部分则大不相同;其次,每一层的估算相对于下一层来说,数据采集的复杂度较低而估算的准确度较差。

第一层:估算总边数和边上权重的平均值,或者估算整个网络的节点数和节点使用时长的平均值,相乘以得到总量 $2S$。此时 $\log 2S \leqslant \Omega \leqslant \log 2S + \log N$,估算复杂度低,但对合熵的逼近较粗糙。我们取下界作为估算结果,即 $\Omega^{(1)} = \log 2S$。

第二层:估算度向量 d 并将节点根据度分组,估算组内节点数和组内节点使用时长的平均值。分组导致估算复杂度增加,但对合熵的逼近较准确。此时,
$$CH(d) \leqslant \Omega \leqslant CH(d) + \log 2M/N$$
我们取下界作为估算结果,即 $\Omega^{(2)} = CH(d)$。

第三层:估算每个节点的权重向量,复杂度高,但既能得到总量的准确估计,又能得到分布的准确估计,所以其结果就是网络价值,即 $\Omega^{(3)} = \Omega = CH(2w)$(见图1)。

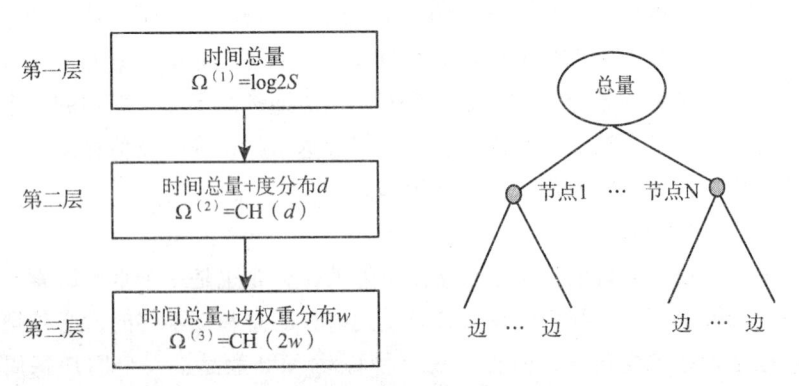

图1 熵控网络估值理论模型

至此，我们建立了完整的熵控网络估值理论模型，下面利用合熵估值对一些常见的网络进行价值分析和比较。

（1）多数情况下，网络的节点数越多，节点使用时长越大，网络的边数越多，网络的用户使用时长总量就越大。这种情形通常发生在前述模型的第一层——即总量部分。

（2）多数情况下，当使用时长总量相当时，节点的增多导致网络价值增大，这是因为合熵的后一部分熵值随着节点数的增加而增大。这说明用户数往往比单位用户产出更加重要，该情形发生在第二层——即度向量部分。

（3）多数情况下，当使用时长总量相当且节点数相当时，边的碎片化导致网络价值增大，这是因为合熵的后一部分熵值随着节点边数的增加而增大。边的碎片化往往由用户使用时间的碎片化引起，这通常导致总量的增加，合熵公式表明即使总量不变，网络价值依然增大。这种情形发生在第三层——即节点权重分布部分。

（4）相对于节点数来说，边数在合熵估值中起着更加重要的作用，它不仅影响总量的大小，而且对分布熵值的大小也起关键作用。例如，Yahoo 等门户网站的市场估值远低于腾讯微信等社交软件，主要不是输在用户数，而在用户使用次数和使用时长；又如桌面应用的市场估值低于用户数可比的移动应用，主要不是输在用户数和用户使用时长，而是用户使用的次数、即由时间碎片化导致的边的增加。

（5）当其他条件相当时，度分布和节点权重分布至关重要，决定了合熵价值的后一部分，与分布相对乖离的网络相比，分布相对均匀的网络价值更高。例如，大型网络节点的度常常服从幂律分布，幂指数 r 越大分布就越乖离、越小则分布越均匀，社交软件网络的幂指数常常位于 $1.5-2$，价值相对来说更高。

在上面的例子中，我们提出了熵控网络估值理论模型，以时间为度量，建立网络模型，然后针对"总量—分布"二元组给出了逐层递进的多层估值框架——使用时间总量、总量在用户之间的分布、用户自己的时间分配，最后为融合总量与分布的影响，利用合熵来定量地计算网络价值。除了能定性定量解释现有网络估值问题，熵控网络还指明了网络价值增长的方向，智能化由于能延长个人可用时间是一个方向，时间碎片化是引发价值裂变性增长的另一个方向，而多个网络的融合与合作，更是未来价值提升的一个趋势。

熵控网络估值模型可有多种变形或拓展，如无向图可改为有向图，将时段划分为多个小的时段，将用户使用时长根据传递信息量的差异进一步划分等，这种碎片化的结果将使三层框架拓展为更多层框架,当然还可考虑用其他方法进行合理拆分拓展,所用方法都是类似的,熵的可加性保证了这种分层框架的拓展不会有数学障碍。另外,一个公司可能有多个相互依存相互影响相互促进的商品,这些商品的价值网络交织在一起可能更加有利于促进新边的生成或改善用户使用时间的分布,从而提升公司的总价值;再进一步推广,多个公司的多个商品如何相互影响,多个有联系的网络如何相互影响,等等。

结论和展望

大多数复杂问题可以建模为一个网络,我们认为一个好的大型网络很可能以熵控网络为发展方向,熵控网络具有稳定、发展、高效、创新等特点,用一句话总结就是,"一个节点多、边更多、边的连接容易且有一定随机性的开放网络"。

熵控网络理论是建立在网络和信息论基础上的一个问题分析框架,主要利用概率统计、分层网络、数据压缩、最大熵、稀疏表示、深度学习、耗散结构等工具来分析和处理复杂问题,除了网络和软件估值,熵控网络理论可应用于多类其他问题,其一般步骤为:寻找能刻画问题的合理压缩度量,建立一个对应原问题的分层网络模型,研究网络中节点、边、权重、回路等特征,分别用总量和分布进行恰当的表示,最后利用合熵进行定量的计算和定性的解释。如何利用并推广熵控网络理论模型来处理更为复杂的问题,如超生命体,是我们未来研究的一个主要方向。

世界经济系统是一个复杂巨系统,可以看作一个分层的超生命体。员工作为智能节点组成企业超生命体,企业发展演进、相互作用并作为子网组成区域经济或行业经济或国家经济这些更高级别的超生命体,同时个人作为消费者节点组成各式各样的消费群体子网,与企业子网之间形成复杂的相互作用,国家经济再通过国际贸易进一步组成世界经济系统。经济学中的诸多重要问题,如公司治理、分工、创新、估值、证券/期货投资、财政/货币政策、国际贸易等等,都可以用分层网络特别是超生命体描述,每个层级的网络或绝大多数的子网都存在如何保证稳定、发展、高效、创新等问题,在熵控网络理论框架下,这些问题有很多是相通的,例如普遍存在的二元对立或两难问题,公平—效率、财政—货币、宏观—微观、基本面—技术面、合作—对抗等等,我们都可以尝试利用融合总量—分布二元组的合熵方法去分析刻画,而且往往可以使用迭代微调的实际解决手段去逼近最优解，类似于信息领域的期望最大化（EM）算法。熵控网络理论倡导合作融合的思想，给出网络化、归信息化、智能化、分散布局的发展指向，利用数学特别是网络和信息论工具将经济领域的诸多问题与信息领域的类似问题同构并加以分析解决，本书的探索仅仅是一个开始，我们相信随着更多学者的加入，熵控网络的相关研究会有一个美好的未来。

附录

牛市确立！我们还能走多远[*]

陈宏宇

近日市场走势焦灼，券商意见分歧严重，申万呐喊着兑现看空，国泰君安则为牛市摇旗，为此，真正下场交易的私募基金究竟观点如何？为此，本报记者专访了深圳悟空投资管理有限公司董事长鲍际刚。

华夏时报：您如何判断目前市场形势？

鲍际刚：

牛市已到！

回忆 A 股历史上的轮回，依据我们独创的熵控结构和商品价格形式逻辑体系，我们发现，经典的经济学理论已经不适用，所谓股市是实体经济的晴雨表，这种观念需要调整。我们著有《信息·熵·经济学》一书，对熵控理论有详细解释。

实际上，牛熊逻辑统一起来看，就是在货币总量的约束条件之下，根据什么原则向实体经济和虚拟经济分配？我认为是根据无风险利率的指导，根据利率转移。经济好未必股市好，经济差未必股市差。本质上，我们看到，这是在利率的指挥棒下，实体经济和虚拟经济在争夺有限的货币资源的过程。

20 多年的 A 股市场，历经三个大型牛熊周期。第一波牛市于 1990~1992 年年底，在中国设立证券市场后急剧的财富效应吸引社会资金进入后催生，有限的股票被巨量的资金推动价格虚高，同时实体经济陷入停滞。邓小平南方谈话后政府剧烈滥发货币拉动基础投资，资金配置低效实体经济，没有新增资金的股市到 1993 年中就难以为继走入熊途。

1996~2001 年是第二轮牛市。当时东南亚金融危机，经济形势不好，货币在放，但实体经济确是通缩的状况，需求不足，资金流入虚拟经济，因此我们看到那时候经济差、股市好。

---

[*] 原刊于《华夏时报》2014 年 9 月 24 日。

2000~2005年间，当时经济非常火热，固定资产投资增速高涨，货币被实体经济吸引，虚拟经济资金流出，导致经济热、股市差。

2005~2007年是第三轮大牛市，那个时候，股市跌了太久，实体经济却发展得很好，人民币2005年汇改后升值预期引发大量热钱进场，一下子撬动了市场，带来波澜壮阔的6 000点。

当前，类似1996年那个阶段，我们看到现在实体经济中，地产的趋势已经走下坡路，固定资产投资增速也必然趋势向下，在未来的阶段，实体经济已经不需要太多的重资产，而互联网此时的崛起，也拉动新经济腾飞，他们也并不需要如过去那么巨大的资本堆积。这样，虚拟经济将会从实体经济中争夺到更多的资金资源。

同时，在总量方面，我们看到今年、明年，我国整体的利率水平是趋势向下的，宽松的环境也为资金流向虚拟经济营造良好氛围。

市场是超生命体，是有灵魂的，因此，仅仅用计算或数据去判断短期的涨跌，是很难把握市场脉搏的，未来市场的变化会更加急剧，在互联网的浪潮下，高度变化、迅速颠覆、复杂、信息爆炸，作为投资者，只有把对未来的趋势、本质当作信仰，才能摆脱手忙脚乱、无所适从的窘迫。

华夏时报：您所谓的牛市，强度会是什么状况？

鲍际刚：

时间长度方面，基于利率下行的趋势的判断，至少到2015年是确定的。

强度方面，实际上是要衡量人性的疯狂会到什么程度？这个很难判断。但我可依据理性数据做大胆推测：当前A股流通市值22万亿元，其中有些是集团控制的流通股或者国有企业股东的流通股，他们基本是不会卖的，实际上真正流通的简单猜测在15万亿元左右。首先，沪股通总额3 000亿元，假设未来增加额度到1万亿元，按照1∶10的保证金市值比，可撬动10万亿元的市值，大盘指数届时差不多将到4 000点了；其次，当前10万亿元保险资产中，只有6%配置在股票等权益资产中，如果按照政策允许的20%比例配置，粗了算也能带来1万亿元的增量资金，另外，在当前递延纳税、遗产税等商业保险不断发展壮大的背景下，未来保险资产会增加到15万亿元，这也会带来动态的增量资金。

那个时候，指数创出6 000点新高是没问题的；最后，如果加上群众运动带来的疯狂和泡沫，会营造出无限的激情，肯定会有指数达到1万点的舆论出来，肯定会有黄金十年的判断让人相信。

泡沫会有多大？或许会让你瞠目结舌。证券市场永远都是死在泡沫里，从未止步在理性中！

华夏时报：为什么是现在？

鲍际刚：

过去7年的漫漫熊市，市场已经形成了下跌的"路径依赖"：金融危机、经济疲弱、资金利率高企，导致市场下跌，市场下跌又进一步导致投资信心不足，外资流出，投资者远离市场，这些行为又进一步导致市场下跌；而今，这种路径依赖已经被打破，被解锁，习李政府大力变革，市场信心重铸，资金回流，市场利率下行，这些都会逐步形成新的上涨的"路径依赖"，股市越上涨，更多的资金进入，催告股市，从而吸引更多的投资者进入。目前不是反弹，而是趋势改变，是新的路径依赖的形成。

我们就看3个数字：

1. 流通市值的增速从2010年的27%下降到2013年的10%。虽然后面还有几百家企业等着IPO，但从数据上看，A股的扩容已经过了高峰期。虚拟经济总的盘子边际已经确定。

2. 房地产投资增速从2010年的28%下降到2013年的19.8%。说明实体经济对于资金的需求量，呈下降趋势。

3. M2增速从2010年是19%，2013年是14%。整体资金供应依然保持稳定速度。

整体上，资金转向，从实体经济匹配向虚拟经济的大趋势已经确定。

那么，在这种情势下，谁是点燃引线的人？——外资。

新一届政府铁腕整治腐败，使得外资对于中国的判断180度转弯，从预期中国将崩溃，到现在预期中国能够稳定。我们所有人都相信了，习李政府足够强大，对国家的控制力足够强。而一个稳定的中国市场，每年保持7%的增长，放眼全球，资本还能去哪里呢？欧洲也开始放水，欧元当然去到中国最划算，人民币绑定美元，升值趋势，不仅仅是汇率和利率收益，还有股市的升值，何乐而不为？

沪港通就是导火索。

华夏时报：该投什么方向？

鲍际刚：

我们看好4个方向的投资：

1. 加入全球网络的，符合国际化趋势的。最典型的是汽车零部件企业，他们估值低，增长稳定，在占据全球三分之一汽车销售的中国市场上成长，而目前，他们产能扩张，他们积极地去国外并购企业取得技术，开始为全球汽车生产配套的新阶段。3年前我们投资手机零组件产业链，看到歌尔声学，看到欧菲光，这些企业，在很短时间内市值迅速增加，变为全球最强大的生产者。这种大规模、组织化生产，中国人还是占据优势。

2. 产业持续增长的。我们看到一些新兴的产业，如芯片设计、封装相关产业，信息安全相关的产业，国家安全相关的产业，机器人相关的产业，这些典型的特点就是景气度高，趋势上代表未来方向，能够持续扩张市场。

3. 互联网相关的产业。互联网浪潮下，对生活的改变无处不在。网络化催生多样化，催生娱乐文化的改变，自由主义倾向，个性化需求，虚拟消费，自我意识的提高，万物互联。

4. 低估值的，符合外资配置习惯的。牛市最容易上涨的就是估值，而低估值的股票提供了估值上涨的弹性。而且我们看到低估值的股票，大多数处于传统行业，很难增长了，他们也都在积极寻求转型、转变，从而焕发新的活力。典型的我们看到地产公司的重组，高速公路公司向金融方向的积极拓展。

参 考 文 献

[美] 埃里克·布莱恩约弗森、安德鲁·麦卡菲：《第二次机器革命》，中信出版社2014年版。

陈平：《文明分岔、经济混沌和演化经济动力学》，北京大学出版社2004年版。

[德] 恩格斯：《家庭、私有制和国家的起源》，人民出版社2003年版。

[美] B. 格林著，李泳译：《第一推动物理系列：宇宙的琴弦》，湖南科学技术出版社2007年版。

[美] 胡迪·利普森、梅尔芭·库曼著，赛迪研究院专家组译：《3D打印：从想象到现实》，中信出版社2013年版。

[美] 凯文·凯利著，东西文库译：《失控：机器、社会与经济的新生物学》，新星出版社2013年版。

[英] J. M. 罗伯茨著，盛浩译：《世界文明通史（第一卷）——史前时代和最早的文明》，上海人民出版社2002年版。

冷传明：《浅析地理大发现在国际贸易形成中的作用》，《泰安师专学报》2001年第23卷第6期。

黎万强：《参与感：小米口碑营销内部手册》，中信出版社2014年版。

林静：《无形的生产力：信息》，中国社会出版社2012年版。

[美] 马克·莱文森著，姜文波译：《集装箱改变世界》，机械工业出版社2008年版。

马龙军、李怡佳：《信息及其关联概念探究》，经济科学出版社2011年版。

麦肯锡：《中国的数字化转型：互联网对生产力与增长的影响》，新浪博客，2014年7月。

倪波、霍丹：《信息传播原理》，书目文献出版社1996年版。

彭文生：《渐行渐远的红利——寻找中国新平衡》，社会科学文献出版社2013年版。

[美] P. P. 费曼、A. R. 希布斯著，张邦固、韦秀清译：《量子力学与路

参考文献

径积分》,科学出版社1986年版。

邵宇:《观点:中国版的马歇尔计划》,《华尔街日报》2014年3月。

盛洪:《外部性问题和制度创新》,《管理世界》1995年第2期。

宋刚、唐蔷、陈锐、纪阳:《复杂性科学视野下的科技创新》,《科学对社会的影响》2008年第2期。

田德文:《欧洲文明和全球化》,《世界经济与政治》1995年第6期。

[法]托马斯·皮凯蒂著,巴曙松、陈剑、余江、周大昕、李清彬、汤铎铎译:《21世纪资本论》,中信出版社2014年版。

吴军:《文明之光(第一册)》,人民邮电出版社2014年版。

吴军:《文明之光(第二册)》,人民邮电出版社2014年版。

吴军:《数学之美》,人民邮电出版社2012年版。

吴旺延:《小农经济与我国"三农"问题的思考》,《西安财经学院学报》2008年第6期。

向国成、韩绍凤:《小农经济效率分工改进论》,中国经济出版社2007年版。

肖峰:《信息主义及其哲学探析》,中国社会科学出版社2011年版。

杨小凯著,张定胜、张永生、李利明译:《经济学——新兴古典与新古典框架》,社会科学文献出版社2003年版。

杨小凯著,张定胜、张永生译:《发展经济学——超边际与边际分析》,社会科学文献出版社2003年版。

杨远锋:《创新号的发明与应用》,中国思维科学研究论文选2011年专辑。

杨仲山、屈超:《信息经济测度方法的系统分析》,科学出版社2009年版。

张学文:《组成论》,中国科学技术大学出版社2003年版。

周溯源:《儒家德治思想缺陷解读》,《人民论坛》2005第10期。

周有光:《世界文字发展史》,上海教育出版社1997年版。

钟兴瑜、刘敏试:《论科学的小农经济发展观》,《西安财经学院学报》2009年第4期。

Reynolds. L. . Economic Growth in the Third Word, 1850 – 1980. New Haven: Yale University Press.

Yang, X. and Borland, J. . Specialization and Money as a Medium of Exchange. Department of Economics Seminar Paper No. 8/92, Monash University, 1992.

致 谢

书中观点最初来源于5年前的思考和讨论，在这期间，我们的团队不断壮大，思想也日益成熟。感谢这个伟大的时代，高速熵控网络确实给我们带来了挑战，但也确定地给我们提供了思考的机会。我们相信我们的研究已经走在正确的道路上。

这本书的问世得到了很多人的支持和帮助，在这里我们愿呈上最诚挚的谢意！

首先感谢各位作者的家人，工作繁忙之余，还把大量的时间投入到本书的思考、讨论及写作之中，感谢大家的支持和鼓励。

感谢鲍思逸，为我们的作品绘制充满寓意和美丽的封面图画。

感谢圣亚军博士，参与到我们书稿的讨论，为我们提供了很多宝贵的意见。

感谢深圳悟空投资管理有限公司的全体同事，面对互联网时代的冲击主动学习，一直以来与我们共同探讨熵控网络。

感谢在本书创作过程中给予过支持的专家和朋友。

作者 2015 年 2 月

作者简介

夏树涛：毕业于南开大学数学系，现为清华大学教授、博士生导师、清华大学深圳研究生院计算机学科负责人，长期从事编码和信息论等方向的教学与科研，目前的主要研究兴趣为编码理论、LDPC 码、压缩感知、网络编码及其应用等。为清华大学深圳研究生院的研究生主讲"随机过程"、"应用信息论基础"和"信道编码"等课程。在 IEEE Transactions on Information Theory 等国内外核心期刊和 IEEE ISIT 等重要国际会议上发表论文 40 多篇，近年来主持完成国家 973 课题、国家自然科学基金等多个科研项目，目前兼任深圳市智能语义挖掘技术工程实验室主任、中国电子学会高级会员、中国电子学会信息论分会委员等职务。

鲍际刚：毕业于南开大学数学系，金融从业 20 余年，创立深圳悟空投资管理有限公司，现任董事长。执着、热爱证券投资和经济学研究的理性思考、量化研究，主张以研究方式作为学习手段，著有《行业量化投资分析》、《信息·熵·经继续——人类发展之路》。

解宏：2003 年毕业于中国人民大学财政金融学院，经济学博士，现就职于华东理工大学商学院。从事行业投资和财税领域研究多年，公开发表论文 20 余篇，专著 3 部。

刘鑫吉：毕业于西安交通大学计算机系，获计算机科学与技术专业和英国语言与文学专业双学士学位，现为清华大学计算机系在读博士生。在读期间，曾获得"研究生国家奖学金"、"西安交通大学 2011 届本科生优秀毕业设计（论文）"、"西安交通大学彭康奖学金"等多项奖励。目前主要研究兴趣为压缩感知理论、信息论与编码理论，已在 IEEE International Symposium on Information Theory（IEEE ISIT）等重要国际会议上发表学术论文数篇。

王朝：毕业于英国 University of Durham，获得理论粒子物理硕士，在香港理工大学获得精算与投资学硕士。现在悟空投资管理公司从事投资研究工作。对宇宙和人类社会运行的规律充满好奇心，对随机、非线性、复杂系统充满研究的激情，热爱思考，追求真理。

江敬文：毕业于华东理工大学会计系，中国注册会计师。现就职于深圳悟空投资管理有限公司。热爱证券投资行业，对宏观经济研究和投资策略研究有浓厚的兴趣，从定性和定量的角度思考问题，喜欢探索新思维新方法。